高等学校计算机课程规划教材

FORTRAN 95程序设计与数据结构基础教程

（第2版）

王庆节　葛卫民　王保旗　主编

天津大学出版社
TIANJIN UNIVERSITY PRESS

内 容 提 要

本书以 FORTRAN 95国际标准为依据，全面介绍了 FORTRAN 95程序设计语言。内容新颖，重点突出，例题丰富实用，通俗易懂。书中不仅介绍了 FORTRAN 95的基本语句，而且阐述了 FORTRAN 95的高性能计算和基于对象的程序设计特征，同时介绍了实用的程序设计方法和 FORTRAN 95 在数值计算、检索分类及数据结构等方面的应用。每章都配有大量、多类型的习题，并对其中有一定难度的编程题给出了完整的程序。在附录中给出了大部分习题的答案及供学生自测用的样卷，并列出了 FORTRAN 95的全部内在(标准)过程。

本书可作为高等理工科院校 FORTRAN 程序设计课程的教材，也可作为教学人员、软件开发人员的参考书。

图书在版编目(CIP)数据

FORTRAN 95 程序设计与数据结构基础教程/王庆节，葛卫民，王保旗主编.
—天津：天津大学出版社，2010.9（2013.9 重印）
ISBN 978-7-5618-3746-7

Ⅰ.①F… Ⅱ.①王… ②葛… ③王… Ⅲ.①FORTRAN 语言－程序设计－高等学校－教材 ②数据结构－高等学校－教材 Ⅳ.①TP312 ②TP311.12

中国版本图书馆 CIP 数据核字(2010)第 188314 号

出版发行 天津大学出版社
出 版 人 杨欢
地　　址 天津市卫津路 92 号天津大学内(邮编:300072)
电　　话 发行部:022-27403647
网　　址 publish. tju. edu. cn
印　　刷 昌黎县思锐印刷有限责任公司
经　　销 全国各地新华书店
开　　本 185mm × 260mm
印　　张 21.5
字　　数 538 千
版　　次 2010 年 9 月第 2 版
印　　次 2013 年 9 月第 2 次
印　　数 4 001－7 000
定　　价 38.00 元

再版前言

《FORTRAN 95 程序设计与数据结构基础教程》首次出版以来，被许多院校选作 FORTRAN 程序设计课程的教材，受到广大教师和同学的好评。期间，编者感到书中一些内容还不能满足教学和读者自学的需要；而且发现其中还存在一些错误。对此，有关专家、教师，包括很多同学也给我们提出了许多意见和建议，我们由衷地表示感谢。鉴于此，我们重新编写了此书。

再版的《FORTRAN 95 程序设计与数据结构基础教程》在内容上进一步明确了学习各章内容应达到的目标；修改了原书中已经发现的错误；删去了一些教学中基本不讲，初学者暂不需要了解的内容和示例，特别是对 FORTRAN 文件部分的内容，删去了“内部文件”和“NAMELIST 语句”的全部内容；为便于教学和读者自学，在第 1 章中增加了在 Compaq Visual Fortran 6 环境下的上机实习步骤；在附录中新增加了一套学生进行自测的样卷，并对前五章习题中较难的编程题给出了解答；对书中的程序重新进行了调试。

再版的《FORTRAN 95 程序设计与数据结构基础教程》仍由 11 章内容组成，但对有些章的内容重新进行了小节的划分。各章内容分别为：FORTRAN 95 简单程序设计；分支程序设计；循环程序设计；数组、指针与派生类型；FORTRAN 文件；FORTRAN 过程程序设计；FORTRAN 模块；实用程序设计方法；字符串处理算法；排序、查找算法和数据结构基础。同时，为便于教学，我们制作了与此书配套的电子教案，需要者可直接与作者联系。

本书由王庆节、葛卫民、王保旗主编。多名从事 FORTRAN 语言教学的教师参加了编写：第 1、3、4 章及附录部分由王庆节编写；第 5 章由王庆节、张福强编写；第 2、9、10 章由葛卫民编写；第 7、8 章由张福强编写；第 6、11 章由罗韬、王保旗编写；书中的全部程序由王庆节调试。

在本书重新编写过程中，采用了原书作者（赵国瑞、王保旗、李英惠、刘捐献、薛晖）所撰写的很多内容，并且还参照引用了一些已经出版的教材内容，在此谨一并表示衷心的感谢！

由于作者水平所限，书中可能存在错误和不妥之处，敬请专家和读者指正。我们的 E-mail 地址是：qingjiewang@ sina. com。

编　者

2010 年 6 月

前　　言

FORTRAN 95 是在 FORTRAN 77 语言基础上进行了重大扩展之后制订的新的 FORTRAN 语言标准,是当前高性能计算领域应用最广泛的程序设计语言。FORTRAN 95 吸取了其他高级程序设计语言中先进的程序设计思想,使其既支持传统的面向过程的程序设计,也支持基于对象的程序设计。当前,在科学计算方面,其程序运行速度是任何其他高级程序设计语言都无法比拟的。因此 FORTRAN 作为世界上第一个高级程序设计语言,至今仍保持着极强的生命力。目前许多国内外高等院校,特别是需要高速计算的理工类专业,都将 FORTRAN 语言作为程序设计课程的首选。

本书主要是为了适应大专院校理工类专业需要而编写的。全书以 FORTRAN 95 国际标准为依据,全面介绍了 FORTRAN 95。该书内容新颖,重点突出,例题丰富,通俗易懂。书中不仅详细介绍了 FORTRAN 95 的数据类型、表达式、程序控制、过程构造、文件操作等基本语句,而且阐述了 FORTRAN 95 的高性能计算和基于对象的程序设计特征。同时,为了提高学生的程序设计实践能力,并为今后进一步提高计算机应用水平打下良好基础,本教材还介绍了实用程序设计方法和一些基本的常用算法以及数据结构的基础知识。

为了便于组织教学和学生自学,全书共分 11 章,第 1 章到第 6 章系统介绍了 FORTRAN 95 的基础知识、FORTRAN 95 程序的基本结构和设计方法, 第 7 章为 FORTRAN 95 的特色之一,即模块的概念和使用, 第 8 章介绍了实用软件开发技术和方法, 第 9 章和第 10 章介绍了一些最基本最常用的非数值算法,第 11 章介绍了数据结构的基础知识。另外,每章都配有大量的习题,并对部分习题给出了解答。为便于学生系统掌握、运用 FORTRAN 95 的内容,附录中列出了 FORTRAN 95 的全部内在(标准)过程。

本书的总体结构与编写思想由赵国瑞教授设计,由王保旗主编。多名从事 FORTRAN 语言教学的教师参加了编写:第 1、2 章由薛晖编写;第 3、4、5 章由王保旗编写;第 6、7、8 章和附录由赵国瑞编写;第 9、10 章由刘捐献编写;第 11 章由李英慧编写。此外,本书在编写过程中得到了天津大学计算机科学与技术学院计算机基础教学部葛卫民主任的大力支持和帮助，本书中还借鉴了一些已公开出版的著作中的内容,在此一并表示衷心感谢!

由于作者水平所限，书中可能存在错误和不妥之处，敬请专家和读者指正。此外,由于受篇幅所限,一些教学中暂不讲授的内容均未包含在书中，读者若希望了解更全面的 FORTRAN 95 内容，可通过 ftp://59.67.33.117 下载。我们的 E-mail 地址是:wangbq@tju.edu.cn。

编者

2006 年 10 月

目　　录

第 1 章　FORTRAN 95 简单程序设计

本章介绍 FORTRAN 95 语言基础知识。通过本章的学习,应达到如下目标:

- 了解 FORTRAN 语言的基本概念;
- 掌握 FORTRAN 95 语言的用途;
- 掌握 FORTRAN 程序的书写格式;
- 掌握 FORTRAN 95 基本数据类型的表示方法;
- 掌握 FORTRAN 表达式的书写方法以及赋值语句和简单输入与输出语句的用法;
- 初步掌握简单 FORTRAN 95 程序的编写。

1.1　程序设计概述

1.1.1　程序设计语言

简单地讲,程序设计就是编写程序。计算机是通过执行程序完成各种任务的,因此利用计算机去解决实际问题,首先就应该编写出解决问题的各种程序。用计算机语言编写程序先后经历了三个阶段:机器语言、汇编语言、高级语言。

用机器语言编写程序工作量大,十分烦琐。汇编语言是用特定的助记符号来描述指令。用汇编语言编写程序仍然烦琐枯燥,工作量大。因为机器语言和汇编语言都依赖于具体机器,所以常被称为“低级语言”。其特点是:程序难读,开发效率低。

高级语言是接近人们使用的自然语言和数学语言的编程语言。用高级语言编写程序,是因为它与机器指令不紧密相关,即不依赖于具体的计算机。这样,可以采用比较抽象、与机器无关的方法解决各类问题,编写程序时不必了解计算机的具体结构和工作原理,只需考虑所解决的问题本身。这给广大计算机用户提供了很大方便,为计算机的推广应用扫清了障碍。

用高级语言编写的程序通常称为源程序。计算机不能直接识别和执行源程序,必须把它们先“翻译”成机器指令程序(目标程序),然后再由计算机执行目标程序。这个翻译工作是由一个称为“编译程序”的软件完成的。不同的高级语言有不同的编译程序。显然,用高级语言编程解决实际问题的前提是:在计算机中已装入该高级语言的编译程序。用户采用高级语言编程上机的过程如图 1-1 所示。其中“装配连接”是由装配连接程序完成的,任务是将若干个目标程序(包括库函数)连接在一起,并执行重定位操作及自动的库文件检索,然后形成可执行的程序。连接好的程序保存在外存,随时可装入主存中运行。

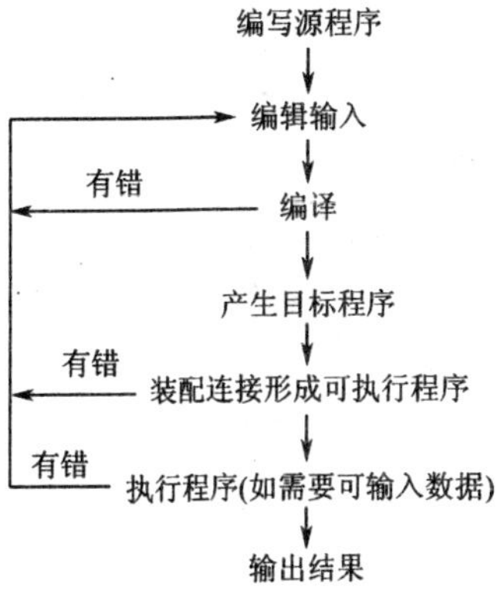

图 1-1　采用高级语言编程上机的过程

1.1.2 程序设计过程

1. 程序设计步骤

一项程序设计任务从提出到完成一般要经过以下步骤。

(1)确定所要解决的问题及最后应达到的要求

接受程序设计任务后，首先要对解决的问题有详细的了解。应该注意以下问题：要解决的问题是否明确，有无二义性；用户提供了哪些原始数据和参数，这些原始数据和参数有什么用，有无多余和遗漏的参数；用户要求得到什么结果，结果的精度要求及结果输出的形式要求等。在对任务没有详细而确切了解、任务不明确的情况下不要急于编写程序，否则会出现一些意想不到的问题（如缺少参数、误差不符合要求、输出格式不合适等），从而返工修改，事倍功半。

(2)分析问题构造模型

这一步的任务是根据实际问题确定物理模型，再用数学语言描述它，即列出解题的数学公式或方程式，也就是建立数学模型。

(3)选择计算方法

对同样的数学模型，可能有不同的求解方法，如求定积分值的问题，可用梯形法、辛卜生法、矩形法等。因此，在编写程序之前应先确定用哪种方法计算。计算方法是研究数值计算近似方法的一门学科。

(4)确定算法并绘制流程图

编写程序之前，应当整理好思路，设想好每一步怎样运算或处理，再用流程图画出来。流程图表示工作流程，能清楚表达人们的设计思路，减少编写程序时的错误。

(5)编写程序

这一步是将流程图表示的解题步骤写成高级语言程序。

(6)程序调试

所谓调试是指通过一些典型例子进行“试算”，以便找出程序中的错误并加以改正。一个程序往往需要反复试算修改，才能正确运行。

(7)正式运行

程序经过反复调试，改正已发现的错误后就可以正式运行。在完成运算后还应对结果进行整理，写出技术报告，以便作为资料交流或保存。

2. 算法

算法指为在有限步内解决一个具体问题而规定的意义明确的步骤，是针对计算机设计的执行步骤。一种算法应当是明确且能够正确执行的，也就是说不是含义不清而使人感到无所适从的。

为使计算机能按算法要求完成所需要的动作，算法要足够详细。例如，需要计算 5!，如果只给出“求 5!”，计算机就不能执行，而应详细给出计算的每一步细节，比如给出：

①使 N 等于 1，即 N←1；

②使 I 等于 2，即 I←2；

③使 N 等于 N 乘以 I，即 N←N × I；

④使 I 等于 I 的原值加 1，即 I←I + 1；

⑤如果 I 小于等于 5，转第③步，否则输出 N 后停止。

计算机能够执行这一“算法”，因为算法中的每一步都可以用 FORTRAN 语言提供的语句来实现。

在接受任务和分析问题之后，把解决问题的算法写出来，然后再根据算法编写程序。总之，一个算法应具有以下基本特征：

①有穷性，即一个算法必须在执行有限步之后结束。

②确定性，即算法每一步骤的顺序和内容都必须有确切的定义，不能有模棱两可和二义性。

③有效性，也称为可行性，指算法的每一步都能使算法的执行者（人或机器）明确其含义并能去实现所规定的操作。

④有零个或多个输入。输入是指执行算法时需要从外界取得必要的初始数据。有的算法表面上无输入（即零个输入），但实际上算法执行所需的初值已被嵌入在算法中了。

⑤有一个或多个输出。每个算法应至少有一个输出步骤，告知解决问题的结果。

一个算法除了应具备以上基本特征外，评价一个算法通常还考虑以下标准：执行算法所需时间的长短、执行算法所需存储空间，即所需计算机内存容量的大小。除此之外，算法的正确性、最佳性和精确性等也是评价算法的标准。

3. 流程图

上述算法可以用文字表达，也可以用流程图表示。有时用流程图表示算法更有利于编写程序，可以减少编程过程中的错误。

最简单的流程图也称“框图”，即用一个个特定的“框”代表某些动作，框内写出各个步骤，然后用带箭头的线把它们连接起来，以表示执行的先后顺序。例如，计算平均值的流程图如图 1-2 所示。

在画流程图时应当使图足够详细，以便按照它可以顺利写出程序，而不必在编写程序时临时构思。流程图说明了程序的逻辑结构，不仅可以指导编写程序，而且可以在调试时用来检查程序的正确性。如果流程图正确而运行结果不对，则按照流程图逐步检查程序是很容易发现错误的。流程图还能作为程序说明书的一部分提供给别人，以便帮助别人理解编写程序的思路和程序结构。

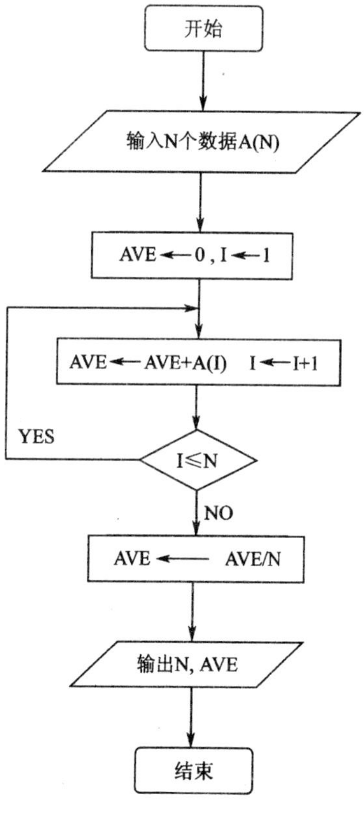

图 1-2 计算平均值的流程图

1.2 FORTRAN 语言简介

1.2.1 FROTRAN 语言简介

FORTRAN 语言是一种在国际上广泛流行的适用于科学计算的高级程序设计语言。FORTRAN 的名字来自英文的 Formula Translator，即数学公式翻译器。

FORTRAN 语言是 1954 年由美国 IBM 公司提出的，且在 1957 年开发出了第一个 FORTRAN 编译程序，这也标志着 FORTRAN 语言的诞生。此后，FORTRAN 语言成为 20 世纪 60 年代世界上最通用的计算机语言，很多软件公司推出了自己的编译程序，而且各家公司都强调自己产品的功能，都在原 FORTRAN 语言之外添加了一些自己的独门语法，这就导致了 FORTRAN 语言移植上的困难。鉴于这一原因，美国国家标准协会（ANSI）在 1966 年制定了 FORTRAN 语言的统一标准。这套标准后来被称为 FORTRAN 66。

FORTRAN 66 标准制定后，程序设计语言的理论又有所创新，且计算机硬件技术发展很快，因此在 1977 年又制定了新的 FORTRAN 语言标准，并在 1978 年由美国国家标准协会（ANSI）正式公布，称为 FORTRAN 77。FORTRAN 77 保留了 FORTRAN 66 标准的大部分内容，还添加了便于结构化程序设计的功能。

FORTRAN 77 标准完成后，新版本的修订工作也在同一时间开始。这一工作进行了 15 年，在 1992 年正式由国际标准化组织（ISO）公布，称为 FORTRAN 90。FORTRAN 90 在保留了 FORTRAN 77 标准的全部内容基础上添加了很多新内容。主要特色是加入了面向对象的概念及工具，提供了指针，加强了数组的功能，改良了原来 FORTRAN 语法中的编写格式，使 FORTRAN 语法看起来更加美观，功能上也有很大增强。

1997 年国际标准化组织（ISO）再次公布了 FORTRAN 语言的新标准，这就是 FORTRAN 95。FORTRAN 95 标准是 FORTRAN 90 的修正版，主要加强了 FORTRAN 在高性能并行运算方面的支持。此外，FORTRAN 2003 的标准正在制定中，不久将会正式发布。新标准将增强对面向对象程序设计的支持。

一个程序语言标准中包含的功能通常足以满足基本的使用要求，一些特殊的输入输出或与计算机操作系统相关的部分通常不会定义在语言标准中。例如，要使用窗口操作系统的图形接口以及绘图功能，就需要额外的程序库或扩充语法实现。

1.2.2 FORTRAN 字符集

“字符集”是指编写程序时所能使用的全部字符和符号。FORTRAN 语言的字符集包括的字符及符号有：

英文字母　A ~ Z 及 a ~ z（在 FORTRAN 程序中英文字母不分大小写）

数字　0 ~ 9

特殊符号　: = + - * / ( ) , . ' ! " % & ; < > ? ¥ _ ␣（表示一个不可显示的空格符）

其中的特殊符号除了作为数学运算符外，还有其他用法，后面各章将会详细介绍。

1.2.3 FORTRAN 程序组成

1. FORTRAN 程序结构

FORTRAN 程序是一种段式结构(或称为块结构)。每个 FORTRAN 程序由一个主程序段和若干个子程序段及模块组成。主程序段有且仅有一个,子程序段和模块根据需要可有零个或多个。每个程序段可以独立编写,以实现不同的功能。程序运行总是从主程序段开始。每个程序段都有自己的段头语句,但主程序段的段头语句可以省略。

2. FORTRAN 语句

每个程序段和模块由若干条 FORTRAN 语句组成,按照对 FORTRAN 程序进行编译、执行过程中所起的作用,这些语句又分为可执行语句和非执行语句。可执行语句在程序执行时使计算机产生某种特定的操作,即指令性操作,如赋值、输入输出、控制转移等。非执行语句只是用于将某些信息(如变量的类型、数组的维数及大小、数据的输入输出格式等)通知编译程序,即指示性操作,使编译程序在编译源程序时按这些信息的要求进行处理。程序执行时非执行语句不会使计算机产生任何操作。

FORTRAN 语句在使用时有基本的顺序要求,不能随意放置。表 1-1 给出了这些语句在 FORTRAN 程序中的顺序要求。

表 1-1 FORTRAN 语句的顺序

<table>
<tr><td rowspan="8">注释行</td><td colspan="3">PROGRAM、FUNCTION、SUBROUTINE、BLOCK DATA、MODULE</td></tr>
<tr><td colspan="3">USE</td></tr>
<tr><td rowspan="5">FORMAT</td><td colspan="2">IMPLICIT NONE</td></tr>
<tr><td>PARAMETER</td><td>IMPLICIT 及其他说明语句</td></tr>
<tr><td>DATA</td><td>可执行语句</td></tr>
<tr><td colspan="2">CONTAINS</td></tr>
<tr><td colspan="2">内部过程或模块过程</td></tr>
<tr><td colspan="3">END</td></tr>
</table>

其中:

①PROGRAM、FUNCTION、SUBROUTINE、BLOCK DATA、MODULE 均为程序段的段头语句,只能出现在每个程序段开始的位置上;

②END 语句是程序段的结束语句,只能出现在各程序段的最后;

③USE 语句是引用模块语句,只能出现在段头语句之后、其他语句之前;

④FORMAT 语句是格式说明语句,可以出现在 USE 语句和结束语句之间的任何位置上;

⑤IMPLICIT NONE 语句应紧挨在 USE 语句之后,在其他说明语句之前出现;

⑥PARAMETER 语句可出现在 DATA 语句和可执行语句之前、IMPLICIT NONE 语句之后的任何位置上;

⑦其他说明语句应出现在 DATA 语句和可执行语句之前;

⑧DATA 语句可以出现在说明语句之后、END 语句之前的任何位置上;

⑨注释行不是 FORTRAN 语句,仅为程序设计者提供了一种注释说明的手段,可以写在程序的任何位置上。

1.2.4　FORTRAN 程序书写格式

FORTRAN 程序的书写格式有两种:自由格式和固定格式。自由格式是目前最流行的书写格式。

1. 固定格式

固定格式是一种 FORTRAN 程序的旧式写法,采用这种写法的程序代码文件扩展名为“.FOR”或“.F”。

在“固定格式”中每一行至多写一个语句,且最多可写 72 个有效字符:

①如果第 1 个字符是字母 C 或 * 号,说明此行为注释行,仅起说明作用,不会被编译;

②如果第 1 ~5 个字符是数字,则表示是该行的代号, 称为语句标号,如不需要则只能是空格或全 0;

③如果第 6 个字符是数字“0”或空格以外的任何字符,表示该行是上一行的继续行;

④第 7 ~72 个字符是 FORTRAN 语句的书写区域;

⑤第 73 个字符及之后的字符将被忽略,有的编译程序会给出错误提示。

以下是一个固定格式的 FORTRAN 程序实例。

```
01  C      FIXED FORMAT
02  *      已知 a,b,c,求一元二次方程的根
03         program main
04         a = 1.0
05         b = 3.0
06         c = -5.6
07         x1 = ( -b + sqrt(b * b - 4.0 * a * c))/(2 * a)
08         x2 = ( -b - sqrt(b * b - 4.0 * a * c))/
09        * (2 * a)
10         write( * ,100) x1 ,x2
11  100    format(1x,2f6.2)
12         stop
13         end program
```

其中第 9 行的“ * ”号表示该行内容“(2 * a)”是上一行的继续。

FORTRAN 程序中的语句序号并不是必须的,为了便于介绍和程序的调试,本教材中的多数程序都加了语句序号。

2. 自由格式

自由格式是 FORTRAN 90 之后的新写法,取消了许多限制,没有规定每行的第几个字符有什么作用,但也需要注意以下几点:

①每行最多可写 132 个字符;

②叹号“!”后的内容都是注释;

③如果需要写语句标号,则标号可以紧挨着写在语句第 1 个字符前面;

④如果一行字符的最后是符号"&",则表示下一行是该行的继续;

⑤如果一行程序代码开头是符号"&",则其上一行的最后非空格符必须是一个 & 号,且 & 号前不能有空格,表示该行是上一行的继续,这种形式的续行允许把一个常数、变量名、关键字等分开放在两行上;

⑥在一行中可写上多个语句,但每两个语句之间必须用分号";"隔开。

用自由格式书写的 FORTRAN 程序文件的扩展名为". F90"。以下是用自由格式书写的 FORTRAN 程序实例。

```
! Free Format
program main                                 ! 已知 a、b、c,求一元二次方程的根
    a = 1.0;b = 3.0;c = -5.6                 ! 一行书写多个语句
    x1 = ( -b + sqrt(b * b - 4.0 * a * c))/&  ! 下一行是续行
    (2.0 * a)
    x2 = ( -b - sq&                          ! 下一行是续行
    &rt(b * b - 4.0 * a * c))/2.0/a
    write( * ,10)x1 ,x2
10 format(1x,2f6.2)
    stop
    end program
```

其中 Format 语句带有语句标号"10"。

1.3 FORTRAN 基本数据类型

在程序设计语言中数据有类型之分,不同类型的数据取值范围不同,处理方式不同,存储形式和书写形式也不同。FORTRAN 语言中有五种基本数据类型。

1. 整型(INTEGER)

整型表示整数的类型,分长整型和短整型。在 PC 机中长整型占 4 个字节,可保存的数值范围在 -2147483648 ~ 2147483647 之间($-2^{31} \sim 2^{31}-1$);短整型占 2 个字节,保存的数值范围在 -32768 ~ 32767 之间($-2^{15} \sim 2^{15}-1$)。

2. 实型(REAL)

实型数也称浮点数,分单精度和双精度两种。单精度实型数在 PC 机中占 4 个字节,有效位数为 6 ~ 7 位,可表示的最大正数为 3.4×10^{38},最小正数为 1.18×10^{-38};双精度实型数占 8 个字节,有效位数为 15 ~ 16 位,可表示的最大正数为 1.79×10^{308},最小正数为 2.23×10^{-308}。

3. 复型(COMPLEX)

复型用以说明 $a + bi$ 形式的复数。复数中 a、b 的值为两个实型数,因此复型也分单精度复型和双精度复型。

4. 字符型(CHARACTER)

在程序设计语言中字符也是一种数据,这种数据称为字符型数据。字符型数据是一个字符串,其中一个字符占一个字节的存储空间。

5. 逻辑型(LOGICAL)

逻辑型数据表示逻辑判断的结果,分别为"真"(TRUE)和"假"(FALSE)。在计算机中,

通常以 1 或非 0 代表 TRUE,0 代表 FALSE。

1.4 FORTRAN 表达式

1.4.1 常量与变量

1. 常量

常量指程序运行过程中其值固定不变的量。通常也将常量称为常数。不同类型的常数有不同的表示方法。

(1)整型常数

在整型常数中,除了正、负号外,不能包含其他任何非数字符号。例如

128　+256　-128　0　-0　+32767

都是正确的整型常数,而

128.　-123,567　100.0　-4.0　0.

都是不正确的整型常数。

(2)实型常数

实型常数有多种不同的表示形式。

1)基本实常数　其形式与日常习惯写法相同,由一个正(或负)号、整数部分、小数点和小数部分组成。其中正号可以省略,并且允许没有整数部分或小数部分,但小数点是必需的。例如

0.0　.02　314.　-27.567　256.0　+0.05

都是正确的表示形式。

2)指数型实常数　一般用于表示一个较大或较小的数。一个指数型实常数由一个整型常数或基本实常数后跟一个字母 E,E 后跟一个正或负的整型常数组成。例如

1.2E+0.8　-2.025E+16　0.4415E-05　1E+04　15E-06

都是正确的指数型实常数。使用指数型实常数时应注意:E 及其后的整型数表示 10 的乘幂,E 后不能是非整数;单独的指数部分不能作为常数,如 E+02 不表示 10^2,应写成 1E+02。

3)双精度型常数　与上述指数型实常数表示方法基本相同,只是把指数部分的字母 E 换成字母 D。例如

3.141592653589798D0　-1.23456789D-6　.01D-8　1.5D100

都是双精度型常数。双精度型常数中必须含有字母 D,它连同其后的整数同样表示 10 的乘幂。与上述指数型实常数不同,D 后最多可有三位整数,而 E 后最多只有两位整数。

(3)复型常数

一个复型常数由两个用括号括起来的整型或实型常数组成,且两个常数之间用逗号分隔。形式为(a,b),其中 a 为实部,b 为虚部。例如

(1,2)　(2.5,-3.07)　(0.0,-0.455)　(9.8,0.0)

都是正确的复型常数,它们分别表示复数

1+2i　2.5-3.07i　-0.455i　9.8

复型常数的实部或虚部为零时,零不能省略。

(4)逻辑型常数

逻辑型常数只有两个值,即"真"值和"假"值。在 FORTRAN 语言中,用. TRUE. 表示"真值",用. FALSE. 表示"假"值,其中左右两个圆点不可省略。

(5)字符型常数

字符型常数是用英文的单引号或双引号括起来的字符串。字符串中的字符可以是 FORTRAN 字符集以外的字符(如 ASCII 码字符集中的任何可显示字符),且可以是汉字,详细内容将在第 9 章介绍。

2. 变量

在程序中变量代表存放不同类型常数的内存空间。每个变量有一个名字,不同的变量代表不同的内存空间。

(1)变量的命名规则

FORTRAN 语言中对变量命名有以下规则:

①变量名的第一个字符必须是字母,其余字符可以是字母、数字和下画线;

②变量名的长度最大为 31 个字符(与系统相关);

③变量名不能和程序名(包括主程序、子程序和模块)同名,同时尽量避免和 FORTRAN 语言中的语句名、标准函数名同名,这样在语法上虽然没有问题,但容易引起混淆。

例如 A、BG5、TIME、SUM01、KK、S_1 都是正确的变量命名,而下列都是错误或不适宜的变量命名:5xy(以非字母字符开头)、A? C(含有非字母、数字字符)、F(X)(含有非字母、数字字符)、π(不是 FORTRAN 字符集中的字符)、WRITE(用 FORTRAN 保留字作为变量名是不合适的)。

(2)变量类型的说明

变量表示存放数据的内存空间,数据类型不同,占用内存空间的大小不同,说明变量的类型就是说明这个变量可存储什么类型的数据,同时告知编译程序预留多大空间以存储数据。说明变量的类型有以下方法。

1)用类型语句说明变量类型　基本形式为:

　　类型名(**kind** =字节数)::变量名表

其中变量名表是用逗号分隔的被说明的变量名;类型名用于说明变量名表中变量的类型,可以是 integer(整型)、real(实型)、complex(复型)、character(字符型)和 logical(逻辑型);"(kind =字节数)"表示变量占用的内存空间的大小,根据实际应用的不同情况可以省略此项,此时对不同类型变量有不同的缺省长度规定。以下通过具体例子说明变量类型的说明方法。

例 1.1　整型变量的说明。

说明格式如下:

```
integer(kind =4)::X1,Y1
```

该语句说明两个整型变量 X1、Y1,其中 kind =4 表示这两个变量分别用 4 个字节存放整数。

如果在说明整型变量时没有说明变量的长度,即没有说明变量占用的存储空间字节数,一般编译程序会默认为长整型,即一个整型变量占 4 个字节。例如,可将这个语句写成

```
integer ::X1,Y1
```

效果和使用 kind =4 说明变量长度相同。

```
integer(kind=2)::A,B,C
```

该语句说明 A、B、C 为三个整型变量各占两个字节的空间。

例 1.2 实型变量的说明。

说明格式如下：

```
real::M1,M2
real(kind=4)::M1,M2
real(kind=8)::M1,M2
```

这三个语句中前两个语句功能相同，说明 M1、M2 为两个各占用 4 个字节的单精度实型变量；第三个语句说明 M1、M2 是各占用 8 个字节的双精度实型变量。

例 1.3 复型变量的说明。

说明格式如下：

```
complex::A,B,C
complex(kind=4)::A,B,C
complex(kind=8)::A,B,C
```

其中前两个语句功能相同，说明 A、B、C 为三个单精度复型变量；第三个语句说明三个变量均为双精度复型。

例 1.4 逻辑型变量的说明。

说明格式如下：

```
logical::A,B
logical(kind=2)::A,B
logical(kind=4)::A,B
```

虽然逻辑型变量同样可以说明它所占用内存空间的大小，但实际意义不大，因为它只用来保存两个逻辑值“真”或“假”，最少只需要 1 位的空间(存放“1”表示“真”，存放“0”表示“假”)就足够了。通常让编译程序自行选择占用空间的大小，不需用“kind”去设置。

例 1.5 字符型变量的说明。

说明格式如下：

字符型变量用来保存一个字符或一个字符串，其说明方法与其他变量类型的说明格式有所不同，见以下示例。

```
character::C1,C2
```

说明 C1、C2 这两个变量各存放一个字符。

```
character(len=10)::C1,C2
```

说明 C1、C2 这两个变量各存放 10 个字符。

2)用 IMPLICIT 语句说明变量类型　举例如下：

```
implicit integer(A,B)
```

说明 A、B 开头的变量都是整型变量。

```
implicit integer(A-F,I,K)
```

说明 A 到 F 以及 I、K 开头的变量均为整型变量。

```
implicit real(M - P)
```
说明 M 到 P 开头的变量都为实型变量。

```
implicit complex(C)
```
说明以字母 C 开头的变量都为复型变量。

3)隐含说明变量的类型　这种说明方法是根据变量名称的第一个字母自动决定变量的类型,且仅适用于整型和实型变量。凡是以 I、J、K、L、M、N 开头的变量名均为整型变量,其他字母开头的变量都作为单精度实型变量。最好不用这种不经说明就使用变量的方法。好的程序员在编写程序时都会先对变量进行说明才使用变量,这样能清楚了解程序执行时的内存使用情况,同时也可避免很多“人为错误”。最好是在程序开头写出以下语句:

implicit none

该语句是 implicit 的又一用法,即关闭“隐含说明”,所有变量都要先说明后使用,以避免在程序中使用没意义(未赋值)的变量。但要注意,这个语句要放在 USE 语句的下一行的任何其他语句之前,不能放在其他位置。

3. 常数的命名

常数的命名就是给常数起个名字,这样在程序中用到这个常数时直接写出这个常数名即可,从而给编写程序、阅读程序以及修改程序带来方便。给常数命名可使用 parameter 语句,例如

```
parameter(pi = 3. 14159)
```
说明“pi”是常数 3. 14159 的名字,程序中可以用 pi 表示 3. 14159。也可以在类型说明时给常数命名。例如

```
real, parameter : : pi = 3. 14159
```
这里 parameter 作为一个形容词(称为属性描述符),双冒号表示这个形容词“形容”完毕,后面开始常量命名,冒号在这里不能省略。当类型说明语句和其他类似的“形容词”连用时都要写上这个冒号。以后章节中将见到这样的例子。

1.4.2 FORTRAN 库函数

在程序设计中常要用到数学中的一些函数,如三角函数、指数函数、对数函数、求根函数、绝对值函数等。FORTRAN 将这些常用的函数编成一系列独立的子程序,如果需要用到这些函数,用户不必自己再去编写求这些函数值的程序,只需直接写出函数名字和有关的自变量即可。例如求 $|x|$,只要写 ABS(x) 就可以了。系统会按函数名从函数库中找出计算该函数的子程序,从而完成函数的求值。将 FORTRAN 提供的这些函数称为库函数或标准函数,也可称为内部函数。

表 1-2 中列出了一些常用的库函数,全部库函数参见附录 C。

表 1-2　常用库函数

函数名	数学含义	函数名	数学含义
ABS	$\|X\|$	EXP	e^x
SQRT	$\sqrt{x}$	SIN	$\sin x$

续表

函数名	数学含义	函数名	数学含义
COS	$\cos x$	TAN	$\tan x$
LOG	$\log_e x$	LOG10	$\log_{10} x$
INT	取整	MOD	求模
MAX	最大值	MIN	最小值

使用库函数的一般形式为

函数名(自变量)

其中“自变量”可以是一个或多个,自变量也称为“参数”,给出确定的参数值可得出相应的函数值。

库函数的说明如下。

①自变量有类型的要求,并由自变量的类型决定函数类型。有关库函数自变量的类型及对应的函数类型见附录 C。

②函数名分“通用名”(也称“属名”)和“专用名”。使用通用名时函数值类型随自变量的类型而定,使用专用名时只允许用指定类型的自变量,且只能得到固定类型的函数值。

③自变量必须用括号括起来,且三角函数的自变量单位是弧度。

④自变量可以是表达式,且可以嵌套引用,例如 exp(x+2.5)、sin(abs(X))。

1.4.3 算术表达式

算术表达式是用算术运算符将常数、变量、函数等运算元素按一定规则组成的算式。

1. 算术运算符

FORTRAN 程序中使用的算术运算符按运算优先级从“低”到“高”排列如下:

+(加法)和 -(减法) *(乘法)和/(除法) **(乘幂)

注意:可以使用括号“()”表示括号内的部分优先运算。

2. 算术表达式的形式

在编写表达式时首先要注意以下几点。

①乘号是不能省略的,且乘幂必须用两个连续的“*”号表示,例如 x^3 和 2ab 的写法是不允许的,应写成 x**3 和 2*a*b。

②同类型的两个运算元素运算后类型不变,例如“1/2”结果为 0 而不是 0.5。

③同一个算术表达式中允许出现不同类型的运算元素,但运算结果的类型遵守如下规则:

a. 一个实型数和一个整型数运算,结果为实型;

b. 一个双精度数和一个单精度数或整型数运算,结果为双精度数;

c. 一个复型数和其他类型数运算,结果为复型数。

对不同类型数据混合运算时的类型转换是逐步进行的,即一边转换一边计算,而不是先转换成统一类型后再计算,例如 5.0 - 5/2 结果不是 2.5 而是 3.0。

以下是一些算术表达式的例子。

数学式子	算术表达式
$3.5+\sin x-\cos x$	3.5 + sin(x) - cos(x)
$-b+\sqrt{b^2-4ac}$	-b + sqrt(b * b - 4 * a * c)
$ae^x-\sin^2(\alpha+\beta)$	a * exp(x) - sin(alpha + beta) * * 2
$\lvert x-y\rvert+\lg x$	abs(x - y) + log10(x)
πR^2	3.14159 * r * * 2

1.5 赋值语句

1.5.1 赋值语句

赋值语句是 FORTRAN 程序中使用最多的语句,它的作用是将一个值赋予某个量。其一般形式为

v = e

其中,v 可以是一个变量名、数组名、数组元素、数组片段或字符子串,e 是一个表达式(包括单个常量或变量),“ = ”称赋值号。

赋值语句的功能是,先计算出表达式 e 的值,然后将此值转换成和 v 的类型一致后赋给 v,即送到 v 所表示的内存单元中。

下面是一些赋值语句的例子。

```
a = 3.5 * sin(0.5) * 6.0 + 4.5
dx = -0.12345d - 10
x = x + 1.0
c = (2.5, -0.9)
```

这四个赋值语句中“ = ”两边都是数值型量,通常称这种赋值语句为“算术赋值语句”。

几点说明。

①赋值号左边不能是表达式、常数或函数。例如 x + y = 5,5 = x + y,sin(x) = 3.14159/2.0 都是错误的。

②一个赋值语句不能给多个变量赋值。例如 a = b = c = 0 是不允许的。

③对算术赋值语句,赋值号两边的类型不一致时,表达式的值自动换成与赋值号左边的量的类型一致后再赋值。例如 i = 6.5 * 3(设 i 为整型变量)执行后,i 的值为 19,而不是 19.5。又如 a = 3 * 5/2(设 a 为实型变量)执行后,a 的值为 7.0。再如 c = (2.5, -0.9)(设 c 为实型变量)执行后,c 的值为 2.5,不是(2.5, -0.9)。

1.5.2 给变量赋初值

给变量赋值不一定只利用赋值语句,可以在定义变量时给变量赋初值。例如

```
integer::a = 1
real::b = 2.0
complex::c = (1.0,2.0)
```

注意,在定义变量时赋初值,赋值号右边不能是含有运算符的表达式,而且语句中的两个冒号不能省略。在定义变量时赋初值和仅利用赋值语句给变量赋值,除了在语句形式上和语句书写位置上不同外,利用赋值语句给变量赋值是在程序执行时完成的,而在定义变量时赋初值是在程序被编译时实现的,可以提高程序的执行速度。

1.6 简单的输入与输出

运行一个程序时,程序中变量的值可以用赋值语句提供。如果数据量大,或者每次程序运行时数据需要改变,用赋值语句显然很不方便。因此,为了使程序具有通用性,实际编写程序时通常不涉及某个具体的常数,而用变量替代,在运行程序时通过键盘或某种输入设备将数据送入计算机,赋给变量。另外,程序运行的结果要通过输出设备输出,以供使用。为此 FORTRAN 提供了丰富的输入输出功能。这些功能是通过输入输出语句实现的。

本节介绍简单的输入输出方法,即使用表控格式输入输出语句实现输入输出。所谓表控格式是指输入输出语句中不提供数据的输入输出格式,而按编译程序提供的隐含格式进行数据的输入输出。

1.6.1 表控输入语句

表控输入语句的形式为

read(* , *)输入表

或　**read** * ,输入表

“输入表”可以是变量、数组元素名、数组名、子串名等,它们之间用逗号分隔开。这个语句的功能是从键盘输入若干个数据,然后一一对应地赋给输入表中的元素。例如

```
read( * , * )a,b,c
```

表示从键盘输入三个数据,分别赋给变量 a、b、c。该语句也可以写成

```
read * , a,b,c
```

形式。这两种形式彼此是等价的,都表示以表控格式从键盘输入三个数据分别赋给 a、b、c。

需要说明的是,READ 的两个“ * ”代表不同的含义:第一个表示默认输入设备;第二个表示默认输入格式。这两个位置还有其他表示方法,具体参见第 4 章与第 5 章内容。

在程序中使用表控格式输入数据时,执行到该语句后显示器上会出现一个光标,等待从键盘输入数据。输入多个数据时,数据之间用逗号或空格隔开。若输入字符常数,而且字符常数中有空格符或逗号,则要使用撇号将字符串括起来。例如

```
integer  a,b,c
real  x,y,z
read * ,a,b,c
read( * , * )x,y,z
```

当执行到 read 语句时,若从键盘输入以下数据:

```
1,2,3
4.0,5.0,6.0
```

则执行结果是 a = 1,b = 2,c = 3,x = 4.0,y = 5.0,z = 6.0。

注意:输入数据的个数要和输入表中变量的个数相等。当输入数据的个数多于输入表中变量的个数时,多输入的数据不起作用;若少于输入表中的变量个数时,则 read 将等待继续输入。

1.6.2 表控输出语句

表控输出语句的形式为

write(* , *)输出表

"输出表"中可以包含变量、常数、数组名、数组元素名、子串名、函数名或一般表达式,各项之间用逗号隔开。

表控输出语句还有另一种形式为

print * ,输出表

这个语句只能用于在标准输出设备上输出数据,需要注意,write 语句不能写成"write * , 输出表"这样的形式,即 write 后面不能省略括号,同样 print 后面也不能加括号。

下面是表控输出语句的例子。

```
integer   i,j
real   a,b
write( * , * )i,j
print * ,a,b
```

输出时,数据按编译程序预先定义好的格式输出,不同的编译程序版本所规定的表控输出格式有所不同。本书假定采用表控输出时:整型数输出占 15 位,不足 15 位右对齐左边补空格,且正号不输出;实型数输出占 15 位,其中小数部分占 6 位,不足 15 位右对齐左边补空格,正号不输出;双精度实型数输出占 24 位,小数部分占 15 位,不足 24 位右对齐,左边补空格,正号不输出;复型数输出时,输出的实部和虚部用逗号分开且用括号括起来;字符型数据原样输出,但作为定界符的撇号不输出,两个字符串间留一空格。下面是一个简单输出的例子:

```
complex   x,y
y = (1.0,2.0)
write( * , * )'X + Y = ',x + y
```

"X + Y ="是字符串,撇号中的内容原样输出。当语句执行后会输出以下结果:

```
X + Y = (2.000000,3.000000)
```

其中 write 语句中'X + Y = '后面一定要有逗号,用来区分这是两个数据,一个是字符数据,另一个是表达式 X + Y 的值。这是一种常用的形式,在输出的数据前面输出一个表明这个数据意义的字符串。

对上面这些例子中的表控输出语句,都可以使用 print 语句代替,结果是一样的。例如

```
print * ,'X + Y = ',x + y
```

同样需要说明的是,write 的两个" * "代表不同的含义:第一个表示默认输出设备;第二个表示默认输出格式。这两个位置还有其他表示方法,具体参见第 4 章与第 5 章内容。下面是一个简单的输入与输出的例子。

```
01   program ex_IO
```

```
    implicit none

    INTEGER   A, B, C
    REAL   X, Y, Z

    PRINT * , "输入 A, B, C 的值:"
    READ * , A, B, C

    WRITE( * , * ) "输入 X, Y, Z 的值:"
    READ( * , * ) X, Y, Z

    WRITE( * , * )  "A + B + C = ", A + B + C
    PRINT * , "X - Y + Z =", X - Y + Z
    STOP
end program
```

1.7 程序举例

例 1.6 编写一个进行复数加、减、乘、除处理的程序。

程序如下：

```
program ex101
    complex   x, y
    x = (2.0, 4.0)                ! x = 2.0 + 4.0i
    y = (3.0, 5.0)                ! y = 3.0 + 5.0i
    write( * , * ) "x + y =", x + y,  "   x - y =", x - y
    write( * , * ) "x * y =", x * y,  "   x/y =", x/y
    write( * , * ) "模 x =", CABS(x)
    stop
end program
```

程序中的 FORTRAN 语言保留字(program、complex、write),既可以大写也可以小写。程序的第一个语句 program 表示一个 FORTRAN 程序的开始,一个 FORTRAN 实用程序往往由一个主程序和若干个子程序组成,简单的程序可能没有子程序,只有一个主程序。因此也可以说 program 是主程序的开始语句,它的一般形式为

program 程序名

此例中的程序名为"ex101",程序设计者可给程序起自己喜欢的名字,但同时需要遵守某些规范,如不能只用数字作为程序的名字。关于子程序的有关概念将在第 6 章中介绍。无论是子程序还是主程序,都以 end 语句结束。程序中的 stop 表示程序执行的结束,如果省略 stop 语句,end 语句也可以结束程序的执行,但二者是有区别的。stop 语句可出现在程序中 end 之前的任何地方,而 end 语句只能写在程序的末尾。

程序中的“!”表示其后的内容为注释,编译程序对注释内容不进行处理。在程序中使用注释可增加程序的可读性,一个好的程序应适当使用注释。

程序输出结果:

```
x + y = (5.000000,9.000000)    x - y = ( -1.000000, -1.000000)
x * y = ( -14.00000,22.00000)  x/y = (0.7647059,5.8823530E -02)
模 x =   4.472136
```

例 1.7　编写程序,从键盘输入 5 个整数,分别求出它们的最大值、最小值与平均值。

程序如下:

```fortran
program ex102
    implicit none
    integer k1,k2,k3,k4,k5,IMAX,IMIN
    real AVG

    print *,"Please input five integer numbers:"
    read( * , * )k1,k2,k3,k4,k5
    IMAX = MAX(k1,k2,k3,k4,k5)
    IMIN = MIN(k1,k2,k3,k4,k5)
    AVG = (k1 + k2 + k3 + k4 + k5)/5.0
    print *,"IMAX =",IMAX,"    IMIN =",IMIN,"   AVG =", AVG
    stop
end program
```

程序执行结果:

```
Please input five integer numbers:
10,20,30,40,50,↙
IMAX =          50    IMIN =          10   AVG =    30.00000
```

例 1.8 编写程序,求内摆线的点。输入 a、b 和 α 的值,计算

$$\begin{cases} x = (a-b)\cos\alpha + b\cos\dfrac{a-b}{b}\alpha \\ y = (a-b)\sin\alpha - b\sin\dfrac{a-b}{b}\alpha \end{cases}$$

的值,并输出结果。其中 α 为度数。程序如下:

```fortran
program ex103
    implicit none
    real x,y,alfa,a,b,t

    write( * , * ) "请输入 a,b,alfa 值:"
    read( * , * ) a, b, alfa
    t = alfa * 3.14159/180.0
    x = (a - b) * cos(t)  + b * cos((a - b)/b)/t
```

```
    y = (a - b) * sin(t)  - b * sin((a - b)/b)/t
    write( * , * )"x =",x,"y =",y
    stop
end program
```

例 1.9 输入以秒为单位的时间,将其换算为几日几时几分几秒。

分析:将秒数除以 60,商为分钟,余数为秒;再用分钟除以 60,商为小时,余数为分钟;再用小时除以 24,商为日数,余数为小时。并用 d、h、m、s 分别表示日、时、分、秒。

程序如下:

```
program ex104
    implicit none
    integer x, d, h, m, s

    read * , x
    m = x/60
    s = mod(x, 60)
    h = m/60
    m = mod(m, 60)
    d = h/24
    h = mod(h,24)
    write( * , * ) "d =", d, " h =", h, " m =", m, " s =", s
    stop
end program
```

例 1.10 输入一个复数,计算其实部、虚部和模。

程序如下:

```
program ex105
    implicit none
    complex   z, nz
    real        r, c, m

    write( * , * ) "请输入复数:"
    read * , z
    c = AIMAG(z)
    nz = CONJG(z)
    r = (z + nz)/2.0
    m = CABS(z)
    print * , "复数 z =", z, "   实部 r =", r, "   虚部 c =", c
    print * , "复数 z 的共轭 nz =", nz,"模 m =",m
    stop
end program
```

1.8 FORTRAN 语言上机实习步骤

为读者实习方便，本节以 Compaq Visual Fortran 6 为例演示上机实习步骤。

①首先创建一个目录。例如，在 D 盘下创建 FOR _ TEST，即 D：\FOR _ TEST。

②启动开发环境。双击桌面上的“快捷方式(DFDEV)”，或者进行如下操作：

开始→程序→Compaq Visual Fortran 6→Developer Studio(单击)，开发环境启动后如图 1-3 所示。

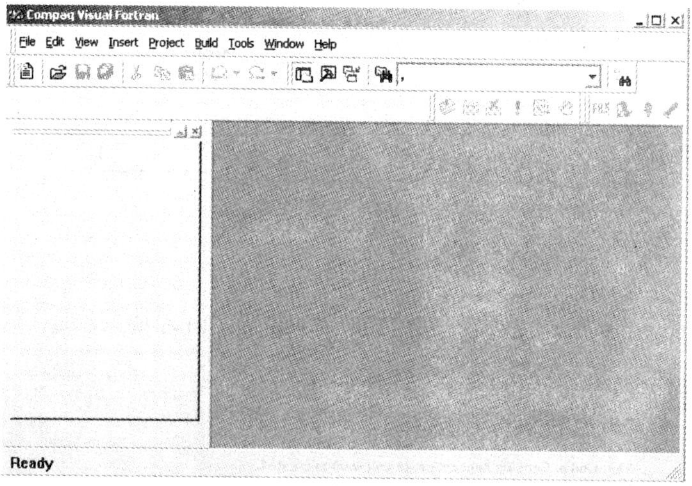

图 1-3　Fortran 6 开发环境

③单击菜单栏上的“File”项，如图 1-4 所示，再选择 New。

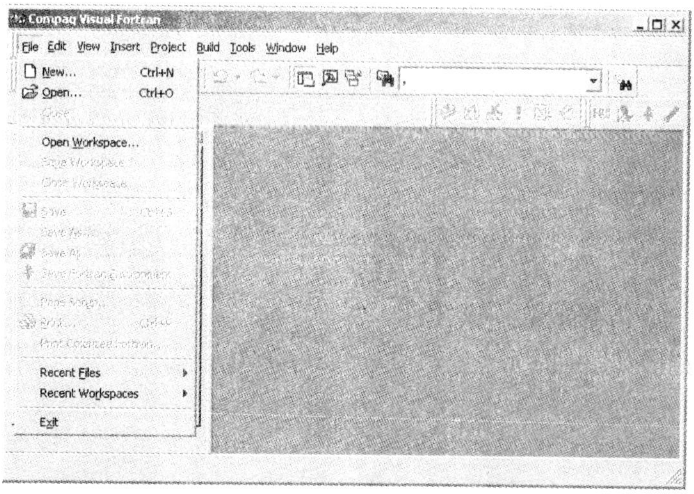

图 1-4　单击菜单栏上的“File”项

④选择 Fortran Console Application(即命令行程序)，在 Project name 框中输入项目名，如图 1-5 所示。

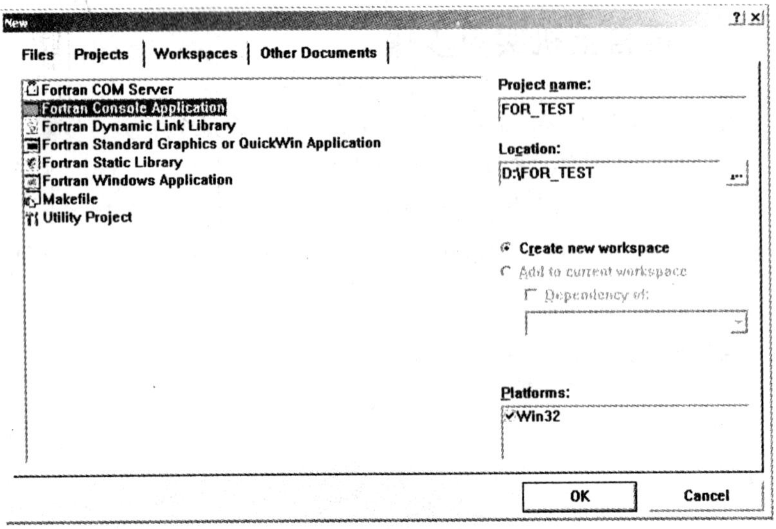

图 1-5　输入项目名

⑤选择 An empty project 项，然后点击 Finish 按钮，如图 1-6 所示。

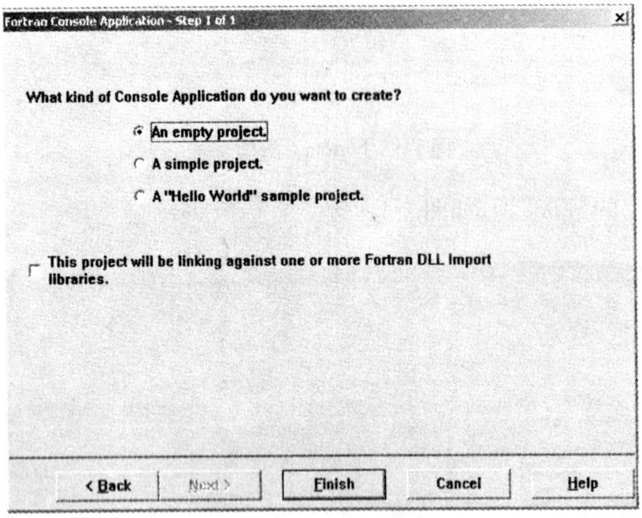

图 1-6　点击 Finish 按钮

⑥点击 OK 按钮，如图 1-7 所示。

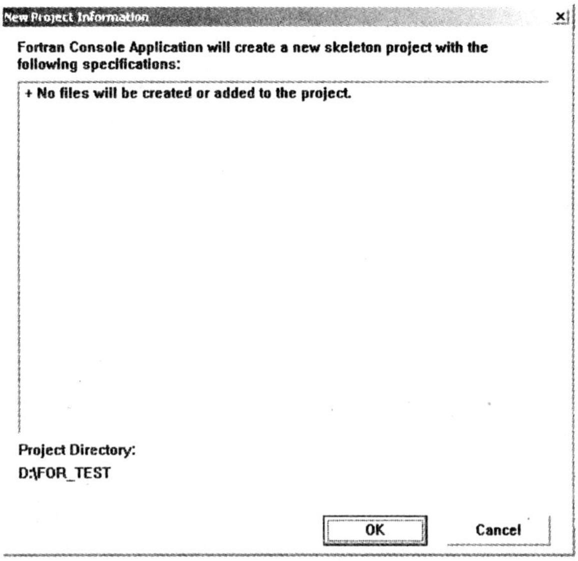

图 1-7　点击 OK 按钮

⑦再次点击 File→New，如图 1-8 所示。

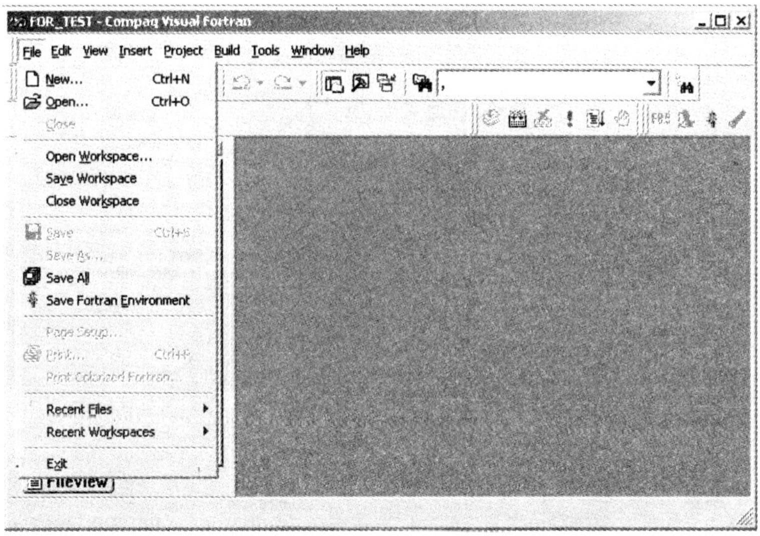

图 1-8　再次点击 File→New

⑧选择 Files→Fortran Free Format Source File，在 File 框输入文件名，如图 1-9 所示。

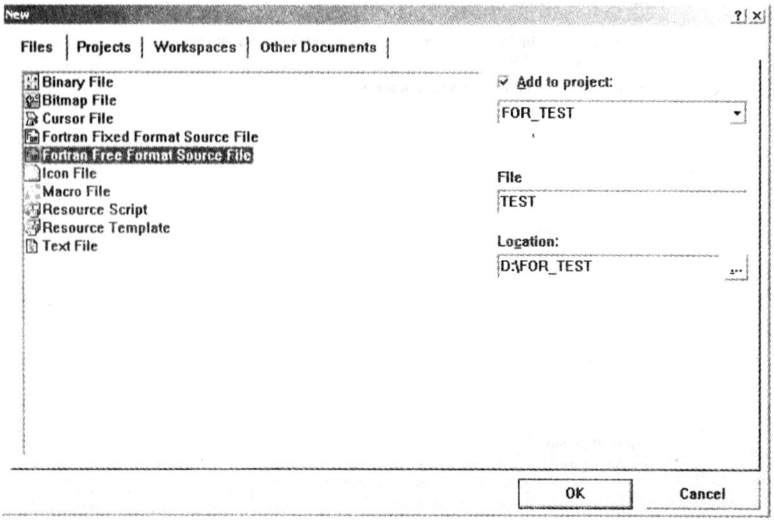

图 1-9　在 File 框输入文件名

⑨输入源代码、编译与连接、运行，如图 1-10 所示。

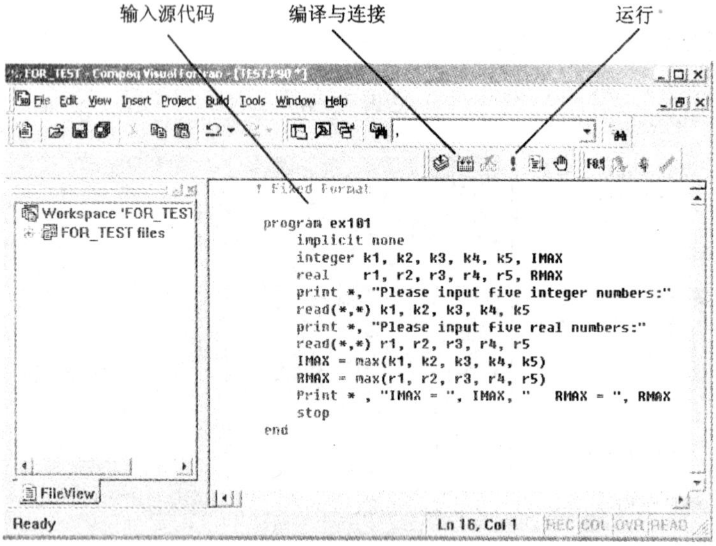

图 1-10　输入源代码、编译与连接、运行

习　题

一、单项选择题

1. 以下关于执行 FORTRAN 源程序的正确说法是______。

A. 经过汇编后执行　B. 可以直接执行　C. 经过编译后执行　D. 编译、连接后执行

2. 一个算法的基本特征不包括______。

A. 简单性　B. 有穷性　C. 可行性　D. 确定性

3. 评价一个算法性能的标准中不包括______。

A. 正确性　B. 最佳性　C. 可读性　D. 精确性

4. FORTRAN 语言是一种______的程序设计语言。

A. 适用于科学计算　B. 适用于数据处理　C. 适用于工程设计　D. 适用于图形处理

5. 以下关于 FORTRAN 程序的说法，不正确的是______。

A. FORTRAN 程序是一种段式结构

B. 非执行语句不会使计算机产生任何操作

C. 非执行语句都写在程序的开头

D. END 语句只能出现在程序段最后

6. 以下关于 FORTRAN 源程序书写格式的叙述中不正确的是______。

A. 固定格式中语句必须从第 7 列开始书写

B. 固定格式中每行只能写一个语句

C. 自由格式中表示某行是“续行”时，应在上一行末尾写上“&”号

D. 自由格式书写的源程序扩展名为“. F90”

7. 以下 FORTRAN 常量的表示中，不正确的是______。

A. 128. 和 0.　B. 123,456 和 E5　C. -0. 和 +0　D. (1,2) 和 (0.5,0.6)

8. 以下 FORTRAN 变量的表示中，不正确的是______。

A. B12 和 C12　B. HK 和 Y_1　C. IBM 和 INTERNET　D. HP-1 和 H(X)

9. 以下关于 FORTRAN 库函数的正确写法是______。

A. SIN(30°) 和 SIN X　B. SQR(X) 和 TAG(X)

C. EXP 和 LG(N)　D. MOD(X1,X2) 和 MAX(A,B)

10. 以下 FORTRAN 算术表达式中，正确的是______。

A. 1.0/x/y+2SIN(X)*COS(X)　B. SIN[(X*X+Y**2-2XY)t+E**X]

C. J**(K-3)**L/J　D. ABS(X)+LOG(ABS(SIN(X)))

11. 算式 $2x\left(abs+\dfrac{e^{-x}}{\sqrt{x^2+y^2}}\right)$ 的正确 FORTRAN 表达式是______。

A. 2*X*(ABS+E(-X)/SQRT(X*X+Y*Y))

B. 2*X*(A*B*S+E**(-X)/SQRT(X**2+Y**2))

C. 2*X*(A*B*S+EXP(-X)/SQRT(X*X+Y*Y))

D. 2*X*(A*B*S+EXP(-X)/SQRT(X*X+Y*Y)

12. 以下 FORTRAN 输入语句中写法不正确的是______。

A. READ* X,Y　B. READ(UNIT=5,*)X,Y

C. READ(*,*)X,Y　D. READ(5,*)X,Y

13. 以下 FORTRAN 输出语句中写法不正确的是______。

A. WRITE(*,*)K1,K2　B. WRITE(UNIT=*,*)K1,K2

C. PRINT*,K1,K2　D. PRINT(*,*)K1,K2

二、思考题

1. FORTRAN 源程序的两种书写格式有什么区别?

2. FORTRAN 程序中的“注释”有什么用途? 怎样使用“注释”?

3. 写出程序设计过程。什么叫算法? 怎样表示算法? 流程图的作用是什么?

三、用类型语句说明下列各式中的变量类型,然后将各式写成 FORTRAN 赋值语句。

1. $x = \frac{x_1}{x_2 \cdot x_3}$

2. $b = a^{bc}$

3. $g = 1 + \frac{1}{a} + \frac{1}{a^2} + \frac{1}{a^3}$

4. $S1 = \frac{1}{S - \frac{1}{t}}$

5. $k = (z + f)^{2/3}$

6. $f(x) = \{[(7.5x + e^{-5})x - 1.5]x + 1 - 3.2\}$

7. $h(x,y) = \sin \frac{a - b}{\sqrt{x^2 - y^2}} + |x - y|$

8. $g(x) = (\ln 3 - \log_4 x)a + b$

9. $m = \frac{e^b}{h - b} + \cos(\alpha + \beta)$

10. $p = \frac{-\frac{\pi x}{b^3}}{h1 \cdot h2}$

四、按要求画出流程图

1. 输入三个实型数 X、Y、Z,求出它们的和 SUM 与它们的乘积 FA,并输出计算结果。

2. 根据一元二次方程根的性质,求 $ax^2 + bx + c = 0(a \neq 0)$ 的根。

根据代数知识,一元二次方程根的表达式为

$$x_1 = \frac{-b + \sqrt{b^2 - 4ac}}{2a} \quad x_2 = \frac{-b - \sqrt{b^2 + 4ac}}{2a}$$

根的性质取决于 $D = b^2 - 4ac$ 值:

①当 $D < 0$ 时,方程有两个共轭复根;

②当 $D = 0$ 时,方程有两个相等的实根;

③当 $D > 0$ 时,方程有两个不等的实根。

五、程序填空题

1. 已知梯形的上底 a 为 3.2,下底 b 为 5.3,高 h 为 4.5,求该梯形面积(要求计算数据用输入语句输入)。

$$S = \frac{1}{2}(a + b)h$$

程序如下:

```
program xt01
   implicit none
   real a,b,h,s
   ________[1]________
   s = ____[2]________
   ________[3]________
end
```

2. 设人造卫星在距地面 h 米高度的圆周运动速度 $v_c = 25830\sqrt{r}/\sqrt{r+h}$(米/秒),$r$ =

6.37154×10^6(米)。在某高度上离开轨道的速度为 $v_e = v_c\sqrt{2}$,以下程序读入一个高度 h,计算卫星的圆周运动速度和离开轨道速度及环行一周所需的时间。

程序如下:

```
program xt02
  implicit none
  ______【1】______
  read * , h
  r = ____【2】____
  vc = 25830 * sqrt(r)/sqrt(r + h)
  ve = vc * sqrt(2.0)
  circum = 2 * 3.141592 * (h + r)
  time = ______【3】______
  print * , vc, ve, time
end
```

六、按要求编写程序

1. 从键盘输入 a、b、c 的值,计算

$$f = \frac{\cos|a+b|}{\sin\sqrt{|a|+|b|}} + \tan c$$

上机执行该程序,输入 $a=-4.6°$,$b=10°$,$c=21.85°$,观察计算结果。

2. 设圆锥体底面半径 r 为6,高 h 为5,从键盘输入 r、h,计算圆锥体体积。计算公式为 $V=\frac{1}{3}\pi r^2 h$。

3. 求一元二次方程 $ax^2+bx+c=0$ 的两个根 x_1 和 x_2。方程的系数 a、b、c 值从键盘输入并假定 $b^2-4ac>0$。

4. 从键盘输入一个三位十进制整数,分别输出其个位、十位、百位上的数字。

5. 已知 $\sin(x+y)=\sin x \cdot \cos y + \cos x \cdot \sin y$,分别计算等号两边的算式并输出计算结果($x=30°$,$y=45°$从键盘输入)。

第 2 章　分支程序设计

本章介绍分支程序的概念和设计方法。通过本章的学习，应达到如下目标：

- 了解结构化程序的基本概念；
- 掌握 FORTRAN 95 语言提供的分支程序设计所使用的语句；
- 学会分支程序的编写方法。

2.1　基本程序结构

2.1.1　结构化程序设计概述

程序设计人员经过长期积累的程序设计经验，总结出一个好的程序应满足的条件，即符合题目要求，运行结果正确；有良好的结构，清楚易懂；尽可能少的运行时间；运行时所占的内存量应尽可能在合理的范围内。

怎样才能保证设计出结构良好的程序呢？荷兰学者 Dijkstra 提出用“结构化程序设计方法”。它规定了一套较完整的实施手段，使程序具有合理的结构，以便保证和验证程序的正确性。它规定了程序设计者不能随心所欲地编写程序，而要按照一定的结构形式来设计和编写程序，以保证程序的易读、易理解和易修改，进而提高程序设计和维护工作的效率。

“结构化程序设计方法”也叫 SD 方法，是按结构化的思想和原则组织数据和编写程序的一种方法。基本指导思想是简化编程复杂性，追求的目标是使程序结构清晰，易读性强。特点主要体现在以下方面。

①规定三种基本结构（即顺序结构、分支（选择）结构、循环结构）是组成程序的唯一结构形式。

②将程序模块化，即一个大程序或软件系统由若干个相对独立的模块组成。这些模块之间的联系应尽可能少，而模块内部的联系则尽可能紧密，并且各个模块均为单入口和单出口，绝对不应有模块之间的无条件转移（goto）语句。

③采用自顶向下的设计过程，反复运用分解与抽象的方法，即对一个大而复杂的问题逐步分解为几个相对简单而独立的子问题，对各子问题再进行分解，直到每个子问题可用一个子程序来实现。这种方法也叫逐步求精法。

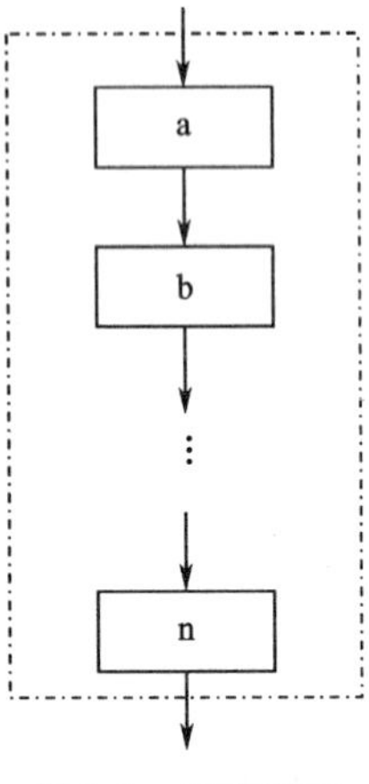

图 2-1　顺序结构

2.1.2　顺序结构

这是最简单、最基本的程序结构。特点是：结构内的各个功能模块是按照它们出现的顺序依次执行的，且只有一个入口和一个出口，如图 2-1 所示。其中的每个功能模块可以是一条或多条非转移类的可执行语句，即一个顺序结构可由一条或多条顺序执行的语句组成。上一章看到的程序都是由这种顺序结构组成的。

2.1.3 分支(选择)结构

在这种结构中，要对给定的条件进行判断，根据判断结果选择不同的执行路径，以完成不同的功能。分支结构又分为两向分支和多向分支。图 2-2 为两向分支结构，图 2-3 为多向分支结构。它们与顺序结构的共同点是，也只有一个入口和一个出口。实现这种分支结构要使用相应的条件选择语句，其中 a 块和 b 块及多向分支结构中的各语句块根据实际应用可以是空块，即在条件满足或不满足时结束这一结构，直接执行该结构的后继语句。这种语句块中又可以是另一个分支结构，这就形成了分支结构的嵌套。

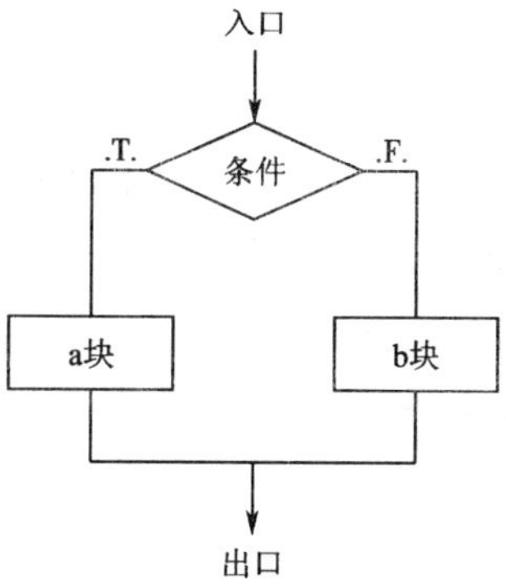

图 2-2 两向分支的选择结构

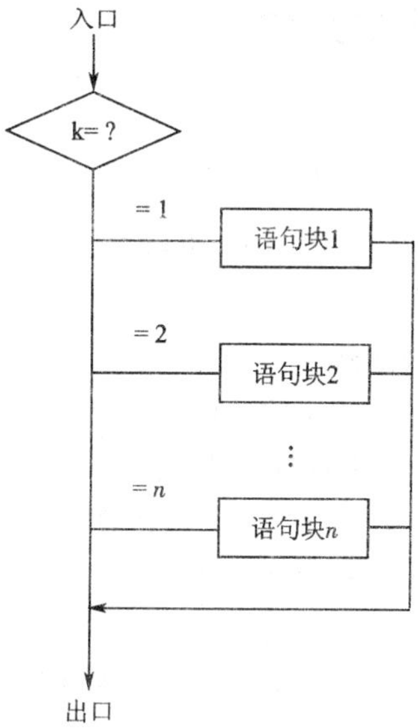

图 2-3 多向分支的选择结构

2.1.4 循环结构

循环结构也称重复处理结构，即该结构中的语句被重复执行，直到满足或不满足某一给定的条件为止。这种结构也仅有一个入口和一个出口。这种结构在应用时有两种形式，在图 2-4 所示的循环结构中，当条件满足时执行 a 块，直到条件不满足时执行该结构的后继语句，这种结构称为“当”型循环结构。在图 2-5 所示的循环结构中，先执行 a 块，直到条件满足时执行该结构的后继语句。这种结构称为“直到”型循环结构。

在程序设计时使用循环语句实现循环结构。

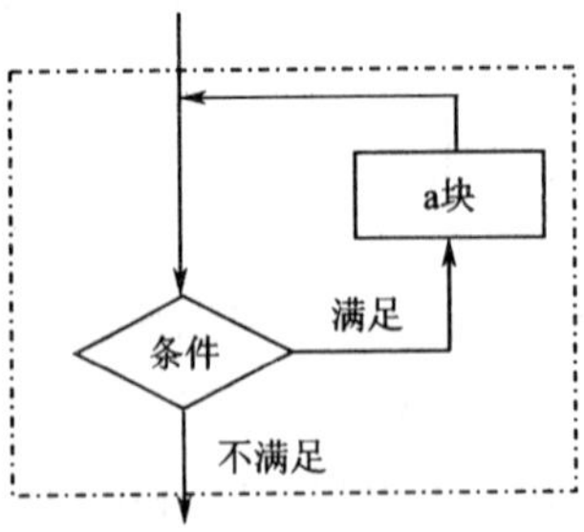

图 2-4 “当”型循环结构

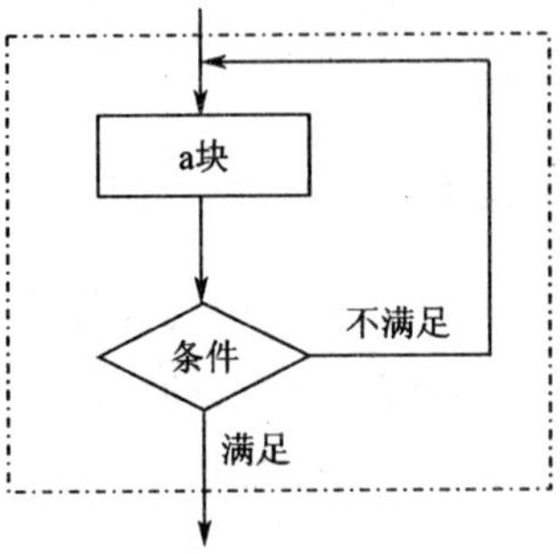

图 2-5 “直到”型循环结构

2.2 IF 分支结构

2.2.1 逻辑表达式

在 FORTRAN 程序中，逻辑表达式通常用作描述判断条件。其中关系表达式又是逻辑表达式的简单形式。

1. 关系表达式

关系表达式用于比较两个算术表达式或字符表达式。若结果为. TRUE. (真)，表示关系成立；若结果为. FALSE. (假)，表示关系不成立。关系表达式的一般形式为：

<表达式 1> <关系运算符> <表达式 2>

其中的表达式 1 和表达式 2 可以都是算术表达式或都是字符表达式。关系运算符共有以下六种：

==	或 .EQ.	等于
/=	或 .NE.	不等于
>	或 .GT.	大于
>=	或 .GE.	大于或等于
<	或 .LT.	小于
<=	或 .LE.	小于或等于

下面是几个关系表达式的例子。

a >10 或 a .GT. 10

n+1 < 2*a+3*b 或 n+1 .LT. 2*a+3*b

abs(a-b) <= 1e-5 或 abs(a-b).LE. 1e-5

m*n /= 0 或 m*n .NE. 0

书写关系表达式时应注意以下问题。

①当使用字母形式的关系运算符时，运算符两端的圆点不能省略。

②关系表达式中运算符的运算顺序是，先进行算术运算或字符运算，然后进行关系运算。例如，关系表达式 a+b. GT. x+y 是先完成 a+b 和 x+y 的运算，再进行比较运算。

③在进行算术表达式值的比较时，允许关系运算符两端的类型可以不一致，并自动转换成

同一类型后再进行比较。转换规则与算术表达式中的类型转换规则相同。

④复数类型只能进行相等或不等的比较运算。

⑤由于实型数在计算机内是近似表示的,所以理论上相等的两个实数,由于误差原因在机内未必完全相等。例如(1.0/3.0+1.0/3.0+1.0/3.0)与1.0理论上相等,但实际运算结果为.FALSE.,并不相等。解决的方法是让两者之差的绝对值小于某个很小的数时就认为其值相等。如 x.EQ.y 可改写成 ABS(x-y).LT.1e-6。

2.逻辑表达式

(1)逻辑表达式的一般形式及运算规则

逻辑表达式由逻辑元素和逻辑运算符组成,一般形式为:

<逻辑元素> <逻辑运算符> <逻辑元素>

其中逻辑元素可以是逻辑常量、逻辑变量、逻辑数组元素、逻辑函数、关系表达式或另一个逻辑表达式。

FORTRAN 语言中的逻辑运算符共有六种。

以.AND.为例说明其运算规则。

.AND.为逻辑“与”,其运算规则是仅当.AND.两边的逻辑元素的值均为“真”时,运算的结果才为“真”,否则为“假”。

逻辑运算规则可由表2-1的真值表表示。

表2-1 逻辑运算真值表

A	B	.NOT.A	A.AND.B	A.OR.B	A.EQV.B	A.NEQV.B	A.XOR.B
真	真	假	真	真	真	假	假
真	假	假	假	真	假	真	真
假	真	真	假	真	假	真	真
假	假	真	假	假	真	假	假

下面是一些逻辑表达式的例子:

x.GE.0.0.AND.x.LE.5　　表示 $0 \le x \le 5$

x.GT.1.0.OR.x.LE.-9.0　　表示 $x > 1$ 或 $x \le -9$

(a+b).EQ.d.AND.c.NE.e　　表示 $a+b=d$ 和 $c \ne e$ 同时成立

注意,在书写逻辑运算符时,两端的圆点是不能省略的。

(2)逻辑表达式的运算顺序

在较为复杂的逻辑表达式中,可能含有算术运算符、关系运算符和逻辑运算符,表2-2中给出了它们的运算优先级,同级运算符按从左到右的顺序执行。可用圆括号改变表达式的运算顺序。

表 2-2　运算符的优先级

运算符类别	运算符	优先级(高→低)
算术运算符	**	1
	*,/	2
	+,-	3
关系运算符	.GT. .LT. .EQ. .GE. .LE. .NE.	4
逻辑运算符	.NOT.	5
	.AND.	6
	.OR.	7
	.XOR.	8
	.EQV. 或 .NEQV.	9

(3)二进制的逻辑运算

二进制的数字只有 0 和 1 两种,在应用时通常把数字 0 当做逻辑上的.FALSE.,而把数字 1 当做逻辑上的.TRUE.。例如下面的逻辑表达式:

0.and.0 =0　　　　　　0.and.1 =0

1.and.0 =0　　　　　　1.and.1 =1

只是用 0 和 1 分别代替了.FALSE.和.TRUE.,逻辑运算规则与前面所述相同。

FORTRAN 库函数中包括专门用于二进制运算的函数,如 iand 函数专门用于进行二进制的 AND 计算,IOR 函数专门用于进行二进制的 OR 运算。关于其他运算的库函数,可参见附录中的 FORTRAN 库函数表。

在 FORTRAN 程序中设置整数值时,还可以使用其他进制,如采用十六进制和八进制、二进制等。例如:

```
integer:: a
a = B"10"    ! a =2,二进制 10 相当于十进制 2
a = O"10"    ! a =8,八进制 10 相当于十进制 8
a = Z"10"    ! a =16,十六进制 10 相当于十进制 16
```

其中,表示不同进制的数时,只要将数字用双引号括起来,前面加上字母 B(代表后面是二进制数)、O(代表后面是八进制数)或 Z(代表后面是十六进制数)即可。注意,十六进制使用数字 0~9 和字母 A、B、C、D、E、F 表示,例如 Z"A" =10,即十六进制数 A 等于十进制的 10。依此类推,Z"B" =11、Z"C" =12、Z"D" =13、Z"E" =14、Z"F" =15。

2.2.2　IF…ELSE…ENDIF 结构

if…else…endif 结构是 FORTRAN 程序中常用的选择结构,它主要由块 if 语句、else 语句和 endif 语句共同构成,这三个语句都不能单独使用。其一般形式为:

```
if(逻辑表达式)then
    if 块
else
    else 块
endif
```

该结构中各语句的执行过程是:先计算逻辑表达式的值并加以判断。若此值为真,则执行 if 块中的语句,然后执行 endif 语句,结束该结构,继续执行其后继语句;若此值为假,则跳过 if 块中的语句,直接执行 else 块中的语句,然后执行 endif 语句,结束该结构,并继续执行其后继语句。

例 2.1　编写程序计算函数

$$f(x)=\begin{cases}\sqrt{1-x^2} & -1<x<1\\ \sqrt{1+x^2} & x\leqslant -1 \text{ 或 } x\geqslant 1\end{cases}$$

的值。

源程序如下:

```
program ex201
    implicit none
    real (kind =4) x, y

    read ( * , * ) x
    if (x >-1.0 .and. x <1.0) then
        y = sqrt (1.0 - x * x)
    else
        y =  sqrt (1.0 + x * x)
    endif
    write ( * , * ) "x =" , x, "   y =", y
    stop
end program
```

这个例子非常简单,其中的 if 块和 else 块中都仅有一个语句。当满足条件 $-1<x<1$ 时,执行 if 块中的 y = sqrt (1.0 - x * x)语句,然后执行 endif,结束该结构的执行,继而执行 write 语句,输出计算结果;当条件不满足时,即当 $x\leqslant -1$ 或 $x\geqslant 1$ 时,执行 y = sqrt(1.0 + x * x),再执行 write 语句,输出结果。

在这种结构中,if 块或 else 块都可以省略,且当省略 else 块时,else 语句也可以省略,以下是关于这种情况的例子。

例 2.2　编写一个程序,从键盘输入字母,如果是大写字母则转换成小写;如果是小写字母则转换成大写;否则原样输出。

程序如下:

```
program ex202
    implicit none
    character s

    write ( * ,  * ) " 输入字符值:"
    read ( * ,  * ) s
    if (s >='A' .and. s <='Z') then
```

```
        s = char(ichar(s) + 32)
        write ( * , * ) s
        stop
    endif
    if (s >= 'a' .and. s <= 'z') then
        s = char(ichar(s) - 32)
        write ( * , * ) s
        stop
    endif
    write ( * , * ) s
    stop
end program
```

这个程序的判定结构中没使用 else 块,else 语句也省略了。

2.2.3 IF…ELSEIF 结构

这是 FORTRAN 程序中可使用的另一种选择结构,用于多重判断,主要由块 if 语句、elseif 语句、else 语句及 endif 语句组成。其一般形式为:

if(条件 1)**then**
　　语句块 1
elseif(条件 2)**then**
　　语句块 2
⋮
elseif(条件 n)**then**
　　语句块 n
else
　　语句块 n+1
endif

其中的"条件"是逻辑表达式,elseif 语句可以多次出现在块 if 语句和 endif 语句之间。

这种结构的程序执行规则是:若条件 1 为真,则执行语句块 1 中的各语句,然后转到 endif 处;否则,转去判断条件 2,若条件 2 为真,则执行语句块 2 中的各语句,然后转到 endif 语句。依此类推,若所有条件都为假,则执行 else 后的语句块 n+1,直到 endif 语句。

例 2.3　用 IF…ELSEIF 结构改写例 2.2。

程序如下:

```
program ex203
    implicit none
    character s

    write ( * , * ) "输入字符值:"
    read ( * , * ) s
```

```
    if (s >= 'A' .and. s <= 'Z') then
        s = char(ichar(s) + 32)
    else if (s >= 'a' .and. s <= 'z') then
        s = char(ichar(s) - 32)
    endif
    write (*, *) s
    stop
end program
```

2.3 SELECT CASE 结构

利用 select case 结构也可以实现多重判定,即多分支选择结构。该结构的一般形式为:

```
select case (变量)
case(数值 1)
    语句块 1
case(数值 2)
    语句块 2
  ⋮
case(数值 n)
    语句块 n
case default
    语句块 n+1
end select
```

其中的"变量"只能是整型、字符型和逻辑型,数值只能是常量,不能使用变量,而且必须和 select case 中的变量有相同的类型。它可以是单个的常数,或是用逗号分开的多个常数,也可以是用冒号分开的两个常数,表示一个值域,即取包括这两个常数在内的所有这两个数之间的数值。例如(1:10)表示取 1 到 10 之间的整数,包括 1 和 10;(A:D)表示取 A、B、C、D 四个字符。如果省略其中第一个数,表示取所有小于或等于第二个数的值,如(:5)表示所有小于等于 5 的数值;若省略第二个数,表示取所有大于等于第一个数的值,如(5:)表示所有大于等于 5 的值。

该结构的执行规则是:用 select case 语句中变量的值与其后各 case 中的数值进行比较,当该值与某个 case 后的值相等或落在某值域中时,就执行相应的语句块,然后执行 end select 语句,结束该结构的执行。若该变量的值与所有 case 中的值或值域内的值都不相等,则执行第 n+1 个语句块。但是,若省略了 case default 语句,即没有第 n+1 个语句块,会直接结束该 select case 语句而执行 end select 后面的语句。语句块 1 ~ 语句块 n+1 均可为空块,表示不作任何操作。

例 2.4 用 SELECT CASE 结构改写例 2.2。

程序如下:

```
program ex204
```

```
    implicit none
    character s

    write ( * , * ) " 输入字符值:"
    read ( * , * ) s
    select case (s)
        case ('A':'Z')
            s = char(ichar(s)  + 32)
            write ( * , * ) s
        case ('a':'z')
            s = char(ichar(s)  - 32)
            write ( * , * ) s
        case default
            write ( * , * ) s
    end select
    stop
end program
```

①每个 case 后的常量必须是互不相同的,否则会出现不确定情况而使程序无法执行。

②每个 case 语句出现的顺序不影响程序的执行。

③不允许使用转移语句从 select case 结构外转移到某个 case 语句块内,也不能从一个 case 语句块转移到另一个语句块内,但是 case 语句块内可用转移语句转移到 select case 语句之外。

④select case 语句必须和 end select 语句成对使用。

2.4 分支结构嵌套

所谓分支结构嵌套,是指在各种分支结构的语句块(如 if 块、else 块或 else if 块)中完整地包含有另一个分支结构。

例 2.5 重写例 2.2。

程序如下:

```
program ex205
    implicit none
    character s

    write ( * , * ) "输入字符值:"
    read ( * , * ) s
    if ((s >=  'A' . and.  s <= 'Z')&
            . OR. (s >=  'a' . and.  s <= 'z')) then
        if (s >=  'A' . and.  s <= 'Z') then
```

```
            s = char( ichar( s)  + 32)
        else if (s >=  'a' . and.  s <= 'z') then
            s = char( ichar( s)  - 32)
    end if
        write ( * ,  * ) s
     else
        write ( * ,  * ) s
     endif
     stop
end program
```

这个例子中的嵌套结构都属同一类型，即都是采用“if…else…endif”结构的嵌套，实际本章所介绍的各种分支结构之间都可以嵌套使用，只要不违背语法规则就可以。其他结构嵌套的例子见本章 2.6 节“程序举例”。

使用嵌套结构时要注意以下问题：

①块 IF 语句和 ENDIF 语句必须成对使用，但 ELSEIF 不和 EDNIF 配对；

②每对块 IF 语句和 ENDIF 语句之间可有多个 ELSEIF 语句，但只能有零个或一个 ELSE 语句；

③在使用嵌套结构时，要注意每层向右缩进，以使程序层次清楚便于阅读、理解，也不容易出错；

④禁止用转移语句从一个语句块外转到语句块内，也不能转移到 else 或 elseif 语句本身。

2.5 逻辑 IF 语句与 GOTO 语句

2.5.1 逻辑 IF 语句

逻辑 if 语句的一般形式为：

if(逻辑表达式)　可执行语句

该语句的执行规则是，先求出逻辑表达式的值，若其值为真，则执行其后的可执行语句，然后执行后继语句；若其值为假，则直接执行该逻辑 if 语句的下一个语句。请看下面的例子：

```
real x, y, z , big
read * , x, y, z
big = x
if (y > big) big = y
if (z > big) big = z
print * , big
end
```

该程序用于求三个实数 x、y、z 中的最大数，其中使用了两个逻辑 if 语句，请读者自己分析它们的执行过程。

2.5.2 GOTO 语句

goto 语句又称为无条件转移语句，一般形式为：

goto s

其中 s 是该 goto 所在程序段内的一个可执行语句的标号。该语句的作用是当程序执行到该 goto 语句时，程序将转去执行标号为 s 的语句，而不是按程序书写时的语句顺序执行。例如下面的程序计算 1 +2 +3 + … +50。

```
program ex_GOTO
    implicit none
    integer n, i,sum

        i =1
        n =50
        sum =0
100     sum = sum + i
        i =i +1
        if (i <= n) then
           goto 100
        endif
        write (*,*) 'sum =', sum
        stop
end program
```

当计算的数据个数不足 n 个时，即 i <= n 时，执行 goto 100 语句，转到 100 号语句进行求和。

goto 语句是从 FORTRAN 早期版本流传下来的，但不要随意使用。限制 goto 语句的使用也是结构化程序设计的基本要求。因为使用 goto 语句编写的程序在结构上会很乱，导致程序代码难以阅读。这里介绍它的目的也是让读者全面了解 FORTRAN 的历史，看懂一些早期编写的经典程序。

2.6 程序举例

例 2.6 编写一个程序，任意输入一个年份、月份，输出该月份对应的天数。

编写程序时应考虑闰年的情况，其算法如下：

①如果一个年份能被 4 整除，但不能被 100 整除，该年是闰年；

②如果一个年份能被 400 整除，该年是闰年。

程序如下：

```
program ex206
    implicit none
    integer year, month, days
```

```
    write( * , * ) "输入年份、月份"
    read ( * , * ) year, month
    select case (month)
       case (4,6,9,11)
          days =30
       case (1,3,5,7,8,10,12)
          days =31
       case (2)
          if((mod(year,4) ==0 . and. mod(year,100)/=0)&
             . or. (mod (year,400) ==0)) then
         days = 29
          else
             days =28
          endif
       case default
       write ( * , * ) month, 'month input error!'
          stop
    end select
    write ( * , * ) month ,days
    stop
end program
```

例 2.7　编写一个根据利润计算应征税额的程序。假设:利润 p 在 100 元以下的税率为 3%,100 元≤p<500 元的税率为 4%,500 元≤p<1000 元的税率为 5%,1000 元≤p<2000 元的税率为 6%,2000 元≤p<5000 元的税率为 7%,p≥5000 元的税率为 8%,利润为零或亏本的不征税。

程序如下:

```
program ex207
    implicit none
    real (kind =4) p, r, tax

    write( * , * ) "请输入利润值"
    read ( * , * ) p
    if (p <=0. 0) then
       r =0. 0
    elseif (p <100. 0) then
       r =0. 03
    elseif (p <500. 0) then
       r =0. 04
```

```
    elseif (p < 1000.0) then
        r = 0.05
    elseif (p < 2000.0) then
        r = 0.06
    elseif (p < 5000.0) then
        r = 0.07
    else
        r = 0.08
    endif
    tax = p * r
    write( * , * ) p, r, tax
    stop
end program
```

从这个程序看出，当嵌套层次过多时使用 elseif 更为方便，语句间的逻辑关系更加清楚，比用“if…else…endif”嵌套去实现多重选择结构更简捷、清晰。

例 2.8 编写程序求一元二次方程 $ax^2+bx+c=0$ 的根。

设 $d=b^2-4ac$，编程时考虑以下情况：

①当 $a=0$、$b=0$ 时，输出“不是代数方程”并停止程序的执行；

②当 $a=0$、$b\neq0$ 时，方程有一实根，即 $-c/b$；

③当 $a\neq0$、$d>0$ 时，方程有两个不等的实根，即

$$x_1=(-b+\sqrt{b^2-4ac})/2a$$

$$x_2=(-b-\sqrt{b^2-4ac})/2a$$

④当 $a\neq0$、$d=0$ 时，方程有两个相等的实根，即 $x_1=x_2=-b/2a$；

⑤当 $a\neq0$、$d<0$ 时，方程有两个共轭复根，即

$$x_1=-b/2a+(\sqrt{b^2-4ac}/2a)\mathrm{i}$$

$$x_2=-b/2a-(\sqrt{b^2-4ac}/2a)\mathrm{i}$$

程序如下：

```
program ex208
    implicit none
    real (kind=4) a, b, c, d, x, x1, x2, xa, xb

    write( * , * ) "请输入 a, b, c 值"
    read( * , * ) a, b, c
    if (a ==0) then
        if (b ==0) then
            print * , "非代数方程!"
        else
            print * , "有一个实根 x =", -c/b
```

```
        endif
    else
        d = b * b - 4.0 * a * c
        if (d > 0) then
            x1 = ( - b + sqrt (d) ) / (2.0 * a)
            x2 = ( - b - sqrt (d) ) / (2.0 * a)
            print *, '二实根:'
            print *, 'x1 =', x1, 'x2 =', x2
        elseif (d == 0) then
            x = - b/(2.0 * a)
            print *, "相等二实根:"
            print *, 'x1 = x2 =', x
        else
            xa = - b/(2.0 * a)
            xb = sqrt ( - d) /(2.0 * a)
            print *, "二共轭复根:"
            print *, xa, ' + 或 - ', xb
        endif
    endif
end program
```

习　题

一、单项选择题

1. 一个好程序的标准不包括______。

A. 运行时间少　　B. 结构清楚　　C. 结果正确　　D. 程序简短

2. 结构化程序设计的特点不包括______。

A. 良好的程序设计风格　　B. 采用三种基本结构

C. 程序的模块化　　D. 采用自顶向下的设计过程

3. 以下关于结构化程序的叙述中，不正确的是______。

A. 程序从整体上只能由三种基本结构组成

B. 程序中不应使用 goto 语句

C. 程序是模块化的

D. 程序中的每个模块都应由三种基本结构组成

4. 以下关于分支程序的描述中不正确的是______。

A. 分支程序一定涉及条件的判断

B. 分支结构采用 if 语句和 endif 语句构成

C. 块 if 语句和 endif 语句必须成对使用

D. 每个分支结构之间不能用 goto 语句实现转移

5. 设 A 值为. TURE. ,B 值为. FLASE. ,则正确的计算结果为______。

A. A . OR. B 为 . FLASE.　　　　B. A . EQV. B 为 . FLASE.

C. A . NEQV. B 为 . FLASE.　　　　D. A . XOR. B 为 . FLASE.

二、程序填空

1. 输入一个整数 N,判断该数是偶数还是奇数,并分别输出该数的奇偶性。

```
program ex211
  implicit none
  ____[1]____
  read *, n
  ____[2]____
  print *, n, "是一个偶数"
  else
  ____[3]____
  endif
end
```

2. 计算如下分段函数的值:

$$z=\begin{cases}1 & x\geqslant 0, y\geqslant 0\\ 2 & x<0, y\geqslant 0\\ 3 & x\geqslant 0, y<0\\ 4 & x<0, y<0\end{cases}$$

```
program ex212
  implicit none
  integer z, x, y
  read (*,*) x, y
  if (___[1]___) then
  ______[2]______
  z=1
  else
  z=2
  ______[3]______
  else
    if (x>=0) then
  ______[4]______
    else
      z=4
    endif
  ______[5]______
  write (*,*) "x=", x, "y=", y, "z=", z
end
```

3. 输入一个学生的成绩,输出该成绩的等级,分级的标准为:

A 级:90≤score≤100

B 级:80≤score<90

C 级:60≤score<80

D 级:0≤score<60

```
program ex213
   implicit none
   real score
   read * , score
   if ( ___[1]___ ) then
   print * , 'A 级'
   _____[2]_____
   print * , 'B 级'
   elseif ( ___[3]___ ) then
   print * , 'C 级'
   else
   print * , 'D 级'
   endif
end
```

三、写出下列逻辑表达式的值

设 t1 = t2 = t3 = . true. , f1 = f2 = . false. , n1 = 5, n2 = 15, n3 = 25

1. n1 + n2. GT. n3. AND. t1. AND. t2

2. . NOT. (T1. OR. f1). AND. (n1. NE. n2. OR. f2)

3. (t3. OR. f2). EQV. (t1. AND. f1). NEQV. . NOT. . true.

4. n1. GT. n2. AND. n2. NE. n3. OR. n1. LT. n3

5. . NOT. (t2. AND. t1). EQV. . false.

6. n1 * n3. LE. n2. AND. . true. . OR. NOT. n1. GE. n2 + n3

7. n3/n2 + n1. NE. n2/n1 + n3. AND. f1. NEQV. t1

四、判断以下分支结构是否正确? 如果正确写出执行后的 s 值,如果有错误指出原因

1. s = 1. 0
```
   if (x < 6. 5) then
     s = 4. 0
   else
   endif
```

2. s = 1. 0
```
   if (x > 60) then
   else
     s = s + 5. 0
   endif
```

```
3. s = 1.0
   if (x/=100.0) then
      s = 6.0 - s
   else
      s = 7.0
   endif
4. s = 1.0
   if (x >= 5.0) then
      s = s + 1
   elseif (x >= 4) then
      s = s * 2 + 1
   else
      s = s * 3 - 1
   endif
5. if (x <= 2) then
      s = 0.5
   if (x > 0) then
      s = exp (s)
   else
      s = 1
   endif
```

五、按要求编写程序

1. 计算以下分段函数的值。

$$y = \begin{cases} -(2\pi + x)\sin x & -\pi \leqslant x < 0 \\ (2\pi - x)\sin x & 0 \leqslant x \leqslant \pi \end{cases}$$

2. 输入一个数 M，判断它是否能被 3 或 5 整除，如能被其中一个数整除，则输出 M，否则输出“此数不能被 3 或 5 整除”的提示信息。

3. 某电视台晚上 8 点的节目安排如下：星期一、星期四播出新闻；星期二、星期五播出电视剧；星期三、星期六播出儿童节目；星期日播出电影。写出程序，根据输入星期几来查询当天晚上的节目。

4. 输入一个学生的学号和三门课程的成绩。并根据下面的要求输出学生的学号、各门课和成绩、平均成绩及相应等级。

(1) 每门课成绩大于、等于 95 分为“优秀”；

(2) 每门课程成绩大于、等于 80 分为“良好”；

(3) 每门课程成绩大于、等于 55 分且平均分大于、等于 60 分为“及格”。

5. 在二维平面坐标系上有四个象限，输入一个坐标值(x,y)，判断该点位于哪个象限？

提示：当 x > 0, y > 0 为第一象限；当 x < 0, y > 0 为第二象限；当 x < 0, y < 0 为第三象限；当 x > 0, y < 0 为第四象限。

6. 输入两个复数，再根据输入的类别对复数进行指定的运算。类别规定：1—加法、2—减法、3—乘法、4—除法。

7. 某运输公司规定，按货物重量 W 收取运费。当 $W \leqslant 10$ 吨，每吨收费 2.5 元；10 吨 $< W \leqslant 100$ 吨，每吨收费 2 元；$W > 100$ 吨，按 100 吨标准收费，并优惠 10%。若发现货物中有危险品，除按规定标准收费外，另加罚款 2 000 元。输入货物重量计算应收运费。

第 3 章　循环程序设计

本章介绍"循环"的概念和循环程序设计方法。通过本章的学习，应达到如下目标：

- 循环结构的基本概念及其在程序设计中的重要性；
- 掌握 FORTRAN 95 语言提供的各种循环程序设计所使用的语句；
- 掌握循环程序的编写方法。

3.1　循环的概念

循环是程序设计中非常重要的概念和方法。不会使用循环，就等于没有学会程序设计。在编写程序时常用循环来描述有规律的重复计算过程。

例 3.1　用计算公式

$$s = 1 + \frac{1}{2^2} + \frac{1}{3^2} + \ldots + \frac{1}{n^2}$$

求 s 的值。其中 n 值利用 READ 语句输入。

程序如下：

```
program ex301
    implicit none
    integer n, i
    real s

       write( *, * ) "请输入整数:"
       read ( *, * ) n
       s = 0.0
       i = 1
   10 if (i <= n) then
           s = s + 1.0/(i * i)
           i = i + 1
           goto 10
       endif
       print *, 'n = ', n, ' s = ', s
  stop
end program
```

这个程序中包含了循环，从 if 块语句到 goto 语句之间的语句是被重复执行的部分，称为循环体。当 i > n 时循环结束，执行输出语句输出结果。从这个例子看出，要实现循环，需要在程序中给出以下内容：

①循环体,即重复执行的部分从哪条语句开始,到哪条语句结束;

②控制循环变量(如例子中的变量 i)及其初值和它的变化规律;

③循环结束的条件。

该程序中的这些内容是通过赋值语句、块 if 语句和 goto 语句确定的,即用块 if 和 goto 语句可以实现循环。但是为了更方便地实现循环,FORTRAN 语言提供了专门的循环语句。

3.2 DO 循环结构

do 循环结构包括 do 循环和 do while 循环。

3.2.1 DO 循环结构的形式

do 循环结构的一般形式为:

```
[name:] do [label [,]] [loop _ control]
        block
[label] term _ stmt [name]
```

其中:

①name 为循环的名字,可省略不用。

②label 为循环终端语句的标号,可以省略,但如果使用,则 do 后面的标号必须和循环终端语句的标号一致。

③loop _ control 是循环的控制部分,它又有三种选择:其一为 $i = e_1, e_2[, e_3]$;其二为 while(e);第三种情况是可以省略。三种不同的选择构成三种不同的 do 循环形式。

④block 为循环体,即重复执行的语句部分。

⑤term _ stmt 为循环终端语句,该语句既可以是 enddo 或 continue 语句,也可以是允许的其他可执行语句。

以上给出的仅是 do 循环结构的一般形式,下面介绍具体的应用形式。

3.2.2 计数型 DO 循环

在设计循环结构时,如果事先可以确定循环体的重复执行次数,可以采用这种形式。

1. 计数型 DO 循环的一般形式

```
do  [label,] i = e1, e2[, e3] ┐
              ⋮               │循环体
    [lable] term _ stmt       ┘
```

其中:

i 为循环控制变量,可取整型、实型或双精度型。

e_1、e_2、e_3统称为循环控制参数。e_1为循环控制变量的初值,e_2为终值,e_3为增值或增量(又可称步长)。它们可以是整型、实型或双精度型的表达式。当 e_3为 1 时,e_3 可以省略。

label 为语句标号,可以省略。

在实际应用 term-stmt 时,即循环的终端语句可以是 enddo、continue 或其他允许的可执行语句。

通过下面的简单例子说明计数型 do 循环的应用形式：

```
do i = 1,5,1
  write ( * , * ) "Hello, world!", i
enddo
```

这段程序代码中的 do 循环中没有使用语句标号，循环体中只含有一个 write 语句，终端语句为 enddo，循环控制变量的初值为 1，终值为 5，增量为 1（可以省略）。该段程序执行时，循环体将重复执行 5 次，即输出 5 遍“Hello, world!”和 i 的值。下面说明计数型 do 循环的执行过程。

2. 计数型 DO 循环的执行

计数型 do 循环的执行过程如下。

①当执行到这种 do 语句时，先计算 e_1、e_2、e_3 的值，假设分别用 m_1、m_2、m_3 表示。如果 m_1、m_2、m_3 的类型与循环控制变量 i 的类型不同，将自动按赋值规则进行类型转换。

②将初值 m_1 赋给循环控制变量 i。

③按以下公式计算循环次数

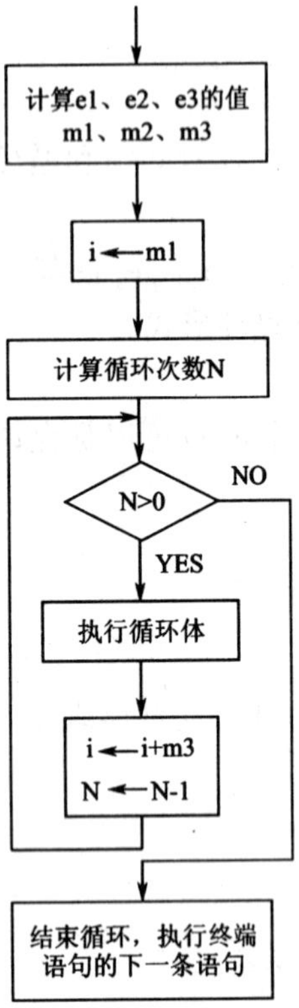

图 3-1 计数型 DO 循环的执行过程

$$N = \max\left[\mathrm{INT}\left(\frac{m_2 - m_1}{m_3} + 1\right), 0\right]$$

显然，当 $m_1 > m_2$ 且 $m_3 > 0$ 时，或当 $m_1 < m_2$ 且 $m_3 < 0$ 时，都有循环次数 N = 0。

④判断循环次数，若 N > 0，执行循环体中各语句；若 N ≤ 0，则退出循环，去执行终端语句的下一条语句。

⑤当每次执行循环体到终端语句后，循环控制变量 i 自动加上增值 m_3，同时循环次数 N 减去 1。

⑥重复以上第④、⑤步骤。

计数型 do 循环的执行过程可用图 3-1 来描述。

例 3.2 利用计数型 DO 循环求 $\sum_{i=1}^{n} i$，即 $1+2+3+\cdots+n(n <= 100)$。

程序如下：

```
program ex302
    implicit none
    integer i, n, k

    k = 0
    write( * , * ) "请输入整数 n(n <= 100)"
    read ( * , * ) n
    do i = 1, n,1
        k = k + i
    enddo
    print * , '和为:', k
```

```
        stop
    end program
```

该程序中的循环体只有一条赋值语句 k = k + i,这条语句被重复执行 n 次,每次执行到达 enddo 语句后,i 的值会自动加 1,即 i 的值加上增值 1。此处的 do 语句也可以写成 do i = 1,n 的形式,增值为 1,被省略。对于设计增值为负值的循环,控制变量的初值一定要大于终值,否则是不能进行循环的。

例 3.3　已知 $y = x^4 - 6x^3 + 8x^2 - 7$,求 x 由 0 到 2、步长为 0.1 时的 y 值。

程序如下:

```
program ex303
    implicit none
    real x, y

    do x =0.0, 2.0, 0.1
  y = (((((x -6) * x) +8) * x) -0) * x  -7
        print * , x, y
    enddo
    stop
end program
```

程序中的 do 语句的循环控制变量和控制参数都为实型,每循环一次,x 自动增加 0.1。应当注意,当循环控制变量是实型变量时,循环次数的计算可能产生误差,所以,建议最好改用整型变量和整型参数。如本例可写为:

```
program ex303_1
    implicit none
    real ::x =0.0, dx =0.1, y
    integer i

    do i =1, 21
  y = (((((x -6) * x) +8) * x) -0) * x  -7
        print * , x, y
  x = x + dx
    enddo
    stop
end program
```

3. 关于计数型 DO 循环使用的说明

①循环控制变量在循环体中可以被引用,如例 3.2 中的循环体语句 k = k * i,但不能再定义。例如下面的用法

```
      ⋮
do i =1,10
   i =2 * i
```

```
    y = y + i
  enddo
    ⋮
```

是错误的。因为 i 值是每次循环后自动修改的。

②在循环体中可以对控制参数 e_1、e_2、e_3 进行再定义，而且不会影响循环体的执行次数。这是因为循环体的执行次数在 do 语句开始执行时已经算出。

③循环结束后，循环控制变量的值为最后一次循环时的值再加上增量 e_3 后的值。当未执行完全部的循环次数即中途从循环体中转出时，循环控制变量的值为转出时的“当前值”。

④允许使用转移语句从循环体内转到循环体外，但不允许用转移语句从循环体外转到循环体内。

⑤如果在循环体中使用判定结构，则判定结构的整体必须完全包含在一个循环体中。此外，若在判定结构的某语句块中使用 do 循环，则整个 do 循环结构必须完整地包含在该语句块中。

下面的例子说明了在判定结构的 if 语句块和 else 语句块中含有 do 循环的情况。

例 3.4　输入 n 值。当 $n>0$ 时，计算 $s=1+\sqrt{2}+\sqrt{3}+\cdots\sqrt{n}$；当 $n\leqslant 0$ 时，计算 $s=1+2^2+3^2+\cdots+n^2$。

程序如下：

```
program ex304
    implicit none
    integer i , n
    real :: s = 0.0

    read * , n
    if (n > 0) then
        do i = 1 , n
            s = s + sqrt (real (i))    ! real (i) 表示把 i 化为实型
        enddo
    else
        do i = 1 , -n
            s = s + i * * 2
        enddo
    endif
    print * , 'n = ' , n , ' s = ' , s
    stop
end program
```

其中在 if 块的循环体中标准函数 sqrt 的自变量是另一个标准函数 real，用于将 i 值转换为实型后再计算平方根。else 块的 do 循环控制参数 n 值因为是负值，所以使用 -n 才符合题目要求。

⑥循环的终端语句也可以是除了 goto、if、else、elseif、endif、return、stop、end 语句以外的其

他可执行语句,此种情况下 do 循环应使用带终端语句标号的形式。例如,上面例子中 else 块中的 do 循环可以改写成如下形式:

```
    do 10 i = 1, - n
10  s = s + i * * 2
```

其执行过程与 do…enddo 结构完全相同,但终端语句是循环体中的语句。

另外,也可以用 continue 语句作为循环的终端语句。该语句称继续语句,一般形式为:

continue

该语句属于可执行语句,但本身不引起计算机产生什么实际的操作,只是使程序执行到它时仍按正常的顺序继续执行下去。它可以放在程序的任何位置上,以方便阅读程序,不影响程序原来的执行顺序。当该语句作为循环的终端语句时,必须带标号。

例 3.5　在例 3.2 中使用 continue。

程序如下:

```
program ex305
    implicit none
    integer i, n, k

    k = 0
    write( * , * ) "请输入整数 n(n <= 100)"
    read ( * , * ) n
    do 30   i = 1, n
        k = k  + i
30 continue
    print * , '和为:', k
    stop
end program
```

此程序中的 continue 语句作为循环的终端语句,既便于识别循环体的范围,使程序的结构更加清楚,同时又避免了 endif 用作终端语句情况的发生。

3.2.3　DO WHILE 循环(当型循环)

do while 循环也属于一种 do 循环结构。

1. DO WHILE 循环的一般形式

do while 的一般形式如下:

```
    do  while(e)     ┐
          ⋮          ├循环体
[lable]term _ stmt   ┘
```

其中 label 和 term _ stmt 的含义、规定同计数型 do 循环,只不过这种形式的循环终端语句主要使用 enddo,很少用其他形式及终端语句标号,因此本书也仅就使用 enddo 作终端语句来介绍 do while 循环的使用。while 中的 e 为一个逻辑表达式(包括关系表达式)。

2. DO WHILE 循环的执行过程

①求出 do while 语句中逻辑表达式 e 的值。

②判断 e 的值。若 e 值为真,则执行循环体中各语句;若 e 值为假,则不执行循环体,转去执行 enddo 后的语句。

③执行 enddo 语句后重复①、②、③步骤。

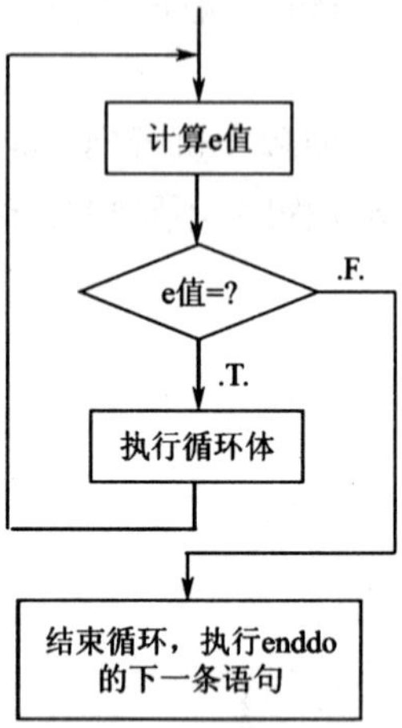

图 3-2 do while 循环执行过程

该循环的执行过程可用图 3-2 描述。

下面是一个 do while 循环的简单例子。

```
program ex3 _ 1
    implicit none
    integer s , counter

    s =0
    counter =2
    do while ( counter <=10)
        s =s + counter
        counter = counter +2
    enddo
    write ( * , * ) s
    stop
end program
```

此程序用于完成 s =2 +4 +6 +8 +10 的计算。整个计算过程为:开始执行时,变量 counter 被赋予初值 2,执行 do while 语句时,判断 counter <=10,结果为真,执行循环体,计算出 s =2,同时变量 counter 的值变为 4;再次执行 do while 语句,判断 count <=10 仍为真,继续算出 s =2 +4 =6,counter 的值变为 6,仍去执行 do while,对逻辑表达式 counter <=10 进行判断,如此反复,直至 counter +2 =12 时,逻辑表达式 counter <=10 为假,结束循环,执行 enddo 后的 write 语句,输出计算结果。

再用计数型 do 循环改写这段程序代码为:

```
s =0
do counter =2,10,2
   s = s + counter
enddo
write ( * , * ) s
```

对比两段代码可以看出用计数型 do 循环实现这个计算过程要简单一些。主要是在 do while 循环中,循环控制变量 counter 的初值及对此值的修改、判断都要设计者自己用语句明确写出来,而不像计数型 do 循环那样由 do 语句本身的功能来实现。实际上,do while 循环的目的并不是用来处理这样单纯的累加运算。这种累加运算,当控制变量自动加到一个数值时就跳出循环,进入循环之前就事先知道了这个循环会执行多少次,而 do while 循环主要用于处理那些事先不能预知执行次数的循环。看下面的例子。

例 3. 6　编写一个程序,让使用输入一个整数直到满足要求后程序停止执行。

程序如下：

```
program ex306
    implicit none
    integer:: i

    do
        write( * ,"(a)",advance = 'no')'输入一个非负整数:'
        read * , i
        if(.not. i <0) exit
        print * ,'输入了一个负整数,重输!'
    end do
    stop
end program
```

程序执行时不断要求用户输入一个整数，直到输入的整数大于等于 0 时才会停止。这是一个比较典型的使用 do while 循环解决问题的程序。因为在设计程序时，不可能知道用户要输入的整数，即不知道循环要执行多少次。这类问题使用 do while 循环要比使用计数型 do 循环来解决方便得多。

例 3.7　改写例 3.1，不输入 n。当$\frac{1}{n^2}\leqslant 0.0001$ 时为止，并输出计算结果。

这个问题属于“累加计算”问题，由于事先不知道 n 值取多少时满足要求，所以用 DO WHILE 循环比较适宜。程序如下：

```
program ex307
    implicit none
    real (kind =4) :: m =0.0
    integer:: i =1

    do while (1.0/(i * i) > 0.0001)
        m = m + 1.0/(i * i)
        i = i + 1
    enddo
    write ( * , * ) m, i
    stop
end program
```

3.3　循环结构的嵌套

像分支选择结构一样，循环结构也可以多层嵌套。嵌套循环也称多重循环，即在一个循环体内又包含另一个完整的循环。

例 3.8　编写程序打印“乘法口诀表”。

程序如下：

```
program ex308
    implicit none
    integer i, j, k

    do i = 1,9
        do j = 1,9
            k = i * j
            print * , i, '*', j, '=', k
        enddo
    enddo
end program
```

这个程序中使用了二层 do 循环嵌套，第一层循环的循环体中又包含了一个 do 循环。当其执行时，外层循环执行一次，内层循环执行 9 次。内层循环结束，外层循环又开始下一次循环，从而使内层循环又开始执行。只有当外层循环结束时，整个多重循环才结束，所以多重循环的循环次数是各层循环次数的乘积。这个程序的外层循环次数是 9 次，内层循环的次数也是 9 次，因此共执行 9 ×9 =81 次循环。仔细分析这个程序不难发现，像 1 ×2 =2 和 2 ×1 =2 这种实际上相同的规则是重复输出。解决的方法是，只要将内层 do 循环的 do 语句改为 do j =i,9 就可以了。这样使 j 的初值随外层 do 语句中的控制变量 i 而变化，而不是每次执行内循环的初值 j 总从 1 开始。像这种在内层循环的 do 语句中的初值或终值引用外层循环的控制变量值的做法在循环算法中经常使用，初学者应注意掌握。

使用嵌套循环时应注意以下问题。

①嵌套循环的内外层循环的控制变量不能同名，但并列的 do 循环的控制变量可以同名。例如下面的循环结构：

```
do i =1, 10
  do  k =1,5
      ⋮
  enddo
  do k =10,20
      ⋮
  enddo
enddo
```

其中两个并列的内层循环使用了相同的循环控制变量 k，这是允许的。而下面的嵌套结构是不正确的。

```
do i =1,10
  do i =2,30
      ⋮
  enddo
enddo
```

②内层循环必须完全包含在外层循环之中,不允许互相交叉,而且每一个 do 语句或 do while 语句必须对应一个 enddo 语句,不允许内外层循环共用一个 enddo 语句。

③允许使用转移语句从内循环体转到外循环体,但不允许从一个循环体中利用转移语句转移到另一个循环体中。

④如果 if 块、else 块或 elseif 块中包含循环,则循环必须完整地包含在语句块中。

⑤如果在循环体中包含有块 if 语句,则与之对应的 endif 语句或 else、elseif 语句也必须包含在同一层循环体中。

3.4 辅助循环语句

3.4.1 CYCLE 语句

该语句的一般形式为:

cycle

cycle 语句只用在循环体中,作用是中断本次循环的执行,即跳过 cycle 后面的所有程序代码,直接执行下一次循环。简单地说,其作用就是立即结束一次循环,开始下一次循环。

3.4.2 EXIT 语句

该语句一般形式为:

exit

exit 语句也用在循环体中,作用是立即结束循环,即从循环体中"跳出"。注意该语句与 cycle 语句的区别:cycle 是结束一次循环,而 exit 是结束整个循环。这两个语句既可用在计数 do 循环中,也可以用在 do while 循环中。另外,有了 exit 语句,还可以使用另一种 do 循环结构。该循环结构是一种没有循环控制变量的 do 循环,一般形式如下:

```
do     ⎫
 ⋮     ⎪
       ⎬循环体
exit   ⎪
enddo  ⎭
```

由于这种循环结构没有循环控制变量和控制参数,本身是不能结束循环的,往往要在循环体中使用 exit 语句"跳出"循环。下面的例子说明了这种循环结构的用法。

例 3.9　输入一批整数,求正整数之和。当输入 0 时,表示输入结束。

程序如下:

```
program ex309
    implicit none
    integer :: i, n = 0, k = 0, sum = 0

    do
        read( * , * ) i
    n = n + 1
```

```
        if(i ==0) exit
    if(i <0)    cycle
    k =k +1
        sum = sum + i
    enddo
    write( * , * ) "共输入的个数:",n,"  输入正数个数:",k,"  正数之和:",sum
    stop
end program
```

3.5 程序举例

例 3.10 编写程序，根据下面的式子求 e^x 的近似值。

$$e^x = 1 + x + \frac{x^2}{2!} + \frac{x^3}{3!} + \cdots + \frac{x^{n-1}}{(n-1)!} + \cdots$$

此式称 e^x 的泰勒级数展开式，其中第 $n+1$ 项是第 n 项与 $\frac{x}{n}$ 的乘积，求 e^x 近似值也就是求该式的前 n 项和。n 可根据用户需求输入。

程序如下：

```
program ex310
    implicit none
    integer n , i
    real x ,ex , t

    read ( * , * ) n, x
    t =1.0
    ex =1.0
    do i =1, n -1
        t =t * x/i
        ex = ex +t
    enddo
    print * , 'n =', n
    print * , 'x =', x
    print * , 'ex =', ex
    stop
end program
```

当输入 n 值为 20，x 为 10 时，输出的结果为：

```
n =20
x =10.000000
ex =21950.3242
```

程序中用 t 存入每一项的值，循环的终值为 n-1，表示循环 n-1 次，这样连同第一项共为 n 项，ex 存放结果，初值为 1.0，在此基础上每循环一次，就累加上一项的值，即 t 中的值。这样，经过 n-1 次循环后 ex 中的值就是 e^x 的前 n 项之和。

例 3.11 编写程序，利用梯形法求定积分 $\int_a^b \sin x\mathrm{d}x$。

梯形法求定积分的近似值公式为：

$$\int_a^b f(x)\,\mathrm{d}x \approx \frac{h}{2}[y_0 + 2(y_1 + \cdots + y_n) - y_n]$$

其中 y_0、y_1、……、y_n 分别是被积函数 $f(x)$ 在 x_0、x_1、……、x_n 点的值。如果 $f(x)=\sin x$，则 $y_0 = \sin x_0 = \sin a$，$y_1 = \sin x_1 = \sin(a+h)$，$y_2 = \sin x_2 = \sin(a+2h)$，…，$y_n = \sin x_n = \sin(a+nh) = \sin b$。这里的 a、b 分别为积分的下限和上限，h 是等分区间的长，即小梯形的高，n 是等分区间个数。

程序如下：

```
program ex311
    implicit none
    integer n, i
    real a, b, h, s, t, x

    read ( * , * ) n, a, b
    x = a
    h = (b-a)/n
    s = sin (a)
    do i = 1 , n
        x = x + h
        t = sin (x)
        s = s + 2 * t
    enddo
    s = (s-sin(b)) * h/2
    write ( * , * ) 'n = ', n, ' a = ', a, ' b = ', b
    write ( * , * ) 's = ', s
    stop
end program
```

当输入 n=10，a=0，b=1 时，运行结果为：

```
n = 10   a = 0.0   b = 1.000 000 00
s = 0.459 313 810
```

例 3.12 设 100 元钱可买 100 只鸡，公鸡每只 5 元，母鸡每只 3 元，小鸡 1 元三只，编写程序计算这 100 元钱可买公鸡、母鸡、小鸡各多少只？

根据题中的条件，用 x、y、z 分别表示所买的公鸡、母鸡和小鸡数，得到下列方程组

$x + y + z = 100$

$5x + 3y + z/3 = 100$

因为 x、y、z 表示鸡的数量(整数),但对于“z/3”,FORTRAN 语言规定整数相除还得整数,这样会产生误差,所以将第二个方程两边同乘以 3,使之变成 $15x + 9y + z = 300$,解此方程组即可得出结果。

这个方程组是一个不定方程组,有多组解,只能用所有可能的 x、y、z 值逐个去试,找出满足方程的解,这种方法称“枚举法”或“穷举法”。利用循环完成这种算法非常方便,循环次数就是 x、y、z 的取值范围。由于 100 元钱最多买 20 只公鸡或 33 只母鸡,而当公鸡数和母鸡数为 20 和 33 时,x、y、z 的值不满足方程组,因而取 x 为 0 ~ 19、y 为 0 ~ 32 去试,看是否满足方程组。又因为 $z = 100 - x - y$,所以用二重循环就可以。

程序如下:

```
program ex312
    implicit none
    integer x, y, z

    do x = 0,19
        do y = 0,32
            z = 100 - x-y
            if ((15 * x + 9 * y + z) == 300) then
                print *, 'x =', x, ' y =', y, ' z = ' ,z
            endif
        enddo
    enddo
    stop
end program
```

例 3.13 计算

$$y = \sum_{n=1}^{20} (-1)^{n-1} \frac{x^n}{n!}$$

其中 x 的取值分别为 -0.6、-0.5、……、0、0.1、0.2、……、0.6。

使用二重循环实现该程序,用外循环控制 x 的变化,用内循环对每一个 x 计算一个 y 值。

程序如下:

```
program ex313
    implicit none
    integer e, n
    real t, x, y

    do e = -6, 6,1
        x = e/10.0
        y = x
        t = 1
```

```
        do n =2,20
            t = -t * x/n
            y =y +t
        enddo
        write ( * , * ) "x =", x, " y =", y
    enddo
    stop
end program
```

例 3.14 编写一个验证用户密码的程序。当用户从键盘输入一个密码时,程序进行比较验证,若正确则显示“欢迎你使用本系统”,并结束程序运行,否则要求用户重新输入密码。如果连续三次输错,则显示“你是非法用户!”并结束运行。为简单起见,只允许输入整数密码,且假设密码就在本程序中。

程序如下:

```
program ex314
    implicit none
    integer :: key =8341
    integer count, password

    count =1
    write ( * , * ) "请输入你的密码:"
    read ( * , * ) password
    do while (count <=3)
        if (password == key) then
            write ( * , * ) "欢迎你使用本系统"
            stop
        else
            write ( * , * ) "密码错,请再输一次:"
            count = count + 1
            read ( * , * ) password
        endif
    enddo
    write ( * , * ) "你是非法用户!"
    stop
end program
```

习 题

一、单项选择题

1. 以下关于循环概念的叙述中,正确的是______。

A. 循环控制变量可以取任意类型

B. do while 语句中的表达式 e 可以为关系表达式、逻辑表达式和算术表达式

C. do 循环结构可以不使用循环控制变量

D. do 循环的控制参数应为整型、实型、双精度型或逻辑型常量

2. 以下关于循环使用规则的叙述中，正确的是______。

A. 各种循环结构都不允许用转移语句从循环体外转到循环体内

B. 判定结构不能出现在 do while 循环的循环体内

C. continue 语句不能在 do while 循环中使用

D. 一个程序段中的 do 循环控制变量不能重名

3. 以下循环结构中，错误的是______

A.
```
do i = 1,100
   ⋮
enddo
```

B.
```
do while (i < 100)
   ⋮
continue
```

C.
```
do
   do i = 1,5
      ⋮
   enddo
enddo
```

D.
```
do 10 i = 1,10
      ⋮
10    continue
```

4. 以下循环语句中，正确的是______。

A. do i = 1,10, -1　　B. do while (i + 1 > 5)　　C. do while (k = 0)　　D. do k = 1,100,0

5. 以下多重循环结构中，错误的是______。

A.
```
do i = 1,5
   do k = 1,10
      ⋮
   enddo
   do k = 1,8
      ⋮
   enddo
enddo
```

B.
```
do while (i > 5)
   do
      ⋮
   enddo

enddo
```

C.
```
do i = 1,10
   do 10 i = 1,10
      ⋮
10 continue
enddo
```

D.
```
do 10 i = 1,10
   do 20 j = 1,10
      ⋮
10    continue
20 continue
```

二、写出下列程序的运行结果

1.
```
program xt05
  implicit none
  integer i
  do i = 4, 2, -1
    write (*, "(1x, '* * * *')")
  enddo
  write (*, "(1x, '####')")
end
```

2.
```
program xt06
  implicit none
  integer k
  do k = 1,3
```

```
    write ( * , "(1x, 'k =', i2)") k
  enddo
  write ( * , "(1x, '* *k =', i2,'* *')") k
  end
```

3. program xt07

```
  implicit none
  integer i, j, n
  read * , n
    print * , 'n =' , n
    if (n >0) then
      do i =1, n
        write ( * ,"(1x, '* * * *')") i
      enddo
    else if (n <0) then
      do j =n, 1
        write ( * , "(1x, '####')") j
      enddo
    else
      write ( * , "(1x, '$ $ $ $')")
    endif
  end
```

注:分别写出输入 n 值为 3、-2、0 时的程序运行结果。

4. program xt08

```
  implicit none
  integer :: n, m =10
  do n =1, m
    if (mod (m , n) /=0) cycle
    print * , n
  enddo
 end
```

5. program xt09

```
  implicit none
  integer i
  character (20) line
  character (len =5) :: ch ="* * * * *"
  do i =1, 6
       line =' '
       line (7 -i : 11 -i) = ch
       line (10 +i : 14 +i) = ch
```

```
        print * , line
    enddo
end
```

三、程序填空

1. 下面的程序用于完成以下计算：

$$m=i+(i+i^2)+(i+i^2+i^3)+(i+i^2+i^3+i^4)+\cdots+(i^2+\cdots+i^9)$$

程序如下：

```
program xt01
    implicit none
    integer i, k, m, n, l
    read ( * , * ) i
    k = ____[1]________
    m =0
    ___[2]___
    do l =1, ___[3]___
        k = ___[4]___
        n =n +k
        m = ___[5]___
    enddo
    write ( * , * ) m
end
```

2. 下面的程序用于从键盘输入一个正整数 n，然后进行质数分解并输出结果。例如输入整数 24，则分解的结果是 2、2、2、3。

程序如下：

```
program xt02
    implicit none
    integer n, k
    read ( * , * ) n
    k =2
    do while ( ___[1]___ )
        if (mod (n, k) ==0) then
            write ( * , * ) k
            ___[2]___
        else
            ___[3]___
        endif
    enddo
end
```

3. 下面的程序用于计算

$s=1+2^1+2^2+\cdots+2^n$ 和 $t=1-\frac{1}{2}+\frac{1}{3}-\cdots+(-1)^{k+1}\frac{1}{k}$,其中 $k=\sqrt{s}$ 的整数部分。

程序如下:

```
program xt03
  implicit none
  integer n , i, k
  real f,s,t
  read ( * , * ) n
  s =0.0
  ____[1]____
  do i =1,  ____[2]____
    s = s + f
    f =2 * f
  enddo
  write ( * , * ) 's =', s
  ____[3]____
  t =0.0
  f =1.0
  do i =1,k
    t =t + f/i
  ____[4]____
  enddo
  write ( * , * ) 't =', t
end
```

4. 下面的程序用于求 2 ~ 500 之间的所有亲密数对。亲密数对的定义为:如果 m 的因子(包括 1 但不包括自身)之和为 n,而 n 的因子之和又是 m,则称 m 与 n 为一亲密数对。

程序如下:

```
program xt04
  implicit none
  integer j,k,m,n
  do m =2, 500
    n =0
    do k =1,  ____[1]____
      if (mod (m, k)  ==0) ____[2]____
    enddo
    j =0
    do k =1,  ____[3]____
      if (mod (n, k)  ==0) ____[4]____
    enddo
```

```
    if (  [5]  .and. (m<=n)) then
      write(*,*)m, n
    endif
  enddo
end
```

四、按要求编写程序

1. 计算 $s=1+\frac{1}{2}+\frac{1}{3}+\frac{1}{4}+\cdots+\frac{1}{100}$。

2. 计算 $s=1-\frac{1}{3}+\frac{1}{5}-\frac{1}{7}+\frac{1}{9}+\cdots+\frac{1}{2n+1}$的前 20 项和。

3. 计算 $y=1+\frac{1}{2!}+\frac{1}{3!}+\cdots+\frac{1}{n!}$。

4. 计算 $y=1+2^3+4^3+\cdots+n^3$,当 y 值大于 1 000 时停止计算并输出 n 和 y 值。

5. 利用以下展开式

$$\sin x=x-\frac{x^3}{3!}+\frac{x^5}{5!}-\frac{x^7}{7!}+\cdots$$

计算 sin x 的近似值。x 值从键盘输入,当式中一项的绝对值小于 10^{-5}时结束计算并输出 sin x 值和项数。

6. 有一个 30 个数的数列,头两个数为 0 和 1,第三个数是第一、第二个数之和,第四个数是第二、第三个数之和,以后每个数都是其前两个数之和。编写程序输出这个数列。

7. 统计 1 ~1 000 之间的正整数中能被 3 和 5 同时整除的数的个数,并输出这样的数及个数。如果不能同时被 3 和 5 整除,则求只能被 3 或只能被 5 整数的数,并输出这些数。

8. 求出 1000 以内的素数并输出。

第4章　数组、指针与派生类型

本章介绍数组、指针与派生数据类型的概念和用法。通过本章的学习，应达到如下目标：

- 应了解数组、指针与派生数据类型的基本概念及其在程序设计中的重要性；
- 掌握在 FORTRAN 95 语言中数组、指针与派生数据类型的定义和使用方法。

4.1　数组概述

4.1.1　数组与数组元素

1. 数组与数组元素

数组是一个具有相同类型的有序数据的集合。数组中的每个数据称为数组元素。每个数组都要命名，称为数组名。在 FORTRAN 中，数组名的表示方法与变量名的表示方法相同。要表示数组中的元素，只需在数组名后加一对括号，在括号中写明数组元素在该数组中的位置号。这个位置号称为下标。利用数组和循环可以有效地解决大批量数据的处理问题。

例如，将 100 个实验数据定义为一个数组，取名为 BX，那么 BX(1)、BX(2)、……、BX(100)分别表示数组 BX 中的 100 个元素。每个 BX(i)为数组元素名，i 为数组元素的下标。

一个数组的全体元素在计算机内是连续存放的，第 i+1 个元素紧跟在第 i 个元素之后，依次类推。

2. 数组的维数

数组的维数指数组元素中下标的个数。每个元素有一个下标的数组称为一维数组，每个元素有两个下标的数组称为二维数组，依此类推，FORTRAN 最多允许使用七维数组。

例如向量$(a_1, a_2, a_3, \cdots, a_n)$可以用一维数组描述，而矩阵

$$\boldsymbol{A} = \begin{bmatrix} a_{11} & a_{12} & a_{13} \\ a_{21} & a_{22} & a_{23} \\ a_{31} & a_{32} & a_{33} \end{bmatrix}$$

可以用一个二维数组来描述。比如将这个数组命名为 A，确定 A 中的每个元素都要用两个下标（如 A(1,1)、A(1,2)、A(2,2)等），其中第一个下标代表元素所在的行号，第二个下标代表该元素所在的列号。

对三维数组元素要用三个下标表示。例如，设 S 为三维数组，则 S(1,1,1)、S(1,3,2)、S(3,1,1)都可以表示 S 中的元素。注意，元素的下标之间用逗号分隔。

4.1.2　数组说明符

数组说明符用来说明一个数组的名称、维数、下标的取值范围和数组包含的元素个数。数组中元素的个数称为数组大小或数组体积。数组说明符仅在定义数组时使用。

数组说明符的一般形式为：

name(d,d,…)

name 为数组名,有类型之分。数组名的类型也就是它的每个元素的类型,其类型种类规定与变量类型规定相同;d 称维说明符,一个 d 代表一维,它们之间用逗号分开,最多可有七维。

每个维说明符由冒号分开的维下界和维上界两部分组成,一般形式为:

$\mathbf{d_1:d_2}$

d_1 称为维的下界,说明数组元素下标可取的最小值;d_2 称为维的上界,说明数组元素下标可取的最大值;维的上、下界限确定了数组元素下标的取值范围。当下界 d_1 为 1 时可以省略,此时冒号也可同时省略,如 S(1:2,1:2)与 S(2,2)是相同的说明符。d_1 和 d_2 只能是常量和常量的符号名,且只能取整数类型。$d_2 - d_1 + 1$ 称维的大小。一个说明符中各维大小的乘积就是这个数组包含的元素个数。

例如,数组说明符 A(-3:5)说明 A 是一个一维数组,维的下界为 -3,上界为 5;数组元素下标的取值范围为 -3 到 5;数组共有 5 - (-3) +1 =9 个元素;数组元素名分别为 A(-3)、A(-2)、A(-1)、A(0)、A(1)、A(2)、A(3)、A(4)、A(5)。

又如数组说明符 X(1:3,0:3),说明 X 是一个二维数组。第一维的下界为 1,上界为 3;第二维的下界为 0,上界为 3;第一维大小为 3,第二维大小为 4,数组的大小为 3 ×4 =12 个元素;其中的各元素分别为 X(1,0)、X(1,1)、X(1,2)、X(1,3)、X(2,0)、X(2,1)……由于第一维下界为 1,所以这个数组说明符可以写成 X(3,0:3)。

4.2 数组的定义与引用

4.2.1 数组的定义

使用数组时必须在程序开始的说明部分对数组进行定义(或称对数组说明)。定义数组的方法有以下几种。

1. 用类型语句定义数组

用类型语句定义数组的一般形式为:

datatype 数组说明符 1,数组说明符 2,…

datatype 指数组类型,可以是 integer、real、complex、logical 等基本类型,也可以是派生类型;各数组说明符指出了被定义的数组。

例如,下面的语句分别定义了两个实型数组和一个整型数组:

```
real :: x (10), max (3,2,2)
integer :: a (10,10)
```

其中冒号的作用与变量说明中相同,这里也可以省略,写成如下形式:

```
real  x (10), max (3,2,2)
integer  a (10,10)
```

但是使用冒号可以说明变量、数组的更多属性和赋初值。

定义数组时,数组说明符中的下标也可以是由 parameter 定义的常量符号名。例如语句

```
integer, parameter :: s =5
```

```
integer student (s)
```

中定义了一个整型数组,它包括 5 个元素。

2. 用类型语句和维语句定义数组

维语句的一般形式为:

dimension　$a_1, a_2, \cdots$

其中 a_i 为数组说明符。

用这种方式定义数组时,可分别用类型语句说明数组类型,用维语句说明数组大小,例如

```
integer a
dimension  a (10,10)
```

这两个语句共同定义了一个数组 A。如果没有说明数组类型,则数组类型按隐含规则确定。这种定义方法实际上是 FORTRAN 77 的方法,在 FORTRAN 95 中可以将两个语句合并,写成如下形式:

```
integer, dimension (10,10) :: a
```

注意,此时语句中的冒号不能省略,dimension 后面不写数组名。

4.2.2　数组的引用

数组的引用就是数组定义后如何使用。

1. 在定义数组时给数组赋初值

数组也可以像一般变量那样在定义时赋初值。下面通过例子说明赋初值的方法。

```
integer ::a (5) = (/1,2,3,4,5/)
```

此语句定义了一个一维整型数组,并对其每个元素赋初值为 a(1) = 1、a(2) = 2、a(3) =3、a(4) =4、a(5) =5。注意括号与除号之间不能有空格。

```
integer :: i
integer :: a (5) =(/ (3, i=1,5)/)
```

这个语句将 a 数组的 5 个元素全置成 3。其中(3, i=1,5) 称为“隐循环”,控制变量 i 会自动从 1 增加到 5,并将 3 依次赋值给数组 a 的每一个元素,即 a (1) =3、a (2) =3、…、a (5) =3。这种隐循环还常常用于数组的输入输出,详细内容在“数组的输入输出”一节介绍。给一个数组的各元素赋同一个初值还有更简单的方法,如此例可写成 integer :: a (5) =3。

注意,在定义数组的同时给数组赋初值,必须给每个元素都要赋值,不能仅给一部分元素赋值。例如:

```
integer ::i
integer :: a (5) = (/ (3,i =2,4)/)
```

其中没有给 a (1)和 a (5) 赋值,会发生错误。

```
integer :: i
integer :: a (5) =(/ 1, (2, i = 2, 4), 5/)
```

其中给 a (1)和 a (5)分别赋值为 1 和 5,给 a (2)、a (3)、a (4)都赋值为 2。

```
integer :: i
integer :: a (5) =(/ (i, i=1,5)/)
```

这个语句对数组 a 的五个元素分别赋值为 a（1）=1、a（2）=2、a（3）=3、a（4）=4、a（5）=5，显然是将隐循环控制变量的值依次赋给了数组 a 的每一个元素。

下面用一个简单而完整的程序说明给数组赋初值及使用数组的方法。程序如下：

```
program lx
    implicit none
    integer, parameter :: s =5
    integer :: student (s) = (/80,90,85,75,95/)
    integer i

    do
        write ( * , * ) "输入学号(1 ~5)"
        read ( * , * ) i
        if (i <1. or. i >s) exit
        write ( * , * ) student (i)
    enddo
    stop
end program
```

这个程序将 5 个学生成绩放在数组 student 中，然后根据输入的学号 i 输出第 i 个学生的成绩。如果 i 值超出了数组的范围，即不在 1 ~5 之间，则立即停止程序的执行。

2. 对整个数组的引用

上面介绍的是在定义数组时给数组赋初值的方法。在定义数组后，可有更简便的方法来使用数组，下面通过例子说明。

设 a、b、c 是三个任意的、同样大小和维数的数组。

a =5，表示给 a 的每个元素都赋值为 5。

a =(/1,2,3/)，表示 a（1）=1，a（2）=2，a（3）=3。等号右边的数字个数必须与数组 a 的大小相同。

a =b，把数组 b 中每个元素的值一一对应地赋给 a 的每个元素。

a =b +c，把数组 b 和 c 中对应的元素值相加后再一一赋给 a 中对应位置上的元素。假设它们都是二维数组，执行结果为 a(i,j) =b(i,j) +c(i,j)，其中 i、j 为数组下标取值范围内的任意值。如果用循环描述可表示为：

```
do i =1,n
   do j =1,m
      a (i,j) =b (i,j) +c(i,j)
   enddo
enddo
```

显然 $a=b+c$ 相当于完成了矩阵相加运算。

a =b * c，把数组 b 与 c 对应位置上的元素值相乘之后再一一对应赋给 a 的每一个元素，但要注意，这并不等于完成矩阵乘法运算，而相当于进行下面的循环：

```
do i =1,n
```

```
    do j = 1,m
      a(i,j) = b(i,j) * c(i,j)
    enddo
  enddo
```

a = b/c,把数组 b 与 c 对应位置上的元素值相除,再一一对应赋给 a 的每一个元素。

a = sin(b),将数组 b 每个元素的正弦值算出后赋给 a 中每一个元素。注意,b 必须是实数类型。如果 a、b 都是一维数组,则这个赋值语句相当于执行下面的循环:

```
  do i = 1,n
    a (i) = sin (b(i))
  enddo
```

a = b > c,其中 a 必须是逻辑类型的数组。这个赋值语句的作用是:将 b 与 c 中对应位置上的每个元素进行大小比较,并将比较的结果(. true. 或. false.)赋给 a 对应位置上的每个元素。相当于执行了下面的循环:

```
  do i = 1,n
    if (b(i) > c (i)) then
      a (i) = . true.
    else
      a (i) = . false.
  enddo
```

从上面这些例子的循环中看到,数组元素的下标经常使用循环控制变量表示,这是编写程序时常用的方法,循环与数组利用控制变量建立起密切的联系,可以完成更复杂的算法,后面会有更多这样的例子。

在定义数组时,数组描述符中的维界(或称数组说明符中的下标)只能是常量或常量的符号名,但在程序中使用数组时,数组元素的下标不但可以是常量和常量的符号名,而且还可以是变量或表达式,不过下标表示数组元素在数组中的位置,所以它们都应该是整型,而且取值不能小于维的下界或大于维的上界。

3. 部分数组元素的引用

许多情况下不一定对整个数组进行操作,而是仅涉及一个数组的部分元素,如给部分数组元素赋值,输入输出部分元素,取部分元素的值进行计算等。下面通过例子说明对数组中部分元素进行操作的方法。

a(3:5) = 5,把 a 数组中的 a (3)、a (4)、a (5)元素的内容设置成5,a (1)、a (2)及其他元素不变。

a(3:) = 5,把 a (3)之后的所有元素的内容都设置成5,a (1)、a (2)则不变。

a(3:5) = (/1, 2, 3/),相当于给 a 数组中三个元素赋值, 即执行 a (3) = 1、a (4) = 2 、a (5) = 3,其他元素不变。这种形式赋值要求等号左边元素的数目必须与右边的常数个数相等。

a(1:3) = b(4:6),相当于设置 a(1) = b(4)、a(2) = b(5)、a(3) = b(6)。这种形式要求等号两边的数组元素个数相等。

a(1:5:2) = 3,其中下标中的第一个数字 1 表示要使用的下标最小值,第二个数字 5 表示要取的下标的最大值,第三个数字 2 表示下标值的增量,这个语句是给 a 数组的 a (1)、a (3)、a (5)都赋值为 3。

a(1:10) = a(10:1:-1),其中的"-1"为增量。这个语句的作用是将 a (1)与 a (10)、a(2)与 a(9)、……对换,即将 a 中原来 10 个元素的值逆向存放在 a 中。这条语句体现了 FORTRAN95 的并行计算方法。

a(:)=b(:,2),这里 a 是一维数组,b 是二维数组,仅用一个冒号作为下标表示下标取定义数组时维界确定的整个下标的取值范围。a(:)表示整个 a 数组,与只写 a 是一样的,

b(:,2)表示取数组 b 第 2 列的全部元素。此语句的作用是将 b 中第 2 列的元素赋给 a 中的各元素,当然要求 b 第 2 列元素和 a 中元素个数一样多。

数组中的一部分元素也称数组片段,在使用数组片段时主要注意两点。

①等号(赋值号)两边数组元素个数或左边的元素个数与右边的数据个数要相等。

②表示数组片段的下标中含有"增量"时,下标的变化如同一个"隐循环",同时要有多个这样的隐循环(相当于多层循环)时,即出现在多维数组中时,把低维的隐循环看成内循环。例如:

```
integer a(2,2), b(2,2)
b=a(2:1:-1,2:1:-1)
```

中 b 没有写下标,相当于 b(1:2:1,1:2:1)。低维的隐循环相当于内循环,应首先执行,所以这个语句的赋值顺序是 b(1,1)=a(2,2)、b(2,1)=a(1,2)、b(1,2)=a(2,1)、b(2,2)=a(1,1)。

4.2.3 WHERE 与 FORALL 结构和语句

1. WHERE 结构和语句

WHERE 结构和语句是 FORTRAN 95 新增加的,以支持高性能并行计算功能。它也是用来引用部分数组元素的,但它不像上一小节那样利用下标值有规则变化使用数组部分元素。该语句可经过逻辑判断来使用数组的部分元素。

WHERE 结构的一般形式为:

```
where (条件1)
   ⋮
elsewhere (条件2)
   ⋮
elsewhere (条件3)
   ⋮
elsewhere (条件n)
   ⋮
endwhere
```

其中 elsewhere 可以有多个,也可以都没有。

下面通过例子说明 where 结构和语句的使用。

```
01  program ex4_1
02      implicit none
03      integer i
```

```
    integer :: a(5) = (/(i, i=1,5)/)
    integer ::b (5) =0

    ! where 结构
    where (a <3)
        b = a
    endwhere
    write ( * , * ) b
    stop
end program
```

程序中定义了两个数组，一个是整型数组 a，并同时被赋初值为 a (1) =1、a (2) =2、a (3) =3、a (4) =4、a (5) =5，另一个是整型数组 b，并同时给它的 5 个元素赋初值为 0。

程序中 where 结构的作用是将 a 中小于 3 的元素找出来赋给 b 中对应位置上的元素，最后 b 中的元素值为 1、2、0、0、0。实际上这个 where 结构相当于执行下面的 do 循环：

```
do i =1,5
  if (a(i)<3) b(i) =a(i)
enddo
```

此例中没有使用 elsewhere。另外，where 与 endwhere 之间只有一个语句时，where 结构可以只写成一个 where 语句。这个例子中的 where 结构可以写为：

```
where (a <3) b = a
```

特别注意，where 是专门用来给数组赋值的，所以在 where 结构中只能出现与给数组赋值相关的语句，而且其中出现的数组元素都必须有相同的维数及个数。例如：

```
integer :: a(5) =1
integer :: b(3) =2
where (a/=0)b  =a
```

是错误的，因为 where 语句中 b 与 a 中的数组元素个数不同。但是 where(a (1:3)/=0)b = a 是正确的，因为 where 只对 a 中 a (1) ~a (3)这三个元素进行操作，a (1:3)与 b 都是 3 个元素，大小相同。

下面的例子说明了 elsewhere 的用法。设 a、b 为相同大小的一维数组：

```
where (a  <2)
  b =10
elsewhere (a >5)
  b =20
elsewhere          ! 表示除 a <2 和 a >5 的所有情况，即 a 为 2、3、4、5。
  b =30
endwhere
```

其中第三个 elsewhere 中没有“条件”，这是允许的。这段程序的作用是，将 b 中与 a 中小于 2 的同样位置上的元素置为 10；将 b 中与 a 中大于 5 的同样位置上的元素置为 20；b 中其他位置上的元素都置为 30。这个程序片段相当于下面 do 循环的作用。

```
do i  =1,n
  if (a (i) <2)then
    b (i) =10
  else if (a (i ) >5)then
    b (i) =20
  else
    b (i) =30
  endif
enddo
```

但是,where 结构是并行处理的,因此,要比 DO 循环的执行速度快得多。

where 结构也可以嵌套使用。例如:

```
where (a <5)
  where (a/=2)
    b =3
  elsewhere
    b =1
  endwhere
elsewhere
  b =0
endwhere
```

这段程序的作用是,对 b 数组与 a 数组中小于 5 的同样位置上的所有元素,且 a ≠2 同样位置上的元素均置初值 3,其余元素置初值 1, b 中不在 a <5 位置上的其余元素全置为 0。

例 4.1 设企业年利润在 30 万元以下的税率为 10%,30 万 ~50 万元之间为 12%,50 万元以上为 15%,编写程序计算 10 个企业的应纳税金额。

程序如下:

```
program ex401
    implicit none
    integer i
    real::profit(10) = (/250000,300000,500000,400000,&
                        350000,600000,270000,450000,200000,700000/)
    real:: tax(10) =0

    where (profit  <300000.0)
        tax = profit * 0.1
    elsewhere( profit <500000.0)
        tax  = profit * 0.12
    elsewhere
        tax = profit * 0.15
    end where
```

```
      write ( * , * ) tax
      stop
   end program
```

程序利用 where 根据每个企业的收入进行分级,并利用不同税率计算每个企业的税额,结果保存在数组 tax 中。这显然比利用 DO 循环和 IF 语句要更简单,执行速度也更快。

2. FORALL 结构和语句

该语句结构是 FORTRAN 95 中支持高性能并行计算的新功能,它提供了与利用隐循环一样使用数组的方法,而且速度更快。

FORALL 结构的一般形式为:

forall $(i_1 = e_{11} : e_{12} : e_{13} [, i_2 = e_{21} : e_{22} : e_{23} [, \cdots]]$,条件)

⋮

end forall

括号中的 i_1、i_2 相当于循环控制变量,e_1、e_2、e_3 相当于循环控制参数,e_1 为初值,e_2 为终值,e_3 为增值,且 $e_3 = 1$ 可以省略,它们之间用冒号分开,而不是用逗号,表示数组元素下标的取值范围。“条件”为逻辑表达式,用于限定只对符合条件的数组元素进行处理。

下面通过例子说明 FORALL 结构的功能及用法。

程序如下:

```
   program ex4 _2
      implicit none
      integer i , a (5)

      forall (i =1:5)
         a(i) =5
      end forall
      write ( * , * )a
      forall (i =1:5)
         a(i)  =i
      end forall
      write ( * , * ) a
      stop
   end program
```

程序中使用了两个 forall 结构。第一个 forall 结构的作用是将 a 中的 5 个元素全赋值为 5,第二个 forall 结构的作用是将 a 中的五个元素分别赋值为 1 ~5。这两小段程序相当于执行了下面两个 DO 循环:

```
do i  =1,5                  do i  =1,5
   a (i) =5                    a (i) =i
enddo                       enddo
```

也等于执行了这两条赋值语句:a (1:5) =5 和 a =(/(i, i =1,5)/)。

与 WHERE 结构类似,当 FORALL 结构中只有一个语句时,可以写成一个 FORALL 语句。

看下面这些例子。

```
integer i , j
integer ::a (10,5)
forall (i=2:10:2, j=1:5)a(i, j) =i+j
```

这段程序中的 forall 语句在执行时类似二重循环，只对数组 a 中偶数行的元素进行赋值。

```
integer ::a (5,5)
integer i , j
   ⋮
forall (i =1:5, j =1:5, a (i, j) <10) a(i,j) =1
```

这个程序段只对 a 数组中原来元素值小于 10 的那些元素赋值为 1。

```
forall (i=1:5, j=1:5, i==j ) a(i,j) =1
```

这个语句的功能是将 a 数组中对角线上的元素赋值为 1。

```
forall (i=1:5, j=1:5,((i>j).and.a (i, j) >0)) a(i,j) =1.0/a(i,j)
```

这个 forall 只对 a 的上三角且大于 0 的元素进行赋值。

FORALL 结构可以嵌套，它里边也只能出现给数组赋值的相关语句，且可以在其中使用 WHERE 结构或语句，但不能在 WHERE 结构中使用 forall。见下面的两个例子。

```
integer:: a (5,10) , i ,j
forall (i=1:5)
  forall (j=1:5)
    a (i,j) =2
  endforall
  forall (j=6:10)
    a (i,j) =3
  endforall
endforall
```

这是一个二重嵌套的 forall 结构，内层的两个 forall 是并列的。

```
forall (i=1:5)
  where (a(:,i)/=0)
    a (:,i) =1.0/a(:,i)
  endwhere
endforall
```

这个程序段中，forall 结构中嵌套的 where 结构的作用是对 a 数组中第 i 列元素进行处理，共执行 5 次。

例 4.2 编写程序，形成以下形式的二维数组。

$$\begin{bmatrix} 1 & 1 & 1 & 1 & 1 \\ 2 & 1 & 1 & 1 & 1 \\ 3 & 2 & 1 & 1 & 1 \\ 4 & 3 & 2 & 1 & 1 \\ 5 & 4 & 3 & 2 & 1 \end{bmatrix}$$

从数组元素的取值分析,元素的值与其下标值有一种对应关系。如果数组元素的两个下标用 i、j 表示,当 i <= j 时数组元素值为 1;当 i > j 时,数组元素的值为 i - j + 1。

程序如下:

```
program ex402
    implicit none
    integer i,j
    integer, parameter ::size =5
    integer :: a(size, size)

    forall (i =1:size, j =1:size,i <=j) a(i,j) =1
    forall (i =1:size, j =1:size,i >j) a(i,j) =i -j +1
    write ( * , * )a
    stop
end program
```

4.3 数组的输入输出

4.3.1 数组的存储规则

数组中的各元素在计算机内存中是连续存放的。对一维数组,它的存放是最简单的,各元素在内存中的存放顺序与元素下标的变化顺序一致。例如 integer A(5),数组 A 在内存中的存放顺序为:

A(1)、A(2)、A(3)、A(4)、A(5)

又如 integer A(-1:3),数组 A 的存放顺序为:

A(-1)、A(0)、A(1)、A(2)、A(3)

对二维以上的数组,各数组元素是按照称为"按列存储"的方法存放的。例如,定义数组为 integer A(3,3),如果把数组 A 看成三行三列的矩阵,则第一维可称为"行",第二维可称为"列"。当把数组存放在内存中时,应先放第一列的各元素,再放第 2 列的各元系。所以,数组 A 的存放顺序为:

A(1,1)→A(2,1)→A(3,1)(先放第一列元素)
→A(1,2)→A(2,2)→A(3,2)(再放第二列元素)
→A(1,3)→A(2,3)→A(3,3)(最后放第三列元素)

一般情况,对于多维数组,存放时按照第一维的下标先变化,然后第二维的下标再变化,……,依此类推。比如对三维数组 A(2,3,2),它的存放顺序为:

A(1,1,1)→A(2,1,1)(第一维下标变化,后两个下标不变)
→A(1,2,1)→A(2,2,1)(第二个下标变为 2,最后一个下标不变)
→A(1,3,1)→A(2,3,1)(第二个下标变为 3,最后一个下标不变)
→A(1,1,2)→A(2,1,2)(第三个下标变为 2,第一个下标变化,第二个下标变为 1)
→A(1,2,2)→A(2,2,2)(第二个下标变为 2,第一个下标变化)

→A(1,3,2)→(2,3,2)(第二个下标变为3)

注意,在内存中存放数组时,当每次下一维的下标改变后,前面各维的下标都要从最小值变到最大值。例如上面的数组A,当第二维下标由1变为3时,第一维又从1变到2。依此类推,对后续第三维下标改变后,前面两维的下标又都先后从1变到2和从1变到3。

下面给出确定数组存放位置的一般方法。

设有一个n维数组 $A(D_1, D_2, \cdots D_n)$,其中 $D_i(i=1,2,\cdots,n)$ 为维的上界,下界为1,并设 $S_n = D_1 * D_2 \cdots * D_n$,则A中的元素 $A(d_1, d_2, \cdots, d_n)$ 在内存的位置也就是它的存放顺序号为

$$1+(d_1-1)+(d_2-1)*S_1+(d_3-1)*S_2+\cdots+(d_n-1)*S_n$$

对更一般的情况,如果在定义数组时,维下界不是1,即所定义的数组为:

$$A(S_1:E_1, S_2:E_2, \cdots S_n:E_n)$$

并设 $M_n=(E_1-S_1+1)*(E_2-S_2+1)\cdots(E_n-S_n+1)$,则数组A中的元素 $A(d_1, d_2, \cdots, d_n)$ 在内存中的存放位置号为:

$$1+(d_1-s_1)+(d_2-s_2)*M_1+\cdots+(d_n-s_n)*M_{n-1}$$

数组对计算机来说就是内存中的一片存贮单元。实际使用数组时,应先利用上面的公式计算出单元号,再存取单元中的数据(数组元素的值)。显然数组的维数越高,公式就越长,存取速度也就越慢。

了解数组在内存的存放规律有利于编写高效的程序。例如要处理一个二维数组的程序如下:

```
do i = 1,n
   do j = 1,m
      a (i,j) = …
   enddo
enddo
```

这个二重循环是按行处理数组的,处理完第一行再处理第二行,而数组在内存中按列连续存放,这样,程序就要来回“跳”着处理这些元素,会影响效率,改用下面的方法会好一些。

```
do i = 1,n
   do j = 1,m
      a (j,i) = …
   enddo
enddo
```

仅是简单地调换了i、j的位置,就可以得到较高的效率。

4.3.2 格式化输入输出

到目前为止,所有例子中数据的输入和输出都采用了最简单的表控格式。这些程序的输出效果都不是很好。实际上FORTRAN提供了丰富的描述输出格式的手段,格式化输出就是利用这些手段达到“美观”的显示效果。此外,对于从文件中读取数据或在某些情况下从键盘读取数据时,也需要有恰当的输入格式,这就要使用格式化输入。

格式化的输入输出要使用“格式说明”。格式说明写在格式语句FORMAT中或直接写在输入输出语句中。

1. 格式化输入输出语句

(1)格式语句 FORMAT

FORMAT 语句一般形式:

标号 **format**(格式描述表)

使用这个语句时必须带"标号",其中"(格式描述表)"称为"格式说明",用于描述输入输出的格式。这个语句不能单独使用,必须和格式化输入输出语句结合起来使用。

(2)格式化输出语句

格式化输出语句的形式:

write(unit = u, fmt)输出表

或

print fmt, 输出表

其中"unit = u"与表控输出完全相同,"fmt"可以是格式语句的标号,或者是一个格式描述用的字符表达式,还可以是格式说明字符串,即将格式说明直接写在 write 或 print 语句中,从而省略 format 语句。但此时"格式说明"字符串一定要用撇号括起来。

例如:

```
    write( * ,100)a,b,c
100 format(1x,f5.2,f6.1,f4.1)
```

表示按 100 号的 format 语句描述格式输出 a、b、c 的值。format 后面是格式说明,可直接写在 write 语句中,而省略 format 语句:

```
write( * ,"(1x,f5.2,f6.1,f4.1)")a,b,c
```

也可以用一个字符变量存放格式说明:

```
character ::f*20
f="(1x,f5.2,f6.1,f4.1)"
write(x,f)a,b,c
```

这种写法同样适用于 print 语句:

```
    print 100,a,b,c
100 format(1x,f5.2,f6.1,f4.1)
```

也可以写成如下形式:

```
print"(1x,f5.2,f6.1,f4.1)",a,b,c
print f,a,b,c
```

(3)格式化输入语句

格式化输入语句的形式为:

read(unit = u,fmt)输入表

或

read fmt,输入表

其中"unit = u"与表控输入相同,fmt 是 format 语句的标号或格式说明。例如:

```
    read( * ,50)C   或 read 50,C
50  format(a10)
```

其中"(a10)"是格式说明,可以直接写在 read 语句中,而省略 format 语句:

read(* ,"(a10)")C　或　read"(a10)",C

与上面的写法有相同的作用，即按格式说明"(a10)"描述的格式读取数据放入 C 中。

格式描述表中包括数据格式描述符。这些描述符也称为格式控制符，用于描述数据输入输出的格式。在一个格式说明中，根据需要可使用多个格式描述符，它们之间用逗号或斜线（除号）分开。下面介绍这些描述符的形式及作用。

2. 格式描述符

格式描述符有多种，但 I、F、E、A、X 是最常用的几种类型。

(1) Iw[.m]

此格式描述符用于描述整数的输入输出格式，表示以 w 个字符的宽度输出整数。如果使用了".m"，则至少输出 m 个数字。例如：

write(* ,"(i5)")100

输出的数据 100 占五个字符，不足 5 位左边补空格。

write(* ,"(i3)")10000

格式描述符给定的宽度小于数据位数，结果输出三个星号"* * *"，表示宽度不够。

write(* ,"(I5.3)")10

输出数据占 5 个字符宽度，至少输出三个数字，结果为"010"。

注意，对数值数据输出时，正数不输出"+"号，但负数要输出"-"号，对整型数和实型数均如此。

(2) Fw.d

此格式描述符用于描述实型数的输入输出格式。输出数据占 w 个字符宽度，其中保留 d 位小数，如果宽度 w 小于数据位数，也输出 w 个星号。例如：

write (* ,"(f9.3)")23.5

输出的数据共占 9 个字符宽度，小数部分占 3 位，不足三位在后面补 0，整个数据小于 9 个字符位置在左边补空格。输出结果为"　23.500"。

(3) Ew.d[Ee]

此格式描述符用于描述实型数的输入输出格式。以科学计数法的形式输出实型数，整个数据占 w 个字符宽度，其中小数部分占 d 位。如果使用了"Ee"，则指数部分至少输出 e 位。例如：

write (* ,"(e15.7)")123.45

输出结果占 15 个字符宽度，小数部分占 7 位，不足 7 位在后面补 0，没有指明指数所占位数，则指数固定为 2 位。输出结果为" 0.1234500E+03"。

write (* ,"(e9.2e3)")12.34

输出的整个数据占 9 个字符宽，小数部分为 2 位，指数部分为 3 位。输出结果为" 0.12E002"。

(4) Dw.d

此格式描述符使用方法同 Ew.d，区别仅在于输出结果中用字母 D 代替字母 E。例如：

write (* ,"(d9.2)")12.34

输出结果为" 0.12D+02"。

(5) Aw

此格式描述符专用于描述字符型数据的输入输出格式，表示输出的字符串占 w 个字符宽

度,不足 w 个字符时左端补空格。例如:

write (* ,"(a10)")"Hello"

以 10 个字符的宽度输出字符串。输出结果为"   Hello"。

write (* ,"(a3)")"Hello"

以 3 个字符宽度输出字符串,显然宽度小于字符串长度,这时输出字符串的前 3 个字符,而不是输出 3 个星号。输出结果为"Hel"。

(6)nX

此格式描述符用于输出 n 个空格,n 为无符号整数。例如:

write (* ,"(5x,i3)")100

格式说明中使用了两个描述符,它们之间用逗号分开。输出时先空出 5 个字符位置,再以 I3 格式输出 100。输出结果为"   100"。

(7)Lw

此格式描述符用于描述逻辑型数据的输入输出格式。输出的逻辑数据占 w 个字符宽度。当输出逻辑"真" 时,只输出字母 T;输出逻辑"假"时,只输出字母 F。例如:

write (* ,"(l6)"). true.

输出的逻辑值占 6 个字符,实际输出形式为"   T"。

(8)Gw. d[Ee]

此格式描述符适用于描述各种类型数据的输入输出。以 w 个字符的宽度输出,d 对有些类型的数据可能没有,但不能省略。

当用来输入输出字符数据时,Gw. d = Aw. d 对 w 和 d 可随便给一个数字,但不能省略。

当用来输入输出整型数据时,Gw. d = Iw. d 对 w 和 d 可随便给一个数字,但不能省略。

当用来输入输出浮点数时,若数值小于,$0.1-0.5\times10^{-d-1}$或数值大于等于 $10^{d}-0.5$ 时,Gw. d = Ew. d,其他情况等于(Fa. b,4x),其中 a = W - 4,b 等于去掉 a 和 4x 所占字符剩下的字符位数。例如:

write(* ,"(g9. 4)")123. 0

将以"F5. 1,4X"的格式输出 123. 0,输出结果为"123. 0"。

write(* ,"(g9. 2)")123. 0

因为 d = 2,123. 0 >= $10^{2}-0.5$,所以 G9. 2 = E9. 2。输出结果为" 0. 92E +01"。

(9)/

此格式描述符表示换行输出。例如:

write(* ,"(i3//i3)")10. 10

以 i3 的格式先输出一个 10,然后两个换行,实际是隔一行再以 i3 格式输出第二个 10。

其他格式描述符还有 Tc、TLn、TRn、wH、sP、sS、BN、BZ、KP、Bw[. m]、Ow[. m]、Zw[. m]等,读者可下载本语言电子版进行了解。

格式描述符使用时很灵活,下面仅就它们的使用做一些说明。

①格式描述符可以带重复次数。例如, write (* ,"(i3, i3、i3)") 可以写成 write(* ,"(3i3)"),i 左边的 3 就是重复次数。重复次数也可以用在一组描述符中。例如 write(* ,"(1x, f5. 2, 1x, f5. 2, 1x, f5. 2)")可以简写成 write(* ,"(3(1x, f5. 2))")。

②在一个格式说明中可用多个描述符,它们之间用逗号分开,如果需要也可以用斜杠分

开,但逗号和斜线不能连用。例如 write(* ,"(1x, i5/,1x,f5.2)")中连续使用了"/"和","是不允许的。如果将两个数输出在两行,应写成 write(* ,"(1x, i5/ 1x,f5.2)")的形式,即去掉"/"后的逗号。

③可以把格式说明放在字符变量中使用。例如:

```
character (len = 10) fmtstring
fmtstring = "(i5)"
write ( * ,fmtstring) 100
```

先定义了一个长度为 10 的字符变量 fmtsrting,然后将格式说明"(i5)"放入这个变量中,再将此变量写在输出语句格式说明的位置上(这种方法也可用在输入语句中)。

④在某些特殊情况下,一个格式说明中的不同格式描述符间的逗号可以省略,但建议使用逗号分隔,以便更好地理解格式说明。例如:

```
write ( * ,"(1x,i5)")"Hello",5
```

可以写成:

```
write ( * ,"(1xi5)")"Hello",5
```

下面的写法:

```
write ( * ,"(i5i5)") a,b
```

是不允许的,两个 i5 之间必须用逗号分开。

⑤在使用格式描述符时,一定要注意类型的匹配。比如输出整数类型数据,就不能用"Aw"描述符。

⑥有些 FORTRAN 编译程序将输出的每行第一个字符作为打印时的走纸控制符,这种情况下输出数据就不能从每行的第一个字符开始。但现在大多数较新的编译程序已经没有此规定了。比如 Visual Fortran 就无此规定。

以上描述符的大多数也可用于输入数据的格式描述,但一般情况下不需要描述输入格式,只是在输入内容中包括有空格或逗号的字符串时或从文件输入数据时才需要有格式的输入。

例如,要输入"Hello, World"这个字符串,就应该用有格式的 read 语句,比如用 read (* ,"(a12)")a,读入这串字符并放入字符变量 a 中。关于用有格式的输入语句从文件中读取数据的内容,见本书第 5 章。

4.3.3 数组的输入输出

1. 数组的输入

数组的输入和普通变量的输入没有太大的区别,一般情况下使用表控输入就可以了。

对整个数组的输入,直接把数组名写在输入语句中。例如:

```
integer ::a(5), b(2,2)
read ( * , * )a,b
```

当执行 read 语句时,从键盘依次键入赋给 a 和 b 的数据就可以了,但输出 b 的数据时注意按"列"存储的原则,对二维以上数组都要注意这个问题。比如从键盘输入赋给 b 的四个数据是:

```
0.5,0.6,0.7,0.8
```

则数组 b 中的数据为 b(1,1) =0.5、b(2,1) =0.6、b(1,2) =0.7、b(2,2) =0.8。

对数组部分元素的输入可采用以下方法。

①将数组元素名写在 READ 语句中,例如:

```
integer a(10)
read ( * , * ) a(1),a(3),a(5),a(7),a(9)
```

从键盘读入 5 个数据,分别存入 a 中下标为奇数的元素中。

②利用循环进行数组元素的输入,例如:

```
integer a(100),i
do i = 1, 100, 2
  read ( * , * )a(i)
enddo
```

从键盘读入 50 个数据,依次存入 a 数组中下标值为奇数的数组元素中。注意,输入的 50 个数据必须分 50 次进行,即一个数一回车。因为此循环中的 read 语句执行了 50 次,一次仅读一个数。对二维数组用循环语句输入时要用二重循环,其他多维数组的输入情况类似。例如:

```
integer dx(10,10), i, j
do i = 1,10
  do j = 1,10
    read ( * , * )dx(i,j)
  enddo
enddo
```

利用循环输入数组,不仅可输入部分元素,而且可以将读入的数据依照循环控制变量的变化存入到数组中,而不再按列顺序存入,此例会将输入的 100 个数依照 dx(1,1)、dx(1,2)、……、dx(1,10)、dx(2,1)、dx(2,2)、……的顺序存入各元素。

③利用"隐循环"输入。隐循环不仅用于给数组赋初值,而且也可用于数组的输入输出。例如:

```
integer  x (50), i
read ( * , * ) (x(i), i = 1,20)
```

只读入 20 个数据存入数组 x 的前 20 个元素中。

```
integer y (10,10)
read ( * , * ) ((y(i,j), j = 1,10), i = 1,10)
```

这个 read 语句使用了二重的隐循环,它的执行过程类似二重 do 循环。左边的隐循环为"内循环",该语句将从键盘读入数据依次存入 y(1,1)、y(1,2)、……do 循环与隐循环的执行过程不同。利用 do 循环时,read 写在循环体中,要随着循环执行多次完成数据的读入,而利用隐循环时,read 语句只执行一次就完成数据的输入。两种不同方法直接影响到从键盘输入数据的方式。用隐循环时,可将要输入数组的数据一次连续键入;用 do 循环时,往往要分多次键入。

2. 数组的输出

为了获得美观的输出形式,数组输出一般采用有格式输出。数组的输出可采用以下几种方式。

(1)将数组名直接写在输出语句的输出表中

使用这种方式表示将数组的全部元素依照存储顺序输出。例如:

```
real a(5)
read ( * , * ) a
write ( * ,'(5f5.1)') a
end
```

该程序执行时,先要从键盘输入 5 个实型数依次放入数组 a 中,然后按照 a(1)、a(2)、a(3)、a(4)、a(5)顺序显示输出 a 中每个元素的值,且每个元素的输出格式均为 f5.1。

又如,当执行语句

```
integer w(2,3)
read ( * , * ) w
write ( * ,'(6i4)')w
    ⋮
```

时,若从键盘依次输入

1,2,3,4,5,6

则在存储器内数组各元素的值依次为 w(1,1) =1、w(2,1) =2、w(1,2) =3、w(2,2) =4、w(1,3) =5、w(2,3) =6。此数组表示的短阵形式为:

$$\boldsymbol{W}=\begin{bmatrix}1 & 3 & 5\\ 2 & 4 & 6\end{bmatrix}$$

执行 write 语句的输出结果为:

1 2 3 4 5 6

此例说明,按此方法对数组输出是依照数组元素在机器内的存放顺序进行的。因此用这种形式输出二维以上数组时,要注意数组元素的存放顺序与平时使用的按行书写顺序之间的区别。

(2)将数组元素名写在输出语句的输出表中

这种形式与简单变量的输出相同, 把数组元素名直接写在输出表中,可以实现数组元素的有选择输出。例如:

```
real a(5)
integer b(3,3)
read ( * , * ) a(1),a(3),a(5),b(1,1),b(1,2)
    ⋮
write ( * ,'(f5.1,i4)') a(1), b(1,1)
    ⋮
```

其中仅输入了 3 个实数放入数组 a 的前三个元素中;输入两个整数放入数组 b 的第一行前两个元素中;输出语句仅输出一个数组 a 和一个数组 b 的元素值。

若输出的元素较多时,不便都列在输出表中,此时可以用循环进行输出。例如:

```
integer a(100)
    ⋮
do m = 1,100,2
    write ( * ,'(5i4)')a(m)
enddo
```

⋮

将以每个数一行的格式输出数组 a 中下标值为奇数的各元素值。注意,用这种形式输出时,每循环一次,write 仅能输出一个元素的值,无论使用什么格式描述,一行也仅输出一个数组元素。此例中的格式描述虽然为“5i4”,与使用“i4”格式效果是一样的。为了避免这种情况的发生,可以使用下面形式的 write 语句:

```
      ⋮
do m = 1,100,2
  write ( * ,'(5i4),advance = 'NO')a(m)
  if (mod(m,10) ==0) write ( * , * )
enddo
```

其中,advance 表示是否前进到下一行。再如下面的语句:

```
integer x (10,10)
      ⋮
do i = 1,10
    do j = 1,10
      write ( * ,'(10i5)') x (i,j)
    enddo
enddo
      ⋮
```

将以每行一个数的格式输出 x 的 100 个元素,不会按一行 10 个数的格式输出按矩阵形式排列的 100 个元素值,其中的 write 语句将在 do 语句控制下执行 100 次。如果改为:

```
      ⋮
do i = 1,10
  write ( * ,'(10i5)') x (i,:)
enddo
      ⋮
```

就可以按每行 10 个数的形式输出。也可以采用前面的方法:

```
      ⋮
do i = 1,10
  do j = 1,10
    write (1x,'(10i5) ', advance = 'NO')x(i,j)
  enddo
write ( * , * )
enddo
      ⋮
```

如果希望按矩阵形式输出这个数组,还可以有简捷的方法(用隐循环)输出。

(3)用隐循环输出数组

隐循环的概念及一般格式在数组的输入中已经看到,它同样可以出现在输出语句中,用于输出数组。例如上面利用二重循环输出整型数组 x,若利用隐循环,可以写成如下形式:

```
write ( * ,'(10i5) ')((x (i,j), j =1,10), i =1,10)
```

与利用 do 循环不同,这个 write 语句仅执行一次,以每行 10 个数的格式输出 x 的 100 个元素值,输出的最后结果是一个 10 行 10 列的矩阵形式。

利用隐循环不仅是为了以矩阵的形式输出数组,更重要的是隐循环还可以强制数组按行输出,它比利用循环更加灵活。

利用隐循环也可以输出数组的部分元素。例如:

```
write ( * '(5f10.2)') (y(k), k =2,50,2)
```

按每行输出 5 个数,每个数占 10 个字符位置,小数部分占两个字符位置的格式输出 y 数组中下标为偶数的那些元素的值。

用隐循环也可以输出变量值。例如,设 x = 10.5,y = -23.6,执行以下输出语句:

```
write ( * ,'(6f8.2)') (x,y, i =1,3)
```

输出结果为:

```
10.50   -23.60  10.50   -23.60  10.50   -23.60
```

例 4.3　输出 5 行 5 列矩阵 ***S*** 的上三角元素。

程序如下:

```
program ex403
   implicit none
   integer s(5,5), i , j

    do i =1,5
       do j  =1,5
          s (i,j) =j
       enddo
    enddo
    write( * ,10) ((s(i,j),j =i,5),i =1,5)
10  format(5i7/7x, 4i7/14x, 3i7/21x, 2i7/28x, i7)
    stop
end program
```

该程序由于格式描述内容较多,所以利用 FORMAT 语句进行格式说明,而没有像前面那些例子,将格式说明直接写在 write 语句中。程序执行时先利用二重循环对数组 S 进行赋值,然后输出它的上三角元素,输出结果为:

```
1 2 3 4 5
  2 3 4 5
    3 4 5
      4 5
        5
```

4.4 数组函数

数组函数是自 FORTRAN 90 版本开始新增加的库函数。本节给出这些函数的应用形式和功能。

在介绍时将使用以下约定的符号：

array 表示任何维数的一个数组；

vector 表示一个一维数组；

matrix 表示一个二维数组；

dim 表示数组的维数，为整型数；

mask 表示数组的逻辑运算；

[　]表示括号中的内容可以省略；

return 表示函数调用返回值类型。

1. all(mask [, dim])

return = logical

功能：对数组作逻辑判断，如果每个元素都满足条件，则函数值为"真"，否则为"假"。

例如 all (a>5)，若数组 a 中每个元素值均大于 5，则函数值为"真"，否则返回的函数值为"假"。

又如 all (a>b)，a、b 必须是相同类型的数组，若 a 中每个元素的值均大于 b 中任何一个元素的值，则函数值为"真"，否则为"假"。

再如 all(a>5,2)，其中数组 a 是二维数组，将 a 中的元素逐列与 5 进行比较，比较的结果放在一个一维的逻辑型数组中。比如，设结果数组为 ans，则用 a(:,i) 中的每个元素值与 5 比较，结果放在 ans(i) 中。

2. allocated(array)

return = logical

功能：检查一个可变大小的数组是否已经被说明了大小。可变大小数组将在下一节介绍。

3. any(mask [, dim])

return = logical

功能：判断数组每个元素是否满足给定条件。只要有一个元素满足条件，则返回"真"值。

例如 any(a>5)，只要 a 中有一个元素值大于 5，函数值就为"真"。此函数功能与 all 函数的区别是，在对条件判断时，将全部数组元素都满足条件改为任何一个元素满足条件即可。

4. count(mask [, dim])

return = integer

功能：找出数组中满足条件的元素个数。

例如 count(a>5)，计算数组 a 中大于 5 的元素个数。

又如 count(a>b)，a、b 必须是类型相同的数组，计算 $a(d_1,d_2,\cdots)>b(d_1,d_2,\cdots)$ 成立的个数。

再如 count(a>5,2)，a 是二维数组，设结果数组 ans 是一维数组，则 ans(i) 是 a(:,i) >5

的个数。若 count(a > b,2),则 ans(i)为 a(:, i) > b(:, i)的个数。

5. cshift(array, shift[,dim])

return = array, shift = integer

功能:对数组元素的值以其中某一维为基准循环交换其位置。其中 shift 表示交换时的步长,dim 表示针对哪一维元素进行交换。

例如,设 integer a (5) = (/1,2,3,4,5/),对于 a = cshift (a,1),则结果是 a 的值为 2、3、4、5、1,a 中的每个元素都向前移一个位置,第一个元素值 1 移到末尾,变成最后一个元素。又如:

$$\boldsymbol{A}=\begin{bmatrix}1&2&3\\4&5&6\\7&8&9\end{bmatrix}$$

若执行 B = cshift (a,1,2),则结果为

$$\boldsymbol{B}=\begin{bmatrix}2&3&1\\5&6&4\\8&9&7\end{bmatrix}$$

若执行 B = cshift (a,1,1),其中第二个 1 表示针对第一行进行交换,结果为:

$$\boldsymbol{B}=\begin{bmatrix}4&5&6\\7&8&9\\1&2&3\end{bmatrix}$$

6. dot _ product(vector _ a, vector _ b)

return = 任何基本数据类型

其中的自变量 vector _ a 和 vector _ b 表示任何基本类型的两个一维数组。

功能:将两个一维数组当做向量作内积运算。

7. dprod(vector _ a, vector _ b)

return = double

其中的自变量是两个实型数组。

功能:同 dot _ product,仅是返回值为双精度实型数。

8. eoshift(array,shift[,boundary][,dim])

return = array

功能:以数组的某一维为基础,移动数组中的元素。若使用 boundary 项,则移动后空下的位置用 boundary 值填充,若无此项,则用“0”填充。

例如,设 integer a (5) = (/1,2,3,4,5/),当执行 a = eoshift (a,1)后,a 中的值为 2、3、4、5、0。显然 a 中所有元素向前移动了一个位置,与 cshift 函数不同,第一个元素被移出,而在元素 5 后面的空位置填充“0”。又如,a = eoshift (a,1,10)执行后,a 中的值为 2、3、4、5、10,移出的空位用 10 填充。

9. lbound(array [,dim])

return = integer

功能:返回数组说明时的维界下限。

例如,说明了一个数组 a(-1:3, -5:5),则有 lbound(a,1) = -1,lbound(a,2) = -5。

10. matmul(matrix _ a, matrix _ b)

return = matrix

其中自变量是两个二维数组。

功能:进行矩阵相乘运算,结果是二维数组。

11. maxloc(array[,dim][,mask])

return = integer

功能:求数组元素中的最大值所在的位置。当 array 为一维数组时返回的是一个整数,当数组 array 为 n 维时,返回的是一个大小为 n 的一维数组。

12. maxval(array[,dim][,mask])

return = array _ type

功能:求数组 array 中的最大元素的值。

13. merge(true _ array, false _ array[,mask])

return = array

功能:根据条件 mask 选取数组 true _ array 或 false _ array 的值作为函数值,即从 true _ array 数组中选取满足条件的元素值,从 false _ array 中选取不满足条件的数组元素值共同作为运算结果。

例如,integer a (5) = (/1,2,3,4,5/),b(5) = (/5,4,3,2,1/),c(5),则执行语句 c = merge(a,b,a >3)时,因为 a 中的前三个元素不满足条件,所以取 b 的前三个元素,a 的后两个元素满足条件,所以取 a 的后两个元素,最后的运算结果为:5、4、3、4、5。

14. minloc(array [,dim][,mask])

return = integer

功能:返回数组中最小元素的位置,规则同 maxloc。

15. minval(array[,mask])

return = integer

功能:返回数组中最小元素的值。

16. pack(array, mask [,vector])

return = 一维数组,类型与自变量数组相同。其中自变量 array 为任何类型的数组。

功能:按照 array 中的元素在内存中的存放顺序,选取满足条件的元素值放到结果数组中。若使用任选项 vector,则结果数组大小与 vector 相同,若不使用此项,则结果数组大小为 array 中满足条件的元素的个数。

例如,integer b(3),c(5),a(5) = (/1,2,3,4,5/),则执行语句 b = pack(a, a >=3)后 b 中的值为 3、4、5;执行语句 c = pack(a,a >=4,(/6,7,8,9,10/))后 c 中的值为 4、5、8、9、10,其中 4、5 为 a 中满足条件的元素,而 8、9、10 为 vector 中的值,这是因为结果数组的大小必须和 vector 的大小相同。

17. product(array [,dim][,mask])

return = integer 或 array

功能:计算数组中所有元素的乘积。

18. reshape(data, shape)

return = array

功能：根据 shape 的设置，对 data 中的数据重新进行整理，并将整理后的结果放到一个数组中。

例如，integer :: a(3,3) = (/1,2,3,4,5,6,7,8,9/)，b (9)，若执行语句 b = reshape (a,(/9/))，则将二维数组 a 中的数据整理成含 9 个数据的“数据串”放入 b 中作为这个一维数组中的 9 个元素值；执行语句 a = reshape(b,(/3,3/))，则将一维数组 b 中的数据整理成 3 行 3 列的形式放入数组 a 中。

该函数可用于转换不同类型的数组数据。

19. shape(array)

return = array

功能：求数组 array 各维的大小并放到一个一维数组中。

例如，integer a (2,3,4)，b(3)，则执行语句 b = shape (a)后，b(1) =2，b(2) =3，b(3) =4。

20. size(array[,dim])

return = integer

功能：求数组 array 的大小。

例如，integer a(5,5,5)，则 size(a)=125，说明数组 a 有 125 个元素，size(a,1)=5，说明数组 a 的第一维大小为 5。

21. spread(source, dim, ncopies)

return = array

其中 source 为任意类型数组；dim 和 ncopies 均为整型。

功能：将一个数组中的元素复制到一个高一维的数组中，复制次数由 ncopies 决定，而复制到新数组的“基础”位置由 dim 决定。当 source 为一个常数时，结果是大小为 ncopies 的一维数组，若 source 是一个大小为($d_1,d_2,\cdots,d_n$)的数组，结果是一个大小为($d_1,d_2,\cdots,d_{dim-1}$,ncopies,$d_{dim},\cdots,d_n$)的数组。

例如，设 integer a(3)，则 b = spread(a,1,2)的执行结果为 b(:,1)=a(:)，b(:2) = a (:)；设 integer a(3,3)，b(3,2,3)，则 b = spread(a,2,2)的执行结果是 b(:1,:)=a(:,:)，b (:2,:) =a (:,:)。

22. sum(array [,dim] [,mask])

return = array _ type 或 array

功能：计算数组元素的和。

23. transpose(matrix)

return = matrix

功能：求矩阵的转置矩阵。

24. ubound (array [,dim])

return = integer 或 array

功能：求数组说明维界的下限值。

25. unpack(vector,mask,field)

return = array

其中 field 可取任意类型。

功能：对条件 mask 进行判断。若条件为真，将 vector 的值放入结果数组；若条件为假，则取 field 的值放入结果数组中，且存放时按内存中数组的存放顺序进行。该函数用于把一维数组转换成多维数组，与 pack 函数的作用正相反。

例如，有以下数组定义：

```
integer ::a(4)=(/1,2,3,4/)
integer b(2,2)
logical :: c(2,2)=reshape((/.true.,.true.,.false.,.false./),(/2,2/))
```

最后一个语句定义了一个逻辑型二维数组，并将 4 个逻辑型数据整理成 2 行 2 列的形式，按内存中数组的存放顺序放入数组 c 中。当语句 b = unpack(a,c,0)执行后，由于 c 中第一列的元素均为.true.，则取 a 中的值放入 b 的第一列中，c 中第二列的元素均为.false.，所以将该函数中的参数 0 放入 b 的第二列中，最后的结果为：

$$\boldsymbol{b}=\begin{bmatrix}1 & 0\\ 2 & 0\end{bmatrix}$$

4.5 动态存储管理与指针的使用

4.5.1 可变大小的数组

在解决很多实际问题中，一个程序中数组的大小是经常变化的，如果仅采用前面定义数组的方法，遇到此类情况时就需要经常修改程序，程序缺乏通用性，使用起来很不方便。比如，在程序中用数组记录学生的成绩时，因为学生人数经常变化，数组定义小了，当学生人数多时要修改定义，定义大了又浪费存储空间，且处理起来也不方便。使用可变大小的数组就可以在程序执行时根据需要来决定数组的大小。

使用可变大小的数组要经过两个步骤。

①先对可变小大的数组进行说明。说明可变大小的方法与一般数组说明的方法不同的是要使用 allocatable 属性，同时数组说明符中不能指定维的大小，只需用冒号表示维数。例如：

```
integer, allocatable :: a(:), b(:,:)
```

说明了一个一维的整型可变人小的数组 a 和 ·个二维的整型可变大小的数组 b。

②在使用已说明的可变大小数组时，先要为这个数组分配足够的空间，即要确切给出该数组的大小，这需要使用 allocate 语句。例如：

```
integer size1, size2
integer, allocatable :: a(:), b(:,:)
charaeter, allocatable :: c(:)
read(*,*)size1, size2
allocate(a(size1))
allocate(b(size2,5))
allocate(c(size2))
```

一共说明了三个可变大小的数组，一维整型数组 a、二维整型数组 b 和一维字符数组 c，并且使用 allocate 语句对它们的大小进行确切的定义。

在使用 allocate 语句确定可变大小数组的实际大小时，可以使用 stat 选项得知为数组分配内存是否成功。例如 allocate (a (size1) , stat = error),当为数组 a 分配内存时,即分配的这个含 size1 个元素的数组成功时,error 的值为 0,如果 error 的值不为 0,则说明 allocate 的执行失败。error 必须是一个事前说明的整型变量。

此外,还有一个与 allocate 相关的函数 allocated。该函数用于检查一个可变大小的数组是否已经被确切分配了内存。该函数的返回值为逻辑值。例如:

```
if (.not. allocated(a)) then
   allocate(a(size1))
endif
```

检查是否为 a 分配好了内存,如果还没有分配,则执行 allocate 语句,为 a 分配 size1 个元素的内存空间。

例 4.4 检测能为一个数组分配的最大内存空间。

程序如下:

```
program ex404
    implicit none
    integer :: size =0, error =0
    integer, parameter:: one_mb = 1024 * 1024
    character, allocatable :: a (:)

    do
        size = size + one_mb
        allocate (a(size), stat = error )
        if (error/=0) exit
        write ( * ,"('已分配了', i10,'字节空间')") size
        write ( * ,"('共用了',f10.2,'MB')") real(size)/real (one_mb)
        deallocate(a)
    enddo
    stop
end program
```

程序中最后一个 write 语句的输出结果就是一次能给数组分配的最大内存空间,单位为 MB(兆字节)。该数据可能超过实际内存容量,这是因为操作系统提供了可用的虚拟存储功能。程序中的 deallocate 语句用于释放由 allocate 语句为数组分配的内存空间,其功能与 allocate 正好相反。

4.5.2 指针的概念及简单应用

1. 指针的概念与说明

可以把指针看做一个可以"自由浮动"的名字,它动态地与某些数据对象(如一个变量、一个数组等)相关联,或者说作为这些数据对象的别名。从语法上讲,指针是一种变量类型,可以称"指针变量",书写形式和引用形式与普通变量相同,而且在使用前必须说明。指针变量说明语句的形式为:

类型说明符[,其他属性说明],**pointer**::指针变量表

例如,语句:

```
real,pointer::p1,p2
```

说明 p1、p2 为两个与实型变量关联的指针变量,也可以理解为 p1 和 p2 是两个可"指向"实型变量的指针。又如:

```
real,dimension(:),pointer::v
```

说明 v 是一个可以"指向"实型一维数组的指针。

2. 指针的使用

指针实际上是一种"间接使用数据"的方法,刚被说明的指针处于一种无定义状态,即指向不确定,只有当指针与某个数据对象相关联,即指向具体的对象后才可以引用。指针可与变量或数组相关联,但这些变量或数组也就是指针指向的对象,也必须对其先进行说明。指针指向的对象的说明形式为:

类型说明符[,其他属性说明],**target**::变量名表

例如语句

```
real,target::x1,x2
```

说明 x1、x2 为两个可以作为指针指向对象的实型变量。又如:

```
integer,dimension(10),target::y
```

说明 y 是一个可以作为指针对象,即可被指针指向的含 10 个元素的一维整型数组。

被 target 说明的变量或数组也可以作为普通变量使用,仅是多了一种引用它们的方法,即除了像普通变量那样引用外,还可以作为指针的对象通过指针来引用。

一个指针可具有三种状态。

1)无定义状态　即一个指针的指向是不确定的状态,刚刚使用 pointer 说明的指针处于这种状态。

2)空状态　即一个指针不指向任何对象的状态。使一个指针变为空状态可以使用"置空"语句。该语句的形式为:

nullify(指针变量名)

例如语句

```
nullify(p1)
```

不管原来 p1 指向哪一个对象,都将其变为空状态,不再指向任何目标。

3)关联状态　即一个指针已经指向一个具体对象的状态。

使指针指向一个对象可以用指针赋值语句,该语句有以下两种形式。

形式 1:指针变量 => 对象

其中"对象"必须是经 target 说明过的变量或数组、数组元素、数组片段。例如:

```
integer , target ::a
integer, pointer: p
p => a
a = 2
print * ,p
p = 5
```

```
print * ,a
```

如果执行这段程序,将分别输出整数值 2 和 5。其中 p => a 把指针 p 指向整型变量 a,建立了 p 与 a 的关联,然后引用 p,如同引用 a。

形式二:指针变量名 1 => 指针变量名 2

其中指针变量名 1 和指针变量名 2 必须是被 pointer 说明过的可指向相同类型对象的指针。该形式表示使指针 1 指向与指针 2 相同的对象。例如:

```
integer ,target : :a = 10
integer ,pointer : : p1 ,p2
p2 => a
print * ,p2
p1 => p2
print * ,p1
```

此段程序的执行结果将输出两个相同的整数值 10。

一个指针的状态可以使用内部函数 associated 检查。该函数的引用形式为:

associated(pointer [, target])

其中 pointer 是一个指针变量名,target 是目标变量名,此项任选。该函数的作用是检查一个指针变量是否已经指向一个对象,函数的返回值为逻辑值。当只有"pointer"这一项时,检查该指针是否已指向目标。若选用了两个参数,则检查"pointer"这个指针是否指向了"target"这个目标。例如:

```
integer, pointer : : p
integer, target : : a,b
print * , associated (p)        ! 输出 f,说明 p 未指向任何目标
p => a
print * , associated (p,a)      ! 输出 t,说明 p 指向 a
print * , associated (p,b)      ! 输出 f,说明 p 未指向 b
```

可以使用指针来指向一个内存空间,从而达到"动态存储分配"的目的。其方法就是利用 allocate 语句。该语句可用于先分配空间,然后使一个指针指向该空间。例如:

```
integer , pointer : : p
allocate (p)
p => 100
print * ,p
```

其中的 allocate(p)分配了一个可存放整型值的空间,并使指针 p 指向这个空间,p => 100 将 100 放入 p 指向的这个空间。

当指针指向的空间不使用时,应将其释放,这需要使用 deallocate 语句。例如:

```
deallocate(p)
```

将使 p 不再指向任何空间。

4.5.3 指针数组

指针也可以被说明为数组类型。说明的方法与指针变量的说明方法类似,也是利用

pointer 语句。例如：

```
integer , pointer :: a (:), b (:,:)
```

说明了一个一维和一个二维的可以指向整型对象的指针数组。注意，指针数组和指向数组的指针在概念上是完全不同的。指针数组可以理解为一组指针，而指向数组的指针是说明一个指针的目标对象是数组。

说明指针数组时不需要说明大小，只指明维数就可以了，这点类似于可变大小的数组。

例如，设有如下定义：

```
integer ,pointer :: a (:)
integer ,targer ::b(5)
integer ,targer ::x
```

则

a => b　表示 a(1) => b(1),a(2) = b(2),a(3) => b(3),a(4) => b(4),a(5) => b(5)

a => b(1:3)　表示 a(1) => b(1),a(2) => b(2),a(3) => b(3)

a => b(1:5:2)　表示 a(1) => b(1),a(3) => b(3),a(5) => b(5)

a => b(5:1: -1)　表示a(1) => b(5),a(2) => b(4),a(3) => b(3),a(4) => b(2),
a(5) => b(1)

指针数组也可以指向一个变量，如 a(1) => x。

指针数组还可以指向一个分配给它的空间，例如：

```
allocate(a(5))
a = (/10,20,30,40,50/)
print * ,a
deallocate (a)
```

为 5 个整数分配空间，并且分别由指针 a(1) ~ a(5)指向它们。其中，赋值语句向这 5 个空间放入 5 个整数，最后用 deallocate(a)释放所分配的空间，即使指针 a(1) ~ a(5)不再指向它们。注意在分配空间时一定要给出分配空间的个数，但释放时不用指明，只给出指针数组名就可以了。

4.6 派生类型的定义与使用

4.6.1 派生类型的定义

前面各章节使用的整型、实型、逻辑型等都称为基本数据类型，但在解决实际问题时，这些基本类型常常不能很好地表达某些信息，例如要描述一个学生的学号、姓名、年龄、性别等基本情况。如果能有一种“学生类型”表达这样的“学生信息”，会带来数据处理上的方便。派生类型就是用于解决类似问题的。

派生类型也称自定义类型，由用户根据需要自己定义。实际上是利用基本数据类型的变量、数组等的自由组合，生成一种实际需要的新类型。这个“组合”中的变量、数组等称为派生类型的成员，即成员可以是变量也可以是数组。

派生类型定义的一般形式：

type::派生类型名

成员类型说明

endtype[派生类型名]

其中派生类型名是用户自己命名的,命名方法与变量名相同,但不应与其他变量名、内部函数名等同名;成员类型说明是对派生类型的组成成员的类型说明,成员类型可以是基本数据类型,也可以是已定义的另一个派生类型。例如:

```
type:: student
  integer *2   NO
  character *8   name
  character *2   sex
  integer   age
  real   score (3)
end type
```

定义了一个"student"类型,它的成员包括学号 NO、姓名 name、性别 sex、年龄 age、成绩 score。其中 score 是一维数组,表示三门课的成绩。

再如:

```
type ::addr
  character *20   street _ Name
  integer *2   street _ NO
  character *10   city
end type
type student
  integer   NO
  character *8   name
  type (addr) ::   addre
  logical   sex
  integer   age
end type
```

其中地址 addr 是一个派生类型,在派生类型 student 的成员中,成员 addre 的类型是派生类型 addr 类型。

4.6.2 派生类型的使用

用派生类型说明变量、数组等的形式为:

type(派生类型名)变量名表

其中派生类型名必须是已经定义过的派生类型;变量名表中可以是变量名,也可以是数组说明符。

例如,对前面定义过的 student 类型

```
type(student)s1,s2
```

说明 s1、s2 是两个 student 类型的变量,又如:

type(student) s(30)

说明一个 student 类型的一维数组,它的每一个元素都具有 student 类型。

在变量或数组被说明为派生类型之后,就可以使用它们,但由于一个派生类型包括若干成员,所以使用时不能将派生类型的变量作为整体使用,只能分别引用每个成员,引用的形式为:

派生类型变量名%成员名

其中派生类型变量名可以是数组元素名。例如,对上述 student 类型的变量 s1、s2 和数组 s(30),下面的引用形式都是正确的:

s1%no、s2%name、s(1)%score(1)、s(2)%age

如果成员本身又是派生类型,此时要引导用一个成员时,需要逐级引用,直到最低级成员才能进行赋值或参与其他运算及输入输出。例如:

s1%adder%city　　　　s(2)%adder%street_no

例 4.5　设有 3 个候选人,每次输入一个得票候选人的编号,最后输出每人的得票数。

```
program ex405
    implicit none
    integer i, j, k, NO1
    TYPE PER
        integer   NO
        character *8   Name
        integer   count
    END TYPE

    TYPE (PER)   a(3)

    a(1)%NO = 101
    a(1)%Name = 'Li'
    a(1)%count = 0
    a(2)%NO = 102
    a(2)%Name = 'Wang'
    a(2)%count = 0
    a(3)%NO = 103
    a(3)%Name = 'Zhang'
    a(3)%count = 0
    i = 1
    do while (i <= 3)
        read *, NO1
        do j = 1,3
            if (NO1 == a(j) % NO) then
                a(j) %count = a(j)% count + 1
            endif
```

```
        enddo
        i = i + 1
    enddo
    do k = 1,3
        write ( * , * ) a(k)%NO
        write ( * , * ) a(k)%Name
        write ( * , * ) a(k)%count
    enddo
    stop
end program
```

使用派生类型应注意的问题如下：

①派生类型的定义必须在派生类型变量的说明之前；

②派生类型的定义只在定义的程序单位内有效；

③派生类型的变量不能单独使用，要与成员配合使用。

4.7 程序举例

例 4.6 编写程序将一组数据按从小到大的顺序排列。

这种“排列”称为排序，又称分类，是数据处理中常做的工作。排序有很多方法，现在采用一种简单的排序方法，称“选择法”。

假如对 n 个数进行从小到大排序，首先将 n 个数放在数组 a 中，先将 a(1) 中的数与 a(1) 以后的 n - 1 个数逐个比较，哪个数小于 a(1) 中的数，就将该数与 a(1) 交换，交换后继续用这个 a(1) 去比较，直到与 a(n) 进行比较。这样比较一遍之后，a(1) 中就是 n 个数中的最小数。接着再用 a(2) 与 a(3) 直到 a(n) 的各个数逐个比较，选出其中的最小数放在 a(2) 中，如此重复下去，最后是 a(n - 1) 与 a(n) 比较，将其中较小的数放在 a(n - 1) 中，结束整个排序过程。程序需使用二重循环，外层循环控制 n - 1 遍的比较，内层循环控制每一遍比较并选出最小数。

程序如下：

```
program ex406
    implicit none
    integer, parameter :: n = 100
    integer a(n), i, j, t

    read ( * , * ) (a (i),i = 1,n)
    do i = 1,n - 1
        do j = i + 1,n
            if (a(i) > a(j)) then
                t = a(i)
                a(i) = a(j)
```

```
                a(j) =t
            endif
        enddo
    enddo
    write( * ,"(10i4)") a
    stop
end program
```

例 4.7　编写用于计算矩阵相乘的程序。

按照矩阵乘法的定义：设 $\boldsymbol{A}$ 为 $L \times M$ 个元素的矩阵，$\boldsymbol{B}$ 为 $M \times N$ 个元素的矩阵，计算 $\boldsymbol{C} = \boldsymbol{A} \times \boldsymbol{B}$，结果矩阵 $\boldsymbol{C}$ 的大小为 $L \times N$，且 $\boldsymbol{C}$ 中的元素

$$c_{ij} = \sum_{k=1}^{M} a_{ik} * b_{kj}$$

现在假定 $\boldsymbol{A}$ 为 4 行 2 列的矩阵，$\boldsymbol{B}$ 为 2 行 3 列的矩阵，程序如下：

```
program ex407
    implicit none
    integer, parameter ::l =4, m =2, n =3
    real :: a(l,m) = (/1,2,3,4,5,6,7,8/)
    real :: b(m,n) =(/ -1, -5, -4,3,2,6/)
    real c(l,n)
    integer i, j, k

    do i =1,l
        do j  =1,n
            c(i,j) =0.0
            do k =1,m
                c(i,j) = c(i, j) +a(i, k) *b (k, j)
            enddo
        enddo
    enddo
    write ( * ,"('MIATRIX A'/4(2f6.2/))") ((a (i,j),j =1, m), i =1,l)
    write ( * ,"('MIATRIX B'/2(3f6.2/))") ((b (i,j),j =1,n), i =1,m)
    write ( * ,"('MIATRIX C'/4(2f6.2/))")  ((c (i,j),j =1,n ), i =1,l)
    stop
end program
```

这个程序使用三重循环完成矩阵的乘法运算，实际使用内部函数 matmul 可以直接计算矩阵相乘。不过，通过此例是为让初学者更好地掌握数组与循环的使用。如果用内部函数计算，可将程序中三重循环去掉，用赋值语句 c = matmul(a,b)代替就可以了。

例 4.8　设某班有 30 个学生，学号为 1 到 30，每个学生参加三门课的考试，编写程序求这

些同学中的平均成绩最高和最低的,并输出他们的学号和平均成绩。

程序如下:

```
program ex408
    implicit none
    real av(30) , a1 , a2 , a3 , amax , amin
    integer i , j , k1 , k2

    do i = 1 ,30
        read * , a1 , a2 , a3
        av(i) = (a1 + a2 + a3)/3.0
    enddo
    amax = av(1)
    amin = av(1)
    k1 = 1
    k2 = 1
    do j = 2 ,30
        if ( av(j) > amax ) then
            amax = av(j)
            k1 = j
        else if ( av(j) < amin ) then
            amin  = av(j)
            k2 = j
        endif
    enddo
    print * ,amax , k1 , amin , k2
    stop
end program
```

例 4.9 输出杨辉三角形。杨辉三角形的图形如下:

```
1
1  1
1  2   1
1  3   3   1
1  4   6   4   1
1  5  10  10   5   1
1  6  15  20  15   6   1
1  7  21  35  35  21   7   1
1  8  28  56  70  56  28   8   1
1  9  36  84 126 126  84  36   9   1
```

杨辉三角形实际是由$(x+y)^n$展开式各项的系数构成，第i行就是$(x+y)^i$的展开式的各项系数。从以上图形可以看出三角形中各元素值的规律。除第一列和主对角线元素全为1外，其余元素是它的上一行的前一列元素与上一行本列元素之和。如果将这些数看成一个10行10列的数组（上三角视为全零），i表示行，j表示列，则有

$$a_{i,j}=a_{i-1,j-1}+a_{i-1,j}$$

程序如下：

```
program ex409
    implicit none
    integer a(10,10), i, j

    do i =1,10
        a(i,1) =1
        a(i,i) =1
    enddo
    do i =3,10
        do j =2, i-1
            a(i,j) =a(i-1, j-1) +a(i-1, j)
        enddo
    enddo
    do i =1,10
        write ( * ,"(5x,10i5)") (a(i,j),j=1,i)
    enddo
    stop
end program
```

程序中，对输出格式按每行10个数描述，但上三角元素不输出，所以在输出的每行元素少于10个时，按格式描述规则，多余的格式说明不起作用，再次循环执行write语句时，会重新使用格式说明"(5x,10i5)"，这样输出的结果形同题目给出的三角形式。

习　题

一、单项选择题

1. 以下关于数组的概念中不正确的是______。

A. 数组是相同类型数据的集合　　B. 数组的名字也称数组说明符

C. 数组大小为各维大小的乘积　　D. 数组类型就是数组元素的类型

2. 对数组说明符 x(1:3,0:3) 的不正确解释是______。

A. 该说明符可以写成 x(3,0:3)　　B. 该说明符可以写成 x(3,3)

C. 该数组有12个元素　　D. 该数组是一个二维数组

3. 以下给数组赋初值语句中正确的是______。

A. real :: x (5) = (/1. 0,2. 0,3. 0,4. 0,5. 0/)　B. real :: x (5) = (/1. 0,i = 1,5/)

C. real :: x (5) = (1. 0,2. 0,3. 0,4. 0,5. 0)　D. real :: x (5) = (/1. 0, (2. 0,i = 1,4)/)

4. 以下关于数组的输入语句中正确的是______。

A. read (x(i): i = 1,10)　B. read (* , *) (y(i,j), j = 1,2), i = 1,2)

C. read (k(i): k = 1,10)　D. read * (y(i,j), j = 1,2), i = 1,2)

5. 假设已定义整型数组 c(5) 和 a(5)，且 a(5) 中各元素的值分别为 5、4、3、2、1，则语句 c = pack(a, a >= 4), (/10,20,30,40,50/)) 执行后，c 中的值为______。

A. 4、5、30、40、50　B. 5、4、10、20、30　C. 10、20、30、40、50　D. 5、4、30、40、50

6. 以下关于"指针"的说法中不正确的是______。

A. 指针是一种变量类型　B. 指针与某个数据对象相关联后才能引用

C. 刚被说明的指针为空值，即其值为"0"　D. 指针指向的对象也要先说明

7. 以下关于指针引用的说法中不正确的是 ________。

A. 指针的状态可以用 associated 函数检查　B. 指针指向的对象必须用 target 说明

C. 指针指向的空间不用时应该将其释放　D. 指针数组是指向数组的指针

8. 设 a 为整型数组，其各元素的值分别为 10、1、2，则语句 a = cshift(a,1) 执行后的结果为______。

A. 10、1、2　B. 1、2、0　C. 1、2、10　D. 1、1、1

9. 设 a(5)、b(5)、c(5) 均为整型数组，a(5) 中各元素的值分别为 1、2、3、4、5，b(5) 中各元素的值为 3、7、8、9、10，语句 c = merge(a,b,a > 3) 执行后 c 中的值为______。

A. 4、5、6、7、8　B. 4、5、0、0、0　C. 4、5、8、9、10　D. 6、7、8、4、5

10. 以下关于"派生类型"的描述中不正确的是______。

A. 派生类型是用户自己定义的类型　B. 派生类型的变量不能作为整体使用

C. 派生类型只能在定义的程序段中使用　D. 派生类型的变量可以单独使用

二、写出下列程序的运行结果

1.
```
program xt01
  implicit none
  integer a(5),i
  do i = 1,5
    a(i) = i - 1
  enddo
  do i = 5,1, -1
    write ( * , * ) a (i)
  enddo
end
```

2.
```
program xt02
  implicit none
  integer i,j,a (5,5)
```

```
    forall (i=1:5,j=1:5,i>=j)a(i,j) =0
    forall (i=1:5,j=1:5,i<j)a(i,j) =5
    write ( * ,"(5(5i5/))")a
  end
```

3. program xt03

```
    implicit none
    integer :: i,j,a (4,4),s=0
    data (a(i,j),j=1,4),i=1,4)/4*1,4*2.4*3,4*4/
    do i=1,4
      if (i==1.or.i==4) then
        do j=1,4
          s=s+a(i,j)
        enddo
      else
      do j=1,4,3
        s=s+a(i,j)
      enddo
      endif
    enddo
    print * ,s
  end
```

4. program xt04

```
    implicit none
    integer, target :: a=10, b=30, w=40
    integer, pointer ::p1,p2
    p1 => a
    p2 => b
    p1 =p2
    p2 =10
    p1 => w
    print * ,a,b,w,p1,p2
  end
```

5. program xt05

```
    implicit none
    integer, target::b(10)
    integer, pointer :: a (:), p(:)
    integer i
```

```
    allocate (a(5))
      forall (i=1,10)
        b(i) =i
      endforall
      a=(/1,2,3,4,5/)
      p=>b(2:10:2)
      write (*,*)a,p
    deallocate (a)
  end
```

三、程序填空

1. 输入 n 个数,分别求出其中的偶数和奇数的个数和它们的和。

程序如下:

```
    program xt06
      implicit none
      integer :: sum1 =0,sum2 =0,n1 =0,n2 =0,i,n
      integer :: k(100)
      read *, n
      do i=1 ,n
        if (  [1]  )then
          sum1 = sum1 + k(i)       ! 偶数的和
          (  [2]  )
        else
          (  [3]  )                ! 奇数的和
          n2 = n2 +1
        endif
      enddo
      write (*,"('n1 =',i3,2x,'sum1 =',i6,5x,'n2 =',i3,2x,'sum2 =',i6)")n1,sum1,n2,sum2
    end
```

2. 将一个数插入到一个按从小到大排列好的有序数列中,插入后数列仍然有序。

程序如下:

```
    program xt07
      implicit none
      integer ::a (20)
      integer ::x ,n, i,p=1
      data (a(i),i=1,10)/1,2,4,5,7,9,14,16,17,19/
      print *,'输入插入的数据:'
      read *,x
```

```
    n = 10
    do while (x > a(p).and .p <= n)
      (    [1]    )
    enddo
    do i = (    [2]    )
      a(i + 1) = a(i)
    enddo
    (    [3]    )
    n = n + 1
    write (*,*) (a(i),i = 1,n)
  end
```

程序中 n 表示数组 a 中现有的数据个数,变量 p 为位置指针,其值不超过 n,第一个循环用于确定插入位置。插入数据时首先要将 P 之后的数据后移一个位置,并假定插入数据后不会产生下标越界问题。

3. 计算 5 ×5 矩阵两个对角线上元素之和。

程序如下:

```
  program xt08
    implicit none
    integer i,j
    real ::x(5,5), sum1 =0.0, sum2 =0.0
    write (*,*)"输入 5 ×5 矩阵:"
    read *, ((x(i,j),j =1,5), i =1,5)
    do i =1,5
      sum1 = (    [1]    )
    enddo
    do (    [2]    )
      (    [3]    )
      sum2 = sum2 + x(i,j)
    enddo
    write (*,"(5x,5f8.3)") ((x(i,j),j =1,5), i =1,5)
    write (*,"(5x,'两个对角线的和分别为:',2F10.3)")sum1,sum2
  end
```

4. 程序用于形成并输出以下矩阵:

$$\boldsymbol{A}=\begin{bmatrix}1 & & & & \\ & 1 & & \mathbf{0} & \\ & & 1 & & \\ & \mathbf{0} & & 1 & \\ & & & & 1\end{bmatrix} \qquad \boldsymbol{B}=\begin{bmatrix}1 & 2 & 3 & 4 & 5\\ 2 & 1 & 2 & 3 & 4\\ 3 & 2 & 1 & 2 & 3\\ 4 & 3 & 2 & 1 & 2\\ 5 & 4 & 3 & 2 & 1\end{bmatrix}$$

程序如下：

```
program xt09
  implicit none
  integer :: a (5,5),b (5,5),i,j
  do i =5
    do j =1,5
      a (i,j) =0
      b (i,j) =(  [   1   ]  )
    enddo
    (  [   2   ]  )
  enddo
  write ( * ,'(5x,5i6)') ((a(i,j),j =1,5),i =1,5)
  (  [   3   ]  )
end
```

四、说明下列语句执行时输入数据的顺序。

```
1. real a(3), k(3)
   read * , a,b,k
2. real b(2, 3)
   read * ,a
3. real b(3,2)
   read * , ((b(i,j),j =1,2), i =1,3)
4. real s(10), w(0: 3)
   read * , s(1:10:2),w
```

五、设数组说明为 integer a (5,5),说明数组元素 a(2,2)和 a (3,3)在内存中的序号。

六、编写程序

1. 对于 0 到 100 以内的若干个数的序列,求其中值最大的数和该数在序列中的位置,即序号。(假定序列长度不大于 50)

2. 某班有 30 个学生参加 3 门课的考试,学号由 1 到 30。求出每个学生的平均成绩,并按从大到小的顺序输出每个学生的平均成绩及学号。

3. 求费氏数列的前 10 项,并把每一项保存在一维数组中。费氏数列为 $f(0)=0, f(1)=1$。当 $n>1$ 时,$f(n)=f(n-1)+f(n-2)$。

4. 利用循环形成如下矩阵

$$\boldsymbol{A}=\begin{bmatrix}1 & 2 & 3 & 4 & 5\\6 & 7 & 8 & 9 & 10\\11 & 12 & 13 & 14 & 15\\16 & 17 & 18 & 19 & 20\\21 & 22 & 23 & 24 & 25\end{bmatrix}$$

然后求出矩阵靠边元素之和及不靠边元素之和。

5. 把两个按升序排列的数列合并成一个数列,合并后的数列仍按升序排列。

6. 定义一派生类型变量,该派生类型包括年、月、日三个成员,计算其中"日"数是本年的第几天(注意闰年)。

7. 设每个学生的数据包括学号、姓名及三门课程的成绩。输入 10 个学生的数据,求每个学生三门课的平均成绩,最后输出每个学生的学号、姓名和平均成绩。

8. 一通讯录中含 10 个人的姓名、地址、电话。把这个通讯录放在一个派生类型数组中,当从键盘输入某人姓名后,可在通讯录中检索该人的通信地址。若检索到,则输出该人的姓名、地址和电话;若检索不到,输出查无此人的信息。

第 5 章　FORTRAN 文件

本章介绍 FORTRAN 语言中文件的概念和用法。通过本章的学习，应达到如下目标：

• 了解文件的基本概念及其用途；

• 掌握 FORTRAN 95 语言中关于文件的各种语句的使用方法。

5.1　FORTRAN 文件概述

5.1.1　文件的基本概念

1. 文件

文件是一个逻辑上具有相关意义的信息集合。每个文件都要用一个名字作标识，称为“文件名”。文件名一般用字母、数字组成的字符串表示，根据需求，文件名前可以加上盘符和路径。一个源程序，一个目标程序，一批数据等都可以作为一个文件，这里所说的 FORTRAN 文件通常指数据文件。利用文件可以使数据长期保存在外存储器上，通过 FORTRAN 程序中专门的文件操作语句可以实现文件的建立与删除、打开与关闭、输入与输出（读写）等操作。

2. 文件的组成

一个文件由若干个记录组成。一个记录由一组相关联的数据项组成，这种文件称为有结构的文件。比如一个存储学生基本信息的“学生文件”中一个学生的学号、姓名、年龄、专业、入学时间等数据项就是一个记录，若干个这样的记录（如一个班、一个年级的学生情况信息）就组成一个“学生文件”。也有的文件被看做字节序列，不分记录。这种文件称为无结构的文件，如一个文本文件。

3. 文件的存取方式

文件的存取方式也称文件的输入输出方式或读写方式。FORTRAN 文件有两种存取方式，即顺序存取方式和直接存取方式。

(1)顺序存取方式

所谓顺序存取，指从第 1 个记录开始，将各记录按先后顺序逐个写入文件，读出时也必须从第 1 个记录开始按记录的先后顺序逐个读出，即要读或写第 i 个记录，必须先读或写前面的 $i-1$ 个记录。按顺序存取方式进行存取操作的文件也称顺序文件。在 FORTRAN 中，这种顺序文件又分为有格式文件和无格式文件。

1)有格式顺序文件　这种文件指文件中的各记录按某种格式顺序写入文件和依次按原格式从文件读出，各记录的长度可以不同。

2)无格式顺序文化　这种文件指文件中各记录写入与读出的都是按记录中各数据项在计算机内的二进制表示的形式，各记录的长度也可以不同。

“无格式”的文件实际是“二进制文件”，使用二进制文件存取速度快、节省存储空间且具有一定保密性，但不直观。有格式文件是“文本文件”，也就是以 ASCII 码形式保存文件中的数据，可以用各种文本编辑工具观看其内容，如利用 Windows 的“记事本”。在 Visual FORTRAN 中可以直接查看这两种文件。

（2）直接存取文件

直接存取是指通过指定记录号对文件中的记录进行读写操作，而不必按顺序依次存取各记录。可直接存取的文件也称直接文件。在 FORTRAN 中，这种直接文件也分有格式和无格式两种。

1）有格式直接文件　该文件所有记录具有相同的长度，记录可以按任意顺序读写。每个记录的长度在打开文件时指定。如果写入的数据未达到指定长度，则以空格补齐，以保证记录长度相等。

2）无格式直接文件　该文件内容是以二进制形式写入和读出的，除了写入数据未达到指定长度时要用全“0”补齐外，其他规定同有格式直接文件。

5.1.2　文件的基本操作

文件的基本操作包括文件的建立与删除、文件的打开与关闭、文件的输入输出（读和写）。在 FORTRAN 程序中，文件的建立与打开使用同一个语句，即 open 语句；文件的删除与关闭使用同一个语句，即 close 语句；文件的输入输出分别使用 read 和 write 语句。

1. OPEN 语句

使用文件首先要打开文件，即首先要使用 open 语句。

open 语句的一般形式：

open（[UNIT =]u，FILE = filename[，FORM = fm][，STATUS = sta][，ACCESS = acc][，RECL = rl][，ERR = label]）

该语句用于建立文件名与文件号之间的联系，即打开一个文件。在文件打开后的操作中，只需指定文件号，不再用文件名。该语句中各选项的作用如下。

①UNIT = u，u 表示被打开的文件号，可以是整型常数。

②FILE = filename，用于指定打开的文件名。

③FORM = fm，用于指定文件的格式，fm 可取‘FORMATTED’（有格式）或‘UNFORMATTED’（无格式）。当省略此项时，若打开的是顺序文件，则隐含为有格式的，若打开的是直接文件，则隐含为无格式的。

④STATUS = sta，此项用于说明打开的是一个新文件还是一个已经存在的旧文件，sta 可取‘OLD’或‘NEW’，分别表示已存在的旧文件和新建文件。

⑤ACCESS = acc，用于设置文件的存取方式。Acc 可取‘SEQUENTIAL’，表示打开的是以顺序方式进行读写的文件，也就是打开顺序文件；还可取‘DIRECT’，表示打开直接读写的文件。缺省值为 SEQUENTIAL。

⑥RECL = rl，用于指定记录长度，当打开的是顺序文件时，以字节为单位，可以省略指定记录的最大长度；当打开的是直接文件时，此项不能省略。

⑦ERR = label，label 为语句标号，此项用于设置当打开文件的过程中发生错误时，去执行 label 所指的语句。

open 语句中的各项内容,除了文件号 u 和 FILE = filename 之外,各项都是任选项,且各项的顺序是任意的。另外注意,open 语句可以打开已存在的旧文件或创建一个新文件,但要对文件进行读取操作时,一定要打开已存在的旧的文件。

例如:

open (2, file = 'exu', real = 80, statue = 'new', access = 'direct', form = 'formated')

该语句的作用是:打开一个名为'exu'的新文件:文件号为 2;文件中每个记录长度为 80 个字节;采用直接存取方式;文件内容是有格式的。

open(8, file = 'fx', statue = 'old', form = 'unformat, access = 'direct', real = 10')

该语句的作用是:打开一个名为 fx 的旧文件;文件号为 8;文件中的记录是无格式的;文件是直接存取文件,记录长度为 10 个字节。

open(9, file = 'F3', status = 'old')

该语句的作用是:打开一个文件名为 F3 的旧文年,并与文件号 9 关联。其他项省略,按 FORTRAN 规定,省略存取方式,表示为顺序文件,且文件中的记录是有格式的。

2. CLOSE 语句

close 称为关闭文件语句,文件使用后应使用该语句关闭文件,该语句的一般形式为:

close([unit =]u [,iostat = ios] [,err = label][,status = sta])

其中 status 选项与 open 语句有所区别,其他各项的作用与 open 相同。sta 可取 keep,当文件关闭后保留这个文件,这是缺省值;还可以取 delete,文件关闭后删除这个文件。

例如:

close(2)

表示关闭 2 号文件,关闭后文件仍保留。

close(3, err = 30, status = 'delete')

该语句的作用是关闭 3 号文件,关闭后删除该文件,如关闭过程中出现错误,转去执行 30 号语句。

3. 文件的输入输出语句

文件的输入输出也就是对文件进行读、写操作。文件的输入输出使用 read 和 write 语句。由于这两个语句中的各选项类似,所以放在一起给出它们的一般形式:

read/write([UNIT =]u [, FMT = format][, REC = rm] [, END = label])ilist/olist

这两个语句的功能分别是从指定文件读取一批数据赋给输入表 ilist 中的各元素或将输出表 olist 指定的一批数据写入文件。其中各项的含义如下。

①UNIT = u,用于指定文件号,"UNIT ="可省略,当对磁盘文件读写操作时,该文件号必须是经 open 语句指定的。u 的使用规则同 open 语句。

②FMT = format,用于格式说明,format 为格式说明符组成的格式说明,当其为'*'号时为表控格式,注意表控格式不是无格式。

③REC = rn,其中 rn 为记录号,可以是一个整数或可求值的整表达式。该项只用于直接文件的读写操作。

④END = label,用于当读写到文件末尾时转去执行标号为 label 的语句去执行,label 是本

程序段中某个语句的标号。

⑤ilist/olist 为输入输出表，其规定与前面各章节使用的 read 或 write 语句中的输入输出表相同。

下面是一些 read 和 write 语句用于文件读、写操作的例子：

```
write (7, '(4F5.2)',rec =2) a,b,c,d
read (7, '(4F5.2)',rec =2) x,y,e,w
```

第一个 write 语句的作用是，将 a、b、c、d 的值以 F5.2 的格式写入 7 号文件，作为文件的第 2 个记录，而 read 语句再把此记录读出，将 4 个数据分别赋值给变量 x、y、e、w。

```
read (20 ,end =100, err =30) a
```

这是一个无格式的输入语句，表示从 20 号文件以二进制形式读一个数据赋值给 a，遇到文件尾时执行 100 号语句，执行过程中出错转去执行 30 号语句。

```
write (8) a,b,c
write (18, rec =3, err =100) x, y , z
```

这是两个无格式的输出语句。第一个语句以二进制形式将 a、b、c 的值写入一个顺序文件；第二个语句以二进制形式将 x、y、z 的值写入 18 号直接文件的第 3 号记录，执行出错时转 100 号语句。

```
write (10, "(a20)") "Good morning."
write ( * , "(a20)") "Good morning."
```

第一个语句将一个字符串写到 10 号文件中，而第二个语句是将一个字符串显示在屏幕上，此语句在文件号的位置上使用一个“ * ”号。实际上像键盘、显示器这样的输入输出设备可看成是一种特殊文件，用“ * ”号作为这种设备的文件号，在 read 语句中使用“ * ”号表示从键盘输入数据，在 WRITE 语句中使用“ * ”号就表示显示器。这样在 FORTRAN 程序中的输入输出操作都可归结为文件的输入输出操作。

5.2 其他关于文件的语句

5.2.1 BACKSPACE、ENDFILE、REWIND 语句

1. BACKSPACE 语句

该语句称回退语句，一般形式为：

backspace([UNIT =]u [, ERR = label] [, IOSTAT = ios])

该语句的功能是将文件从当前的读写位置回退一个记录，其中各项的含义同 open 语句。

2. ENDFILE 语句

该语句称文件结束语句，一般形式为：

endfile = ([UNIT =]u[,IOSTAT = ios][,ERR = label])

该语句各项的含义同 open 语句。其功能是：给文件 u 写上一个文件结束记录，表示文件结束，并将文件记录的读写位置定位在这个记录的后面。仅用于顺序存取文件。

3. REWIND 语句

该语句称反绕语句,一般形式为:

rewind([unit =]u [,iostat =ios][,err =label])

其中各项含义同前。该语句的作用是将文件记录的读写位置定位在文件的起点。如果执行该语句前文件记录已定位在起点,则执行该语句不起作用。该语句对空文件不起作用,且该语句用于顺序文件。

5.2.2 INQUIRE 语句

该语句称查询语句,用于查询文件当前的情况。

下面用一个例子说明 inquire 语句的使用:

```
filename ="ex411.f95"
inquire (file =filename, exist =alive)
```

该语句查询 filename 中的文件 ex411.f95 是否存在,若存在,则置 alive 的值为.TRUE.,否则置为.FALSE.。此语句可直接将文件名写在语句中,即

```
inquire (file ="ex411.f95", exist =alive)
```

5.3 程序举例

例 5.1 从键盘输入若干数据,并以有格式的顺序方式存入一个文件,假设文件名为 test_write.dat。

程序如下:

```
program ex501
    implicit none

    integer i,n,m
    real     a, b
    open (5, file ='test_write.dat' , form ='formatted',&
              status ='new',access ='sequential')
    do i =1, 3
        read( * , * ) n,m,a,b
        write(5,"(i3,i5,f5.2,f5.2)") n,m,a,b
    enddo
    endfile(5)
    close (5)
    print * , "End of Program!"
    stop
end program
```

程序中每次读入 4 个数据,共输入 12 个数据,4 个数据为一个记录写入文件中。因为是

有格式的,所以可以使用文本编辑器查看。

例 5.2　将例 5.1 写入到文件中的数据读出并显示。

程序如下:

```
program ex502
    implicit none

    integer i,n,m
    real     a, b
    character(len=30) fmt

    fmt="(i3,i5,f5.2,f5.2)"
    open (6, file='test_write.dat' , form = 'formatted',&
              status='old', access ='sequential')
    do
        read(6, fmt, end=10)  n,m,a,b
        write( * , "(i3,3x,i5,3x,f5.2,3x,f5.2)" ) n,m,a,b
    enddo
10 print * , "End of Program!"
    close (6)
    stop
end program
```

需要强调的是,以上两例访问方式、存取格式必须一致。

例 5.3　将例 5.1 的访问改为直接方式,其他都相同。

程序如下:

```
program ex503
    implicit none

    integer i,n,m
    real     a, b
    open (5, file='test_write.dat',form='formatted',&
              status='new', access='direct',recl=28)
    do i = 1, 3
        read( * , * ) n,m,a,b
        write(5, "(i3,2x,i5,2x,f5.2,2x,f5.2, 4x)",rec=i) n,m,a,b
    enddo
    close (5)
    stop
```

```
end program
```

例 5.4 将例 5.3 写入的数据读出并显示。

```
program ex503
    implicit none
    integer i,n,m
    real     a, b

    open (6, file ='test _ write. dat',form ='formatted',&
             status ='old',access  ='direct',recl =28)
    i =1
    do
        read(6,"(i3,2x,i5,2x,f5.2,2x,f5.2, 4x)" , rec = i, err = 10) n,m,a,b
        write( * , "(i3,2x,i5,2x,f5.2,2x,f5.2, 4x)") n,m,a,b
        i =i +1
    enddo
10 print * , "End of Program!"
    close(6)
    stop
end program
```

例 5.5 编写从文件中查找给定数的程序。

假设 D1. DAT 为有格式顺序文件,其中存放着从小到大有序的 20 个整数。从键盘输入一整数 N。从文件的 20 个数中查找该数,找到后将其删除。删除后仍保持余下的数有序,并将余下的这些数存放到另一个有格式直接文件 D2. DAT 中,然后显示"YES"。若查不到该数,则输出"NO"。

程序如下:

```
program ex505
    implicit none
    integer i,n,m,k

    open (1, file =' D1. DAT' , status ='old')
    open (2, file =' D2. DAT' , status ='new', form ='FORMATTED',&
             access ='DIRECT', recl =120)
    k =0
    read ( * , '(i6)') n
    do i =1,20
        read (1, '(i6)') m
        if (m ==n) then
```

```
            print * , 'YES'
        else
            k = k + 1
            write (2, '(i6)', rec = k) m
        endif
    enddo
    if (k - 20  == 0) print * , 'NO'
    close (1)
    close (2)
    stop
end program
```

如果假定文件 D1. DAT 中的数为 1 ~ 20,每个数为一个记录,当程序执行时,若输入整数 3,则 D2. DAT 中的内容为 1、2、4、5、……、20,仍是每个数一个记录,但 3 被删除了。

例 5.6　建立 100 名学生的考试成绩文件。文件中每个学生的成绩信息为一个记录,包括学号、五门课程的各科成绩、总分和平均分。学号为 5 位整数,其余数据均为 5 位的实型数,这样一个学生记录长度为 40 个字节(以有格式形式存储)。将已建立的文件中总分大于 450 分的学生的成绩写入另一个文件中,最后输出最高总分和相应的学生记录。

程序如下:

```
program ex506
    implicit none
    integer i,j,k,n,imax
    real v , sum, amax, s(100), x(5)

    open (10, file = 'f1. dat', status = 'new',&
                access = 'DIRECT', form = 'FORMATTED', recl = 40)
    open (20, file = 'f2. dat',   status = 'new',&
                access = 'DIRECT', form = 'FORMATTED', recl = 40)
    do i = 1,100
        read ( * , '(i5, 5f5. 1)') n,x
        sum = 0. 0
            do j = 1,5
                sum = sum + x (j)
            enddo
        v = sum/5
        write (10,'(i5,7f5. 1)', rec = i) n, x, sum, v
    enddo

```

```
    k = 0
    do i = 1, 100
        read (10, '(i5,7f5.1)',rec = i) n, x ,sum, v
        if (sum > 450) then
            k = k + 1
            s(k) = sum
            write( *, '(i5,4x,7f10.1)') n, x , sum, v
            write(20,'(i5,7f5.1)', rec = k)n, x , sum , v
        endif
    enddo

    amax = 0
    do i = 1, k
        if (s(i) > amax) then
            amax = s(i)
            imax = i
        endif
    enddo
    read(20, '(i5,7f5.1)', rec = imax) n, x , sum ,v
    write( *, "('amax =', f5.1)") amax
    write( *,'(i5, 4x, 7f10.1)') n , x, sum, v
    close(10,status = 'KEEP')
    close(20, status = 'KEEP')
    stop
end program
```

程序中的主要变量和数组的含义如下：

n 表示学号，整型变量；

sum 表示学生 5 门课的总分，实型变量；

v 表示 5 门课的平均分，实型变量；

amax 表示最高总分，实型变量；

imax 表示最高总分的学生记录号，整型变量；

k 表示总分大于 450 分的学生记录号；

x 表示 5 门课的各门分数，一维数组；

s 表示总分大于 450 分的学生的总分，一维数组。

5.4 有关文件语句的细节

1. OPEN 语句

使用文件首先要打开文件,即首先要使用 OPEN 语句。

open 语句的一般形式:

open([UNIT =]u,FILE = filename[,FORM = fm][,STATUS = sta][,ACCESS = acc][,RECL = rl][,ERR = label][,IOSTAT = ios][,BLANK = blank][,PCSITION = pos][,ACTION = rw][,PAD = yn][,DELIM = aqn])

该语句用于建立文件名与文件号之间的联系,即打开一个文件。文件打开后,在之后对文件操作时,只需指定文件号,不再用文件名。该语句中各选项的作用如下:

①UNIT = u,u 表示被打开的文件号,可以是整型常数,如果为整型变量,必须先对其赋值,'UNIT ='可以省略。

②FILE = filename,用于指定打开的文件名,filename 是一个字符表达式。在 windows 或 DOS 环境下常要指明盘符、路径和文件名与扩展名。

③FORM = fm,用于指定文件的格式,fm 可取'FORMATTED'(打开有格式文件)或'UNFORMATTED'(打开无格式文件)。当省略此项时,若打开的是顺序文件,则隐含为有格式的,若打开的是直接文件,则隐含为无格式的。

④STATUS = sta,此项用于说明打开的是一个新文件还是一个已经存在的旧文件,sta 可取'OLD'或'NEW',分别表示已存在的旧文件和新建文件;还可以取'REPLACE',表示文件存在时,再重建一次,原文件中内容清除,当文件不存在时,建立一个新文件;还可以取'SCRATCH',此时不需在 open 语句中使用'FILE'项,它表示建一个临时文件,程序结束后自动删除;此项还可以取'UNKNOWN',这也是缺省值,其含义由编译程序确定,一般相当于 REPLACE 的作用。

⑤ACCESS = acc,用于设置文件的存取方式。acc 可取'SEQUENTIAL',表示打开的是以顺序方式进行读写的文件,也就是打开顺序文件;还可取'DIRECT',表示打开直接读写的文件。缺省值为 SEQUENTIAL。

⑥RECL = rl,用于指定记录长度,当打开的是顺序文件时,以字节为单位,可以省略指定记录的最大长度;当打开的是直接文件时,此项不能省略,指定记录长度时,单位与编译器有关,如 Visual Fortran 中为数值 1 时,表示一个整数所占字节个数。Rl 可以是常量或变量(必须先赋值)。

⑦ERR = label,label 为语句标号,此项用于设置当打开文件的过程中发生错误时去执行 label 所指的语句。

⑧IOSTAT = ios,ios 为一个整型变量,此项将 open 语句执行的状态记入 ios,若 open 语句执行正确,则 ios = 0,若执行有错,ios > 0。

⑨BLANK = blank,blank 可取'NULL'或'ZERO'。当取 NULL 时,文件中各字段中的空格表示"空",即没有任何内容,若取 ZERO 时,表示文件中各字段中的空格按零处理。

⑩POSITION = pos,用于设置文件打开后的读写位置。pos 若取'ASIS',表示读写位置在

文件开头,这是缺省值;pos 若取"REWIND",表示把打开文件的读写位置移到文件开头;pos 若取'APPEND',表示将文件读写位置移到文件尾。

⑪ACTION = rw,用于设置文件的读写权限。rw 可取'READ',表示对打开的文件只能进行读操作;rw 可取'WRITE',表示对打开的文件只能进行写操作;rw 可取'READWRITE',表示对打开的文件可以进行读取和写入,这是缺省值。

⑫PAD = yn,yn 可取'YES',表示对打开的文件进行有格式读取时,一个记录前面无内容的字段用空格填充,这是缺省值;yn 取'NO'时,无内容字段不用空格填充。该项只对有格式文件使用。

⑬DELIM = aqn,aqn 可取'NONE',表示只输出字符串中字符;aqn 可取'QUOTE',表示输出的字符串用双撇号括起;aqn 可取'APOSTROPHE',表示输出的字符串用单撇号括起。

open 语句中的各项内容,除了文件号 u 外其余各项都是任选项,且各项的顺序是任意的。另外注意,open 语句可以打开已存在的旧文件或创建一个新文件,但要对文件进行读取操作时,一定要打开已存在的旧文件。

例如:

open (2, file = 'exu', real = 80, statue = 'new', access = 'direct', form = 'formated')

该语句的作用是:打开一个名为'exu'的新文件:文件号为 2;文件中每个记录长度为 80 个字节;采用直接存取方式;文件内容是有格式的。

open(8, file = 'fx', statue = 'old', form = 'unformat, access = 'direct', real = 10')

该语句的作用是:打开一个名为 fx 的旧文件;文件号为 8;文件中的记录是无格式的;文件是直接存取文件,记录长度为 8 个字节。

open(9, file = 'F3', status = 'old')

该语句的作用是:打开一个文件名为 F3 的旧文年,并与文件号 9 关联。其他项省略,按 FORTRAN 规定,省略存取方式,表示为顺序文件,且文件中的记录是有格式的。

2. CLOSE 语句

close 称关闭文件语句,文件使用后应使用该语句关闭文件,该语句的一般形式是:

close([UNIT =] u [, IOSTAT = ios] [, ERR = label] [, STATUS = sta])

3. 文件的输入输出语句

文件的输入输出也就是对文件进行读、写操作。文件的输入输出使用 READ 和 WRITE 语句。由于这两个语句中的各选项类似,所以放在一起给出它们的一般形式:

read/write([UNIT =] u [, FMT = format] [, NML = namelist] [, REC = rn] [, IOSTAT = ios] [, ERR = label] [, END = label] [, ADVANCE = adv] [, SIZE = count]) ilist/olist

这两个语句的功能分别是从指定文件读取一批数据赋给输入表 ilist 中的各元素或将输出表 olist 指定的一批数据写入文件。其中各项的含义如下:

①UNIT = u,用于指定文件号,"UNIT ="可省略,当对磁盘文件读写操作时,该文件号必须是经 open 语句指定的。u 的使用规则同 open 语句。

②FMT = format,用于格式说明,format 为格式说明符组成的格式说明,当其为'*'号时为

表控格式,注意表控格式不是无格式。

③NML = namelist,用于一种特殊的说明方法,使用此项时必须先用 NAMELIST 语句给被输入或输出的一组变量起一个名字,然后把这个名字写在 NML 项中,这里的 namelist 就是这组变量的名字,用它代替输入输出语句中的输入表 ilist 或输出表 olist。后面将举例说明。

④REC = rn,其中 rn 为记录号,可以是一个整数或可求值的整表达式。该项只用于直接文件的读写操作。

⑤END = label,用于当读写到文件末尾时转去执行标号为 label 的语句去执行,label 是本程序段中某个语句的标号。

⑥IOSTAT = ios,ios 是一个整型变量或数组元素,用于记录输入输出语句的执行状态。当读写操作出错时,ios 中是大于 0 的整数;当读写操作正常结束时,ios 的值等于 0;当读写操作遇到文件尾时,ios 的值为一个负整数。

⑦ERR = label,当读写过程中发生错误时,转去执行标号为 label 的语句。

⑧ADVANCE = adv,仅用于有格式的顺序文件。adv 可取'YSE',表示每执行一次读写语句后,自动换到下一行;adv 还可以取'NO',每次执行完读写语句后不自动进行换行。使用此项一定要采用"格式说明"说明输入输出格式。

⑨SIZE = count,当 ADVANCE = 'NO'时才使用此项。count 是一个整型变量,使用此项时,将一次输入输出的数据量以字节为单位存入 count 中。

⑩ilist/olist 为输入输出表,其规定同前面各章节使用的 READ 或 WRITE 语句中的输入输出表。

4. BACKSPCE 语句

该语句称回退语句,其一般形式为:

backspace([UNIT =]u [, ERR = label] [, IOSTAT = ios])

语句的功能是:将文件从当前的读写位置回退一个记录,其中各项的含义同 open 语句。

几点说明:

①若文件记录的当前位置已经是第一个记录,则执行该语句后位置不变;

②每个文件末尾都有一个结束文件记录,若执行此语句之前文件读写位置在这个结束文件记录之后,则执行此语句后,文件读写的位置在这个结束文件记录之前;

③若打开的是空文件,不允许使用该语句。

5. ENDFILE 语句

该语句称文件结束语句,其一般形式为:

endfile = ([UNIT =]u[,IOSTAT = ios][,ERR = label])

该语句各项的含义同 open 语句,其功能是:给文件 u 写上一个文件结束记录,表示文件结束,并将文件记录的读写位置定位在这个记录的后面。

几点说明:

①ENDFILE 用于顺序存取文件;

②对打开的顺序文件,执行该语句后,在对文件输入前必须执行一个 BACKSPACE 语句或 REWIND 语句。

6. REWIND 语句

该语句称反绕语句,其一般形式为:

rewind([UNIT =]u [,IOSTAT =ios][,ERR =label])

其中各项含义同前,该语句的作用是将文件记录的读写位置定位在文件的起点。如果执行该语句前文件记录已定位在起点。则执行该语句不起作用。该语句对空文件不起作用,且该语句用于顺序文件。

7. INQUIRE 语句

该语句称查询语句,用于查询文件当前的情况,其一般形式为:

inquire([UNIT =]u,FILE = filename[,IOSTAT = ios][,ERR = label][,EXIST = ex][,OPEND = op][,NUMBER = num][,NAMED = mnd][,ACCESS = acc][,SEQUENTIAL = seq][,DIRECT = dir][,FORM = fm][,FORMATTED = fmt][,UNFORMATTED = unf][,RECL = rel][,NEXTREC = nr][,BLANK = blank][,POSITION = pos][,ACTION = act][,READ = re][,WRITE = wr][,READWRITE = rw][,DELIM = de][,PAD = yn])

其中各项的含义如下:

①UNIT = u 和 FILE = filename,表示查询文件号 u 指定的文件,还是查询文件名 filename 指定的文件。u 和 filename 的规定同 open 语句,当按文件号查询时,“UNIT =”可以省略。,这两项只能用其中一项。

②IOSTAT = ios,表示查询文件读写情况,查询结果放入 ios,ios 规定同 open 语句。ios >0,表示读写操作有错,ios =0 表示读写正常,ios <0 表示到文件尾。

③ERR = label,含义同 open 语句。

④EXIST = ex,用于检查文件是否存在。若文件存在,则置 ex 值为“真”;文件不存在时,置 ex 值为“假”。ex 可以是逻辑型变量或数组元素。

⑤OPENED = op,用于检查文件是否打开,若文件已打开,置 op 为“真”,否则置 op 为“假”。op 可以是逻辑型变量或数组元素。

⑥NUMBER = num,num 为整型变量或数组元素。当用文件名查询时,将该文件名对应的文件号放入 num。

⑦NAME = nmd,nmd 为逻辑型变量或数组元素。该项用于检查文件号对应的文件是否命名,有文件名时置 nmd 为“真”,否则为假,说明文件是临时文件,无文件名。

⑧ACCESS = acc,用于检查文件的读写方式。acc 为字符型变量或数组元素,其值可以是 DIRECT、SEQUENTIAL 或 UNDEFINED(表示无定义的读写方式)。

⑨SEQUENTIAL = seq,检查文件是否为顺序文件。seq 为字符型变量或数组元素,其值可以是 YES、NO 或 UNKNOWN(表示不知道)。

⑩DIRECT = dir。查看文件是否是直接文件。dir 含义同 seq。

⑪FORM = fm,检查文件是否为有格式输入输出。fm 为字符型变量或数组元素,fm 的值可以为 FORMATTED(打开的是有格式文件)、UNFORAMTTED(打开的是无格式文件)、UNDEFINED(没有定义)。

⑫FORMATTED = fmt，检查文件是否为有格式文件。fmt 可以是字符型变量或数组元素，其值为 YES、NO 或 UNKNOWN（表示无法判定）。

⑬UNFORMATTED = fmt，检查文件是否为无格式文件。Fmt 含义同 FORMATTED 选项。

⑭RECL = rel，rel 为整型变量或数组元素，其值取 open 语句中 RECL 项的值，即记录长度。

⑮NEXTREC = nr，nr 为整型变量或数组元素，用于求当前记录的下一个记录号。此项仅用于直接文件。

⑯BLANK = blank，blank 为字符型变量或数组元素，其值是 open 语句中的 BLANK 选项所设置的值，即 NULL 或 ZERO。

⑰POSITION = pos，pos 为字符型变量或数组元素，其值为 open 语句中该项的取值。

⑱ACTTON = act，act 为字符型变量或数组元素，其值是 open 语句中的 ACTTON 选项的取值。

⑲READ = re，用于检查文件是否为只读文件。re 为字符型变量或数组元素，其值为 YES、NO 或 UNKNOWN（无法判定）。

⑳WRITE = wr，用于检查文件是否可以写入。wr 的含义与取值同 READ 选项。

㉑READWRITE = rw，用于检查文件是否可以同时读写。rw 含义与取值同上面 wr。

㉒DELIM = de，de 为字符型变量或数组元素。此项用于检查 open 语句中的相应项，de 的值为 open 语句中的 DELIM 项的取值。

㉓PAD = yn，yn 为字符型变量或数组元素。此项用于检查 open 语句中的相应项，yn 的值为 open 语句中 PAD 项所设置的值，即 YES 或 NO。

习　题

一、单项选择题

1. 以下文件概念中不正确的是______。

A. 每个文件都有一个文件名　　B. 文件都是由记录组成的

C. 记录由若干个数据项组成　　D. 文件名前可有盘符和路径

2. 以下有关文件存取方式的说明中不正确的是______。

A. FORTRAN 文件有顺序和直接存取方式　　B. 有格式顺序文件各记录长度可以不相等

C. 有格式直接文件各记录长度相等　　D. 无格式文件的各记录长度都相等

3. 以下正确的 open 语句是______。

A. open (unit =8, file ='ex', access ='direct')

B. open (8,status ='new', access ='direct', recl =10)

C. open (8, file ='F3', status =new)

D. open (10, file =file1, access =direct, recl ='100')

4. 以下文件输入语句中不正确的是______。

A. read (10, '(4F5.2)') a, b , c, d

B. read (20, end =50, err =80) x

C. read (1, '(4F5.2) ', rec =2) s1, s2, s3, s4

D. read (2, advance = 'no', err = 100) y

5. 以下文件输出语句中不正确的是______。

A. write (10) a , b , c

B. write (20, "(A20)") "student"

C. write (30, rec = 3, err = 50) x, y

D. write (6, 2f5.2) y1 ,y2

6. 以下关于内部文件的说法中错误的是______。

A. 内部文件名是一个符号名

B. 内部文件仅用于 FORTRAN 内部

C. 内部文件也是由记录组成的

D. 内部文件记录定义后才可以读取操作

二、写出以下程序的运行结果

1.
```
program xt01
    implicit none
    character (len =4) a , c , b (2)
    integer i,m,n
    a = 'ab45'
    b (1) = '1234'
    b (2) = '4567'
    read (a (1:2),"(a2)") c
    read (a(3:),"(i2)")i
    read (b,"(i4/i4)") m , n
    write ( * , "(i2,2i5,2x,a2)")i,m,n,c
end
```

2.
```
program xt02
    implicit none
    character (10) :: a = 'abcde12345'
    integer j
    read (a(6:),"(i5)") j
    write (a(1:5),"(i5)") j
    write ( * , "(a10)")a
end
```

3.
```
program xt03
    implicit none
    integer i,l,k,m
    open (8,file = 'abc', status = 'new')
    write (8) i
    enddo
    do k =1,5
    backspace 8
    enddo
```

```
    do l = 1,5
    read (8) m
    write ( * , * ) m
    enddo
    close (8, status = 'delete')
  end
4. program xt04
    implicit none
    integer :: i = 555, j  = 666, k = 777
    integer i0,j0,k0,i1,k1,ios
    open (7,file = 'bcd',status = 'new',access = 'sequential')
    write (7,"(3i5)") i,j,k
    rewind (7,iostat = ios)
    read (7,"(3i5)")i0,j0,k0
    write ( * , * )i0,j0,k0
    rewind (7,iostat = ios, err = 30)
    read (7,"(3i5)")i1,j1,k1
    write ( * , * ) i1,j1,k1
    close (7,status = 'delete')
30  print * , 'ios = ', ios
  end
```

三、思考题

1. 什么是文件？什么是记录？

2. 什么是顺序文件和直接文件,各有什么特点？

3. 什么是有格式文件？什么是无格式文件？

4. 以下叙述中哪些是正确的？

(1)FORTRAN 文件必须先打开再读写

(2)FORTRAN 文件使用完毕必须关闭

(3)一个文件号在同一程序中可同时与多个文件关联

(4)文件结束记录是文件的一部分

(5)rewind 语句主要用于顺序文件

(6)无格式文件全部由无格式记录组成

(7)有格式文件全部由有格式记录组成

(8)有格式文件就是 ASCII 码文件,而无格式文件就是二进制文件

(9)直接文件中的记录号应按自然数顺序指定

(10)顺序文件可以按给定的记录号存取

(11)文件最大的记录号是文件结束记录的编号

(12)有格式文件只能按顺序文件的形式存取

(13)无格式文件只适用于直接存取

(14)backspace 语句只用于顺序文件

(15)无格式文件的读写是按表控格式读写

四、程序填空

1. 从键盘输入 50 个数,每 6 个数为一个记录写入 DD. DAT 文件。6 个数中的前 5 个数是从键盘输入的,第 6 个数是前 5 个数之和。然后再从该文件中读出这批数,并按 6 个数一行的格式显示在屏幕上。

程序如下:

```
program xt05
  implicit none
  real a (6)
  integer i,j
  open (10, file =[    1    ],status =[    2    ], access ='SEQUENTIAL', form =&
  'FORMATTED')
  do i =1,10
    a (6) =0
    do j =1,5
      read ( *, '(f8.2)')a(j)
      [    3    ]
    enddo
    wirte (10, '(6f8.2)') (a(j), j =1,6)
  enddo
  endfile (10)
  [    4    ]
  do i =1,10
    read (10, '(6f8.2)') [    5    ]
    write ( *, '(6f10.2)') (a(j), j =1,6)
  enddo
  [    6    ]
end
```

2. 以下程序的功能是从一个顺序文件 DATA1. DAT 中读取数据,然后写入另一个直接文件 DATA2. DAT 中。具体操作过程为:每次从顺序文件中读取两个数,如果其中第一个数大于零,则把第二个数写入直接文件,否则不写入。直接文件中的各数据依次从第二个记录开始存放,而第一个记录用于存放写入文件的数据个数。

程序如下:

```
  program xt06
```

```
    implicit none
    integer k2
    real a, b
    open (1,file = 'DATA1. DAT')
    open (2, file = 'DATA2. DAT',access = 'DIRECT',&
    form = 'FORMATTED',recl = 10,status = 'new')
    k2 =2
10 read (1, '(2f8.3)', end = ___[1]___) a,b
    if (a >0.0) then
       write (2, '(2f8.3)', rec = ___[2]___ ) b
    ___[3]___
    endif
    goto 10
20 close (1)
    write (2, '(i6)', rec =1) ___[4]___
    close (2)
end
```

五、按要求编写程序

1. 建立一个学生通讯录文件,每个学生信息为一个记录,包括学号(5 位整数)、姓名(8 个字符长度)、性别(2 个字符长度)、电话号码(7 位整数)。数据由键盘输入,采用直接文件形式。文件建立后再读出各记录显示在屏幕上。

2. 有一个顺序格式文件,其中包含 1000 个数据记录,每个记录存放一个正整数。将文件中的奇数和偶数找出来,分别写入两个有格式顺序文件。

3. 将两个有格式顺序文件合并成一个从小到大排列的有格式顺序文件。假定两个文件中的数据格式为 f8.2,各有 100 个记录,按直接方式访问。

第 6 章　FORTRAN 过程程序设计

本章介绍 FORTRAN 95 语言中过程的程序设计方法。通过本章的学习,应达到如下目标:

• 了解 FORTRAN 过程的基本概念;

• 掌握 FORTRAN 的外部过程(函数子程序、子例行子程序)和内部过程的定义和调用方法;

• 理解公用语句与等价语句的形式与作用;

• 了解数据块子程序的形式及作用。

6.1　FORTRAN 过程概述

所谓过程,是指一些由系统提供或用户自己编写的程序块。

在解决实际问题时,为了降低问题的复杂程度,常常把一个大问题分解为若干个小问题,然后再把这些小问题分解为更小的问题,这样重复下去,直到各个小问题都能解决为止。这样,原来的问题就可以解决了。在程序设计中,也往往遵循这样的思想,将程序的功能逐步分解成若干个子功能,每个子功能还可以再分解为更小的若干个子功能,直到每个子功能都可以较简单地实现。也就是说,采用"自顶向下、逐步求精"的方法,将一个大型程序的设计任务分解成若干个较小的子任务。这就是模块化程序设计方法,它是构成大型复杂软件的一种重要方法,是结构化程序设计的主要手段。FORTRAN 语言中的"过程"就是实现这一方法的重要工具。

在 FORTRAN 95 语言中,按照定义的形式,包括以下过程。

1. 内部过程

内部过程是在程序单元内部定义而且只能被该程序单元调用的过程。内部过程也称为标准过程。

2. 外部过程

外部过程是在某个外部程序单元中定义的独立过程,或是用非 FORTRAN 语言编写的过程。FORTRAN 的外部过程包括函数子程序和子例行子程序。

3. 模块过程

模块过程是在模块中定义,可以被所有使用该模块的程序调用的过程。包含过程的模块称为宿主。

4. 内在过程

内在过程是由编译系统内部定义,不用任何附加声明或说明就可以直接引用的过程。

5. 哑过程

如果一个哑元(形式参数)被指明为过程或作为过程名出现在过程引用中,那么该哑元代表的过程为一个哑过程。

6. 语句函数

语句函数是由单个语句定义的函数。FORTRAN 95 不推荐使用,因为它不符合过程的一般规则。建议使用内部过程替代它。

下面通过一个例子简要介绍语句函数的用法。

例 6.1 利用梯形法计算定积分 $\int_0^1 \frac{1}{1+x}dx$ 的值。

```
! 语句函数举例
! 语句函数定义的形式为:
! 语句函数名([哑元名表]) = 表达式
! 语句函数定义语句,必须出现在其他说明语句之后,第一个可执行语句之前
program  ex601
    implicit  none
    real::a = 0.0, b = 1.0, s = 0.0, h, f, x
    integer::n, i
    f(x) = 1.0/(1 + x)      ! 语句函数 f 的定义语句

    write(*, "('输入等分区间的个数 n:')", advance = 'no')
    read *, n
    h = (b - a)/n
    do i = 1, n - 1
        s = s + f(a + i * h)   ! 调用语句函数 f 的语句
    end do
    s = h * (f(a) + f(b) + 2.0 * s)/2.0     ! 调用语句函数 f
    write(*, "('定积分的值为: ', f10.6)") s
    stop
end
```

程序执行示例:

```
输入等分区间的个数 n:100
定积分的值为:  0.6931533
```

前面所举的程序例子大多只有一个主程序块。实际上,FORTRAN 程序通常是由多个程序块组成的。各程序块之间是相互独立的,即各程序块中的变量名、数组名、语句函数和语句标号只在本块中有效。因此,企图直接引用其他程序块中的变量、数组、数组元素、语句函数和语句标号都是不允许的。

本章重点介绍外部过程(函数子程序和子例行子程序)以及与过程相关的一些语句。

关于内在过程请参阅第 1 章有关内容和附录 C。

6.2 外部函数子程序

由 FORTRAN 语言提供的内在过程,虽然在任何程序单元中都可以随意调用,但是仅仅限于内在过程远远不能满足许多应用的需要。因此,任何一种程序设计语言都提供某种方法,使用户能够根据实际问题的要求,自行编写相应的函数或子程序来扩充程序的处理能力。

如果被计算的任务既不是内在函数,也不能用一个表达式表示,或者虽然能用一个表达式表示,但有多个程序块都要使用它,在这些情况下,可以用一个外部函数子程序定义它。

6.2.1 外部函数子程序的定义

外部函数子程序又分为普通、递归和并行三种。此处仅讨论普通的外部函数子程序。

普通的外部函数子程序形式之一:

```
[类型名] function   函数名([d1,d2,...,dn])
            ⋮   !(函数体)
            函数名 = 表达式
            ⋮
            return
            ⋮
        end [function [函数名]]
```

其中各成分说明如下。

①function 是表示一个函数子程序开始的关键字。称其所在的这一行为 function 语句。

②类型名表示该函数过程返回值的类型,如果未给出类型名,则按隐含规则确定返回值的类型,或者是函数体中用类型说明语句显式说明函数名的类型。如果函数名表示一个数组,则必须在函数体中显式说明。

③函数名的命名规则与一般的变量相同。在函数体中,函数名作为变量名使用,而且至少要对其赋值一次,最后作为被调用的结果传送到调用程序;外部函数子程序名是一个全局性名字,因此它在整个程序中必须唯一,不能与任何其他符号名相同。

④$d_1, d_2, \cdots, d_n$称为哑元表(dummy argument list),d_i称为哑元。函数子程序中的哑元 d_i可以是变量名、数组名、哑过程名或星号(*)。哑元之间用逗号分开。除了"*"外,各哑元的类型可以按隐含规则确定,也可在函数体内用类型说明语句说明它们各自的类型。但是,当哑元是数组名时,必须在函数体内用类型说明语句或维数语句说明其类型、维数和各维的上、下界;当哑元是指针时,也必须在函数体内用类型说明语句说明。星号(*)哑元是交错返回指示符,不需要任何说明。哑元表也可称为虚拟参数表,哑元也可称为虚拟参数。

⑤函数子程序也可以没有哑元,即哑元表可以为空。但函数名之后的一对圆括号不能省略。

⑥函数子程序以 end 语句结束。从 function 语句的下一个语句到 end 语句的前一个语句组成函数体。

⑦在函数体中,可以出现多个说明语句和可执行语句,特别是可以出现一个或多个 return

语句。当 return 语句的下一条语句为 end 语句时，return 语句可以省略不写。如果函数体内没有 return 语句，则 end 语句将实现 return 语句的功能。

例 6.2 利用函数子程序计算 N 的阶乘。

```
!计算 N! 的函数子程序
function    fact (n)   ! fact 为外部函数子程序名, n 为哑元
    implicit none
    integer:: n, i   ! 说明哑元 n 和函数体中所用变量 i 的类型
    real*8:: fact   ! 说明函数名的类型

    fact = 1d0    ! 函数名作为变量名使用
    do i = 2, n
        fact = fact * i
    end do
    return      ! 返回语句,此处可以省略
end  function  fact

program   ex602
    implicit none
    integer:: i
    real*8 fact   ! 说明被调用函数子程序的类型

    do
        write(*,"(a)",advance='no')'输入一个非负整数:'
        read *, i
        if(.not. i<0) exit
        print *,'输入了一个负整数,重输!'
    end do
    write(*,"(i4,'!  =',e15.6)")i,fact(i)
    stop
end program   ex602
```

在上面这个例子中，function fact (n)是 function 语句，end function fact 是函数子程序结束语句，从 function 语句之后的 implicit none 语句到 return 语句组成函数体。

注意，函数名 fact 被说明为双精度实型，目的在于扩大计算结果的范围。因为 4 字节整数只能表示不超过 13 的阶乘，4 字节单精度实型数只能表示不超过 34 的阶乘，8 字节双精度实型数也只能表示不超过 170 的阶乘。当然，实型数是近似表示的。

在上面的程序中，虽然在主程序和函数子程序中都使用了变量 i，然而它们是相互独立的，各自占用不同的存储空间。千万不要以为主程序或其他程序单元中说明的变量、数组、语句标

号在另一函数子程序或子例行子程序中就可以直接引用。这是 FORTRAN 语言初学者最容易犯的错误之一。唯一例外的是,在任何程序单元中打开的文件,在整个程序中都可以直接引用。

普通的外部函数子程序形式之二:

[类型名] **function** 函数名([**d1**,**d2**,…,**dn**]) **result** (结果变量名)

… !(函数体)

end [**function**[函数名]]

这种形式的外部函数子程序与前一形式的唯一区别在于:该外部函数子程序的计算结果不是通过函数名返回,而是通过结果变量返回的。所以,函数名已没有任何值的含义,类型名说明的仅是结果变量的类型。应该注意的是,函数名与结果变量不能重名,而且在函数体内不允许出现对函数名的任何说明。结果变量名可以表示单个变量,也可以表示一个数组名。

例如,上例可改写为:

```
!计算 N! 的函数子程序的另一写法
function fact (n) result (dfact)    ! dfact 为结果变量名,  n 为哑元
    implicit none
    integer n, i   !说明哑元 n 和函数体中所用变量 i 的类型
    real * 8 dfact   !说明结果变量 dfact 的类型

    dfact = 1     ! 函数名作为变量名使用
    do i = 2, n
        dfact = dfact * i
    end do
    return       ! 返回语句, 此处可以省略
end  function  fact

program  exe602
    implicit none
    integer:: i
    real * 8 fact   !说明被调用函数子程序的类型

    do
        write( * , "('输入一个非负整数:')", advance = 'no')
        read  * , i
        if(. not. i <0)  exit
        write( * ,  * )'输入了一个负整数, 重输!'
    end do
    write( * , "(i4, '!  =', d20. 14)")i, fact(i)
```

```
    stop
end program   exe602
```

从例中可以看出,虽然函数子程序写法改变了,但主程序却仍然不变。

6.2.2 外部函数子程序的调用

外部函数子程序的调用(引用)方法和语句函数、内在函数一样,只能出现在表达式或输出语句中。当调用外部函数子程序时,一般写成如下形式:

fun([$\mathbf{a}_1$, $\mathbf{a}_2$,…, $\mathbf{a}_n$])

其中:fun 是被调用的外部函数子程序的名字。

a_1 , a_2 ,…, a_n 为实元表(actual argement list)。其中的 a_i 为实元。每个实元可以是一个表达式、变量名、数组名、数组元素名、数组片段、过程名、指针或 * 语句标号等形式。实元表中的每个实元必须与哑元表中相同位置上的哑元在类型上完全一致,在种别上满足以下要求。

①如果哑元是一个变量名,则相应的实元可以是一个常数或符号常数,或一个含运算符或圆括号的表达式,或一个变量名,或一个数组元素名,或一个字符子串名。

②如果哑元是一个数组名,则相应的实元可以是一个数组名,或一个数组元素名,或一个数组片段,或一个数组表达式。无论在何种形式下,哑元数组与实元数组可以有不同的维数和大小,但是实元数组的大小必须不小于相应哑元数组的大小。

③如果哑元是一个哑过程名,则相应的实元只能是具有同一类型的一个内在函数名或一个外部函数子程序名,或一个子例行子程序名。

④如果哑元是一个指针,则相应的实元也必须是一个指针,且类型、种别和维数必须一致。

下面的例子说明外部函数子程序的调用方法和执行过程。

例 6.3 用外部函数子程序计算组合数: $C_m^n = \dfrac{m!}{n!\ (m-n)!}$

```
! 计算 n! 的外部函数子程序
function fact(n)
    implicit none
    integer:: n, i, fact

    fact = 1
    do  i = 2, n
        fact  = fact * i
    end do
    return
end function
! 主程序
program ex603
    implicit none
    integer m, n,  fact, c
```

```
16
17        do
18            write( * ,  * )'输入正整数 m:'
19            read ( * ,  * )m
20            if (m >0) exit
21                write( * ,  * )'输入了一个负整数或零, 重输!'
22        end do
23        do
24            write( * ,"('输入正整数 n(n <=', i4,'):')")m
25            read ( * ,  * )n
26            if (n >0 . and.  n < m) exit
27            write( * ,  * )'输入错, 重输!'
28        end do
29        c = fact (m) / fact (m-n) / fact (n)
30        write(  * ,"(i4,'中取', i4,'的组合数为', i4)")m, n, c
31        stop
32    end program
```

该程序的一个执行示例如下:

```
输入正整数 m:
    -5
输入了一个负整数或零,重输!
输入正整数 m:
    5
输入正整数 n(n <=5):
    6
输入错,重输!
输入正整数 n(n <=5):
    4
5 中取 4 的组合数为 5
```

上面的程序从主程序的第 4 行开始执行,进入 do 结构。当按照屏幕提示要求正确地输入了5 作为 m 的值后,再执行主程序的第 10 行开始的另一 do 结构。当按照屏幕提示要求正确地输入了 4 作为 n 的值后,下面开始执行主程序的第 16 行语句。在这个赋值语句右边的表达式中包含三个对函数子程序 fact(n)的调用。对这个表达式进行左到右计算:首先把 fact(m)中实元 m 的值传送给哑元 n,n 的值等于 5(这个过程称为哑实结合),然后进入 fact 函数子程序,执行其中第一个可执行语句 fact = 1,接着执行 do 循环结构,接着遇到 return 语句(这个过程称为执行函数体),执行这个语句就是结束该函数子程序的执行,并把 fact 中的值作为计算结果(当前是5! = 120)带回到调用该函数子程序的表达式内,并把控制转回到主程序第

16 行的计算表达式中,参加下一步运算(这个过程称为从函数子程序返回)。下面对于 fact(m - n)重复上述函数子程序 fact(n)的调用过程:把实元 m - n 的值传送给哑元 n,n 的值等于 1,然后执行 fact 的函数体,当遇到 return 语句时,把 fact 中的值(当前是 1! =1)作为计算结果带回到主程序第 16 行的计算表达式中,计算前两次从函数子程序 fact 中返回时计算结果的商 120/1 =120。接着对于 fact(n)重复上述对函数子程序 fact(n)的调用过程:把实元 n 的值传送给哑元 n,哑元 n 的值等于 4,然后执行 fact 的函数体。当遇到 return 语句时,把 fact 中的值(当前是 4! =24)作为计算结果带回到主程序第 16 行的计算表达式中,计算商 120/24 =5。这样分别求出 m!、(m - n)!、n!,进而求出 c =5。后面接着执行主程序第 17 行的 write 语句,按照给定的格式输出"5 中取 4 的组合数为 5",然后执行 end program 语句,结束整个程序的执行。

从上面的介绍可以看出,任何 FORTRAN 程序总是从主程序的第一个可执行语句开始执行的。而且在正常情况下,也是在主程序中遇到 stop 或 end 语句后结束整个程序执行的。

总之,任何函数子程序的调用都要经过三个阶段:首先进行哑实结合;然后执行函数体;最后,当遇到 return 语句或 end 语句时,从函数子程序中返回并把计算结果带回到调用该函数子程序的表达式内参加下一步运算。

6.3 外部子例行子程序

对于只求一个函数值的问题来说,内在函数和函数子程序是极为方便而有效的。但是在实际问题中,往往需要一次算出多个值,譬如,5 元线性代数方程组的解是 5 个值,一个 3 阶方阵的逆矩阵是 9 个值,而且有的时候并不是仅仅要求取得数值结果,还要求出其他结果,如将若干个数据排序,甚至有时仅仅是要求实现某种操作,如绘制图形或输出计算结果。在这些情况下,使用另一种过程——子例行子程序就更加自然方便。甚至可以说,子例行子程序是比函数子程序应用更广泛的一种过程。

6.3.1 外部子例行子程序的定义

外部子例行子程序分为普通、递归和并行三种。此处仅讨论普通的外部子例行子程序。

普通的外部子例行子程序的形式为:

subroutine 子例行子程序名[($\mathbf{d}_1$,$\mathbf{d}_2$,…,$\mathbf{d}_n$)]

…(子例行子程序体)

end [**subroutine** [子例行子程序名]]

其中:

①subroutine 是表示一个子例行子程序开始的关键字。称其所在的语句为 subroutine 语句。

②子例行子程序名仅起标识作用,不代表值,所以与类型无关,且在程序体内不能被赋值。

③d_1,d_2,…,d_n称为哑元表,每个哑元 d_i用标识符表示。与函数子程序一样,哑元可以是变量名、数组名、哑过程名或星号(*)。哑元之间用逗号分开。除了"*"外,各哑元的类型可以按隐含规则确定,也可在子例行子程序体内用类型说明语句说明它们各自的类型。但是,当

哑元是数组名时，必须在子例行子程序体内用类型说明语句或维数语句说明其类型、维数和各维的上、下界；当哑元是指针时，也必须在子例行子程序体内用类型说明语句说明。星号（*）哑元是交错返回指示符，不需要任何说明。哑元表也可称为虚拟参数表，哑元也可称为虚拟参数。

④子例行子程序也可以没有哑元，即哑元表可以为空。注意，此时子例行子程序名之后的一对圆括号必须去掉。

⑤子例行子程序以 end 语句结束。从 subroutine 语句的下一个语句到 end 语句的前一个语句组成子例行子程序体。

⑥在子例行子程序体中可以出现多个说明语句和可执行语句，特别是可以出现一个或多个 return 语句。当 return 语句的下一条语句为 end 语句时，return 语句可以省略不写。如果子例行子程序体内没有 return 语句，则 end 语句将实现 return 语句的功能。

子例行子程序常简称为子程序。

例 6.4 编写一个求实系数一元二次方程 $ax^2+bx+c=0(a\neq0)$ 根的子例行子程序。

编写任何一个过程，都必须确定哑元的类型、种别（变量、数组、指针、过程）和个数。以本例来说，根据题目要求，首先需要 3 个哑元表示一元二次方程的系数，它们都是实型变量。再根据数学知识，一个实系数一元二次方程只有两个根，或为二实根或为二复根，因此，需要另加两个哑元表示方程的根，它们应该为复型。这样，共需要 5 个哑元。此外，还要注意给所编写的过程和各哑元起个适当名称。

```
Subroutine RootsOfQuadratic(a, b, c, x1, x2)
    implicit none
    real a, b, c
    complex x1, x2

    x1 = ( -b + sqrt(cmplx(b * b - 4 * a * c, 0.0)))/a/2.0
    x2 = ( -b-sqrt(cmplx(b * b - 4 * a * c, 0.0)))/a/2.0
    return
End Subroutine RootsOfQuadratic
```

其中，cmplx 是把两个整型或实型表达式转换成复型数据的内在函数。

6.3.2 外部子例行子程序的调用

外部子程序必须用 call 语句调用。call 语句的形式如下：

call 外部子例行子程序名[($\mathbf{a}_1,\mathbf{a}_2,\cdots,\mathbf{a}_n$)]

其中：

$a_1,a_2,\cdots,a_n$为实元表，a_i为实元。与函数子程序一样，每个实元可以是一个表达式、变量名、数组名、数组元素名、数组片段、过程名、指针或 * 语句标号等形式。每个实元也必须与相应哑元在种别上满足与函数子程序一样的要求。

当哑元表为空时，实元表也必须为空，而且要去掉外部子例行子程序名之后的那对圆括号，即此时的 call 语句形式为：

call 外部子例行子程序名

call 语句的功能是调用指定的子例行子程序。首先进行哑实结合，然后转到子例行子程序中，执行子例行子程序体中的语句。当遇到 return（返回）语句或 end 语句时返回到 call 语句的下一个可执行语句继续执行。

下面举一个简单的例子说明外部子例行子程序的调用方法和执行过程。

例 6.5 调用例 6.4 中的外部子例行子程序，求出多个一元二次方程根，直到输入的 a 为零时止。

```
program ex605
    implicit none
    real a, b, c
    complex x1, x2

    do
        print *,'输入一元二次方程的系数 a, b, c(a =0 结束程序执行):'
        read *, a, b, c
        if(a/=0)then
            call RootsOfQuadratic(a, b, c, x1, x2)
            write( *, "('x1 = (', f12.4,',', f12.4, ')&
                 x2 = (', f12.4),', ', f12.4,')") x1, x2
        else
            exit
        end if
    end do
    stop
end program
```

程序执行示例：

```
输入一元二次方程的系数 a,b,c(a =0 结束程序执行)：
    1,2,3
    x1 = ( -1.0000,   1.4142) x2 = ( -1.0000,   -1.4142)
输入一元二次方程的系数 a,b,c(a =0 结束程序执行)：
    1,2,1
    x1 = ( -1.0000,   0.0000) x2 = ( -1.0000,   0.0000)
输入一元二次方程的系数 a,b,c(a =0 结束程序执行)：
    3,6,8
    x1 = ( -1.0000,   1.2910) x2 = ( -1.0000,   -1.2910)
输入一元二次方程的系数 a,b,c(a =0 结束程序执行)：
    0,0,0
```

子例行子程序可以放在主程序的前面或后面，但程序在执行时，总从主程序的第一条可执行语句（此例中为 do 语句）开始执行。当从键盘读入 1、2、3 并分别作为变量 a、b、c 的值以后，因为 a 的当前值不为 0，接着遇到 call RootsOfQuadratic(a,b,c,x1,x2) 语句。在执行 call 语句时，首先也是进行哑实结合，把实元 a、b、c、x1、x2 的值分别传送给对应的哑元；然后进入子例

行子程序 RootsOfQuadratic,执行其中的第一个可执行语句:

```
x1 = ( -b + sqrt( cmplx( b * b -4 * a * c,0.0) ) )/a/2.0
```

接着执行对 x2 赋值的语句。当遇到 return 语句时,结束该子例行子程序的执行,并把控制转回到主程序中,从主程序 call 语句后面的第一个可执行语句继续执行,显示 x1、x2 的值后,进入下一次循环。这样反复从键盘读入变量 a、b、c 的值。如果 a 的当前值不为 0,重复上述的执行过程,直到 a 的当前值为 0,结束循环结构的执行。最后执行 end program 语句,结束整个程序的执行。

通过上面的介绍可知,外部函数子程序和外部子例行子程序调用的过程总体上相同,即都是首先进行哑实结合,然后执行子程序体,最后,当遇到 return 语句或 end 语句时,从子程序中返回。当调用外部函数子程序或外部子例行子程序时,可以通过哑实结合把实元的值传送给相应哑元;当从外部函数子程序或外部子例行子程序返回时,可以把哑元的值传送给相应实元。

但是,外部函数子程序和外部子例行子程序的调用也存在两个重要差别:一是调用方法不同,对外部函数子程序的调用是出现在表达式中,而对外部子例行子程序的调用必须使用 call 语句;二是返回点不同,外部函数子程序的返回点是在发出调用命令的表达式内,而外部子例行子程序的返回点是调用命令后面的第一个可执行语句。

在 FORTRAN 程序中,主程序可以调用任何外部过程(外部函数子程序和外部子例行子程序),某一外部过程也可调用其他外部过程,而且可以递归调用(FORTRAN 77 不允许递归调用),但任何外部过程都不能调用主程序。

例 6.6 对前例补充一个显示复数的子例行子程序,美化输出结果。

```
Subroutine RootsOfQuadratic( a, b, c, x1, x2)
    implicit none
real a, b, c
complex x1, x2

x1 = ( -b + sqrt( cmplx( b * b -4 * a * c, 0.0) ) )/a/2.0
x2 = ( -b-sqrt( cmplx( b * b -4 * a * c, 0.0) ) )/a/2.0
return
End Subroutine RootsOfQuadratic

Subroutine OutComplex( z, str)
    implicit none
    complex z
    character( * ) :: str      ! 存放变量名

    write( * , "(a)", advance = 'no') str
    write( * , "(e13.5)", advance = 'no') real( z)
    if( aimag( z) >0) then
        write( * , "('+', e12.5,'i')") aimag( z)
```

```
    else if( aimag( z) <0) then
        write( * , "(' -', e12.5, 'i')") abs( aimag( z) )
    else
        write( * , * )
    end if
End Subroutine OutComplex

program ex606
    implicit none
    real a, b, c
    complex x1 , x2

    do
        print * , '输入一元二次方程的系数 a, b, c(a =0 结束程序执行):'
        read * , a, b, c
        if( a/=0) then
            call RootsOfQuadratic( a, b, c, x1 , x2)
      call OutComplex( x1 , 'x1 :')
      call OutComplex( x2, 'x2 :')
        else
            exit
        end if
    end do
    stop
end program ex606
```

程序执行示例：

```
输入一元二次方程的系数 a,b,c(a =0 结束程序执行):
    1 2 3
    x1: -0.10000E +01 + 0.14142E +01i
    x2: -0.10000E +01 - 0.14142E +01i
输入一元二次方程的系数 a,b,c(a =0 结束程序执行):
    1 2 1
    x1: -0.10000E +01
    x2: -0.10000E +01
输入一元二次方程的系数 a,b,c(a =0 结束程序执行):
    2 5 7
    x1: -0.12500E +01 + 0.13919E +01i
    x2: -0.12500E +01 - 0.13919E +01i
输入一元二次方程的系数 a,b,c(a =0 结束程序执行):
    0 0 0
```

6.4 关于哑实结合的进一步讨论

使用函数子程序和子例行子程序有利于提高软件的生产率,降低程序的复杂性,增强程序的通用性,减少软件的开发成本,扩大解题规模和计算机的应用范围。为此,不仅要熟悉它们的构成规则和调用方法,而且要理解调用过程中程序单元之间实元和哑元的传递机制。

6.4.1 实元和哑元的对应关系

如果实元是常数、常数的标识符、简单变量名、数组名、数组片段、数组元素名、子串名、指针、内部函数名、外部过程名或 * 语句标号的形式,那么,实元和哑元是按出现的位置对应结合的。在这种情况下,实元和哑元在类型、顺序、个数和种别上必须完全一致。

如果实元是"关键字 = 实元"的形式(其中的关键字是被调用外部过程的某个哑元名),那么,称这样的实元为关键字实元,关键字实元和指定的与关键字同名的哑元结合,也称为按名结合。在这种情况下,实元和哑元在顺序上可以任意,并且关键字实元之后的所有实元都要写成关键字实元形式。但要求调用程序中必须写出被调用过程的接口块(interface block)。

过程接口块用来显式地说明过程被调用的形式、描述过程的特性、过程名以及各哑元的名字和特性等。过程接口块与 C/C ++ 语言中的"函数原型"作用相似,但二者有重大差别。第一,由于 FORTRAN 允许按名哑实结合,所以过程接口块中必须给出各哑元的名字,而 C/C ++ 目前还不允许"按名参数传递",所以函数原型中可以不给出各参数的名字。第二,FORTRAN 的过程接口块除了描述被调用过程的各种特征外,还可以给多个过程定义一个"通用名",或者给多个函数定义一个"新运算符",以便实现面向对象程序设计的"多态性"特征。

过程接口块的一般形式为:

```
interface [类属说明]   ! 接口语句
  [接口体]...
  [模块过程语句]...
end interface [类属说明]   ! 接口结束语句
```

其中:

interface [类属说明] 称为接口语句。

"接口体"由函数子程序或子例行子程序开始语句、关于函数名和全体哑元的说明语句以及子程序结束语句组成。

end interface [类属说明]称为接口结束语句。

一般把过程接口块都写在调用程序的开头部分,如

```
program 主程序名
    过程接口块
    调用程序内变量说明
    可执行语句
end program
```

例如,交换两个变量值的过程接口块。

```
01    program main
```

```
    interface                              ! 接口语句
        subroutine swap(x, y)              ! 接口体
            real x, y                      ! 接口体
        end subroutine                     ! 接口体
    end interface                          ! 接口结束语句

    real a, b                              ! 主程序变量说明
    print *,'输入实型变量 a, b 的值:'        ! 可执行语句
    read *, a, b                           ! 可执行语句
    call swap(y = b, x = a)                ! 可执行语句
    stop
end program main

subroutine swap(x, y)
  real x, y

  z = x
  x = y
  y = z
end subroutine
```

实际上,FORTRAN 允许在调用语句中混合使用“按位置”和“按名”实元与哑元的对应方式。例如,前面部分实元不用关键字实元,只从某一个实元开始用关键字实元。此时,前面未使用关键字实元仍要保持与原来哑元次序相同,后面使用关键字实元的部分可以按任意次序排列。

对于子例行子程序 swap(x,y),在主调程序中,调用语句可以有如下形式:

```
call swap(a,b)
call swap(x = a,y = b)
call swap(y = b,x = a)
call swap(a,y = b)
```

但是,以下调用形式是错误的:

```
call swap(y = b,a)   ! 关键字实元后面没有写成关键字实元形式
call swap(x = a,b)   ! 关键字实元后面没有写成关键字实元形式
```

当哑元有 optional 属性时,表示该哑元可以没有对应的实元,称这样的哑元为可选哑元。在这种情况下,也要求主调程序中必须写出被调用过程的接口块。

例 6.7 带可选哑元过程的调用。

```
subroutine test(a, b, l, x)
    integer :: a,  l,  x
    integer, optional :: b

```

```
    if (present(b)) then   ! 显示 b 是有条件的
        print *,  a,  b,  l,  x
    else
        print *,  a,  l,  x
    endif
end subroutine

program ex607
    interface         ! 通过接口可改哑元名
        subroutine test(one, two, three, four)
            integer one, two, three, four
            optional::two
        end subroutine
    end interface
    integer i,  j,  k,  l

    i = 1; j = 2; k = 3; l = 4
    call test(i, j, k, l)
  ! 显示:  1  2  3  4
    call test(i, three = k, four = l)
 ! 显示:  1  3  4
    stop
end program ex607
```

从这个例子可以看出,在过程接口块中,可以"临时"改变哑元的名字。但要注意各哑元对应的类型和属性(可选哑元、数组、指针等)都不能改变。如果本例的接口块写成如下形式:

```
interface
   subroutine test(one,two,three,four)
      integer two,three,four
      optional::one
   end subroutine
end interface
```

将在编译 CALL 语句时产生语法错。所以,为了避免这种情况发生,过程接口块中的各接口体最好是原函数子程序或子例行子程序开始语句、函数名和全体哑元的说明语句以及子程序结束语句的完全拷贝。

6.4.2 哑实结合的方法

在哑元与实元结合时,有两种结合方法,即按值结合和按地址结合。

1. 哑元与实元按值结合

如果实元是一个常数或表达式(除单个变量的形式外),那么哑元与实元是按值结合的,即把实元的值传送给相应的哑元。在这种情况下,对哑元分配独立于实元的存储空间。所以,该哑元的值在过程中即使改变也不会影响实元的值。

例如,对于子例行子程序

```
subroutine sum(x,y,z)
  integer x,y,z
  ⋮
end subroutine sum
```

调用语句:

```
call sum(5,(si),s)
```

表示哑元 x 与实元 5、哑元 y 与实元 si 均为按值结合。特别要注意第二个实元的形式(si),把一个变量用圆括号括起来后,表示一个变量与对应哑元按值结合。

2. 按地址结合

如果实元是一个简单变量名、数组名、数组片段、数组元素名、子串名、指针、内部函数名、外部过程名或 * 语句标号的形式,那么哑元与实元是按地址结合的,即在过程中哑元使用相应实元的地址。在这种情况下,对哑元不分配独立于实元的存储空间,哑元使用的是相应实元的存储空间。所以,数据在调用与被调用程序之间的传递是双向的,既可传入数据,又可传出数据。也就是说,在过程中对按地址结合哑元值的改变,就是对相应实元值的改变。因此,数据向哪个方向传送,取决于用户使用哑元的意图。

例如,子例行子程序 SUM 的调用语句

```
call sum(5,(si),s)
```

表示哑元 x 与实元 5、哑元 y 与实元 si 均为按值结合,哑元 z 与实元 s 为按地址结合。调用语句

```
call sum(5,si,s)
```

表示哑元 x 与实元 5 按值结合,哑元 y 与实元 si、哑元 z 与实元 s 均为按地址结合。

例 6.8 阅读下面的程序,写出运行结果。

```
integer function fun(m)
   m = m/3
   fun = m * m
end function fun

program ex608
   integer::a, b, x =29, fun

   a = fun(x)/fun((x))
   b = fun(x) +fun(x)
   print * , a, b, x
   stop
end program
```

输出结果为:

9 10 1

执行这个程序时,第一次调用函数子程序 fun(x)时,哑元 m 与实元 x 按地址结合,所以,在从 fun 返回后,带回函数值 81,同时实元 x 的值改为 9;执行对函数子程序的第二次调用 fun((x))时,哑元 m 与实元 x 按值结合,所以,在从 fun 返回后,带回函数值 9,实元 x 的值仍然为 9,因此 a 的值为 9。执行对函数子程序的第三、四次调用 fun(x)时,哑元 M 与实元 x 均为按地址结合,所以,在从 fun 返回后,分别带回函数值 9、1,同时实元 x 的值分别改为 3、1。因此,B 的值为 10,x 的值最后为 1。

6.4.3 入口哑元和出口哑元

可以说明哑元的意图(intent)属性为入口的(in)或出口的(out)。入口哑元的值在过程执行中不能改变,而出口哑元在过程中必须被赋给一个值。允许一个哑元既是入口的也是出口的(inout)。哑元的这个属性缺省时为 inout。显式地说明哑元的入口属性,可以避免实元值的误改;显式地说明哑元的出口属性,可以避免返回的遗漏。

例 6.9 阅读下面的程序,写出运行结果,并说明各子例行子程序的功能。

```
program ex609
    integer::x(0:20), rad =2, z = -25

    call conversion(z, rad, x)
    call display(z, x)
    stop
end program ex609

subroutine conversion(x, r, b)
    integer, intent(in)::x, r
    integer, intent(out)::b(0:20)
    integer::s, i

    s = abs(x)
    do while(s /= 0)
        i = i+1
        b(i) = mod(s, r)
        s = s/r
    enddo
    b(0) =i
end subroutine conversion

subroutine display(s, b)
    integer, intent(in)::s, b(0:20)
    integer::i
```

```
    if(s >=0) then
        print '(1x, 20i1)',  (b(i), i=b(0), 1, -1)
    else
        print "(1x,'-', 20i1)",  (b(i), i=b(0), 1, -1)
    end if
end subroutine display
```

本程序的输出结果为：-11001

子例行子程序 conversion 的功能是:把整数 x 转换为 r 进制的数,转换结果存放在数组 b 中,b(0)存放 r 进制数的位数,转换结果的最低位放在 b(1)中。

子例行子程序 display 的功能是:根据整数 s 的正负性质,输出数组 b 的 b(b(0))、b(b(0) -1)、……、b(2)、b(1)。

请读者自行分析。

6.4.4 关于字符型哑元和返回不定长度字符串的函数子程序

1. 字符型哑元

如果哑元为字符型变量,则有如下规定:

①哑元长度必须小于等于实元长度;

②哑元长度可以不定(用 * 表示),意为在调用时,取相应实元的长度。

例 6.10 哑元为字符型变量的示例。

```
program ex610
    implicit none
    character * 10::s = 'abcd $1234&'
    call outs(s)
    call outs(s(3:7))
    stop
end  program ex610
subroutine outs(ss)
    implicit none
    character( * ) ss
    print  * , len(ss), '', ss
end subroutine outs
```

运行结果为：

```
10 abcd $1234&
 5 cd $12
```

在子例行子程序 outs 中,语句

character(*) ss

表示字符型哑元变量 ss 的长度与调用时相应实元的长度相等。

例 6.11 编写一个函数子程序，判断字符型哑元变量的内容是否为回文。如果是回文，返回函数值为. true.，否则返回函数值为. false.。在主程序中，从键盘输入一个最多包含 50 个字符的任意字符串，存入一个字符型变量，然后调用所写函数子程序，判断字符型变量的内容是否为回文，最后在主程序中输出判断结果。

所谓“回文”，就是正读与反读结果完全相同的字符串。如，“12 =3 =21”、“LeveL”是回文，而“1231”、“LEveL”不是回文。所以，要判断字符串是否为回文，只需要把字符串关于中间位置对称的字符进行比较，如果全都一样，该字符串就是回文，如果有一个位置对称的字符不一样，该字符串就不是回文。

```
program ex611
    character(50) str
    logical palindrome

    print *,'输入一字符串(最多包含 50 个字符):'
    read '(A)', str   ! 输入除"/"以外的字符
    if(palindrome(str).eqv..true.) then
  print *,'输入字符串是回文'
    else
  print *, '输入字符串不是回文'
    end if
    stop
end program ex611

function palindrome(s) result(x)
    character( * )::s
    logical x
    integer:: i, k

    x =.true.
    k =len(trim(s))
    do i =1, k/2
        if(s(i:i)/=s(k-i +1:k-i +1))then
      x =.false.
      exit
  end if
    end do
end function palindrome
```

注意，函数子程序中语句

k = len(trim(s))

的使用。该语句还可写为:k = len_trim(s)。如果把它改为 k = len(s),除非从键盘输入了一个恰好包含 50 个字符的字符串,否则,不会得到正确结果。因为,如果从键盘输入的字符串不足 50 个字符,那么,系统就会在字符串尾部添加若干空格符,使其含有 50 个字符,然后再传送给字符型变量 str。

2. 返回不定长度字符串的函数子程序

先看下面的例子。

```
character( * ) function redo(carg)
    character * 1 carg

    do i = 1, len(redo)
        redo(i:i)  =  carg
    end do
end function

program main
    character * 50 redo,   manyas,   manyzs

    manyas  =  redo('A')
    manyzs  =  redo('Z')
    print  * , manyas
    print  * , manyzs
    call sub
    stop
end program

subroutine sub
    character hold * 6,   redo * 2

    hold  =  redo('A')//redo('B')//redo('C')
    print  * , hold
end subroutine
```

输出结果为:

```
AAAAAAAAAAAAAAAAAAAAAAAAAAAAAAAAAAAAAAAAAAAAAAAAAA
ZZZZZZZZZZZZZZZZZZZZZZZZZZZZZZZZZZZZZZZZZZZZZZZZZZ
AABBCC
```

返回不定长度字符串的函数子程序的字符串长度必须在调用程序中说明。所以,在同一程序单元中其长度都是相同的,而在不同程序单元中其长度可以不同。

说明这种函数子程序的长度可以有多种形式。如上例的函数子程序 redo 可说明为:

```
function redo(carg)
    character * 1 carg
    character( * ) redo
        ⋮
function redo(carg) result(s)
    character * 1 carg
    character( * ) s
        ⋮
```

6.4.5 关于过程哑元

过程哑元即哑元为过程名。过程名作为哑元时应注意：

①当哑元是内在过程名时，必须在调用程序的说明部分用 intrinsic 语句对其说明；

②当哑元是外部过程名时，在调用程序的说明部分用 external 语句对其说明。

例 6.12 用梯形法分别计算定积分 $\int_1^5 \sin x\sqrt{x}\,dx$、$\int_0^2 \frac{\cos x}{x+1}dx$ 和 $\int_{0.4}^{2.5} \sin x\,dx$ 的值。

```
program ex612
    implicit none
    external f1, f2
    intrinsic sin
    real s1, s2, s3, f, integral
    s1 = integral(f1, 1.0, 5.0, 100)

    print *, 's1 =', s1
    s2 = integral(f2, 0.0, 2.0, 50)
    print *, 's2 =', s2
    s3 = integral(sin, 0.4, 2.5, 50)
    print *, 's3 =', s3
    stop
end program ex612

function f1(x)
    real f1, x

    f1 = sin(x) * sqrt(x)
end

function f2(x)
    real f2, x

```

```
    f2 = cos(x)/(x + 1.0)
end

function integral(f, a, b, n)
    implicit  none
    integer::n, i
    real a, b, f, h, sum, integral

    h = (b-a)/n
    sum = (f(a) + f(b))/2
    do i = 1, n - 1
        sum = sum + f(a + i * h)
    end do
    integral = sum
end
```

输出结果为：

```
s1 = -0.5869221
s2 =  0.6419213
s3 =  1.721951
```

6.4.6 指针与过程

指针即可以作实元，也可以作哑元，还可以作函数子程序的返回对象。再加上指针的多种状态，可以说，指针与过程有着比较复杂的关系。下面分三种情况简要介绍。

1. 指针作实元

当指针作实元时，必须用过程接口块对被调用过程给予说明，而且：

①如果对应的哑元变量无 pointer 属性，在哑实结合时，就把指针当前所指向的对象与哑元按地址结合；

②如果对应的哑元变量有 pointer 属性，在哑实结合时，就把指针本身与哑元按地址结合，以便在过程中对指针或通过指针作进一步运算；

③如果对应的哑元无 pointer 属性，而且是一个数组，此时，指针实元必须说明为一个假定形状的数组，且其维数必须与哑元数组完全一致。

例 6.13 指针作实元示例 1——哑元无 pointer 属性和有 pointer 属性。

```
program ex613
    implicit none
    interface
        subroutine beer(arg1, arg2, arg3)
            integer,  pointer :: arg1, arg3
            integer,  intent(in) :: arg2
        end subroutine
```

```
    end interface
    integer,  pointer :: pint1,  pint2,  pint3
    integer,  target :: v1 =2,  v2 =7

    pint1 => v1
    pint2 => v2
    call beer(pint1,  pint2,  pint3)
    print *, 'v1 =', v1,' , v2 =', v2
    print *, 'pint1', pint1
    print *, 'pint2', pint2
    print *, 'pint3', pint3
    stop
end program

subroutine beer(arg1, arg2, arg3)
    integer,  pointer :: arg1, arg3
    integer,  intent(inout) :: arg2
    integer,  target :: d1 = -1

    print *, 'beer'
    arg1 = arg1 - 5
    arg2 = arg2 + 5
    if(associated(arg3))then
        arg3 = arg3 + 5
    else
        arg3 => d1
    end if
end subroutine beer
```

运行结果为：

```
beer
v1 =            -3 ,v2 =            12
pint1           -3
pint2           12
pint3           -1
```

当指针作实元时，必须注意指针的状态。如果指针实元为空或未与任何对象相关联，将在程序执行过程中产生不可预料的结果。

例 6.14 指针作实元示例 2——哑元无 pointer 属性，而且是一个数组。

```
program ex614
    implicit none
```

```
    interface
        subroutine ptoa(arg1, arg2)
            integer, pointer :: arg1
            integer :: arg2(10)
        end subroutine
    end interface
    integer, pointer :: pint1, pint2(:)
    integer, target :: v1(10), i, k = 10

    v1 = (/(i * 5, i = 1, 10)/)
    print "('v1 =', 10i4)", v1
    pint1 => v1(2)
    pint2 => v1
    call ptoa(pint1, pint2)
    print "('pint1', 10i4)", pint1
    print "('pint2', 10i4)", pint2
    stop
end program

subroutine ptoa(arg1, arg2)
    integer, pointer :: arg1
    integer :: arg2(10)
    integer::i

    print *, 'arg1 =', arg1
    do i = 1, 10
        arg2(i) = i
    end do
    arg1 = 99
end subroutine
```

运行结果为：

```
v1 =    5  10  15  20  25  30  35  40  45  50
arg1 =             10
pint1  99
pint2   1  99   3   4   5   6   7   8   9  10
```

2. 指针作哑元

当指针作哑元时，必须在过程体中给予说明，而且指针哑元必须带有 pointer 属性。指针哑元不能带有 intent 属性，否则会产生语法错误。

3. 指针作函数子程序的返回对象

当指针作函数子程序的返回对象时,必须用过程接口块对被调用过程给予说明。

例 6.15 返回指针对象的函数子程序示例。

```
program ex615
    implicit none
    interface
        function ptr(a, b)
            integer,  intent(in) :: a, b
            integer,  pointer :: ptr
        end function ptr
    end interface
    real :: x
    integer,  target :: a,  b
    integer,  pointer :: largest

    call random_seed
    call random_number(x)
    a = 1000.0 * x
    call random_number(x)
    b = 1000.0 * x
    largest => ptr(a, b)
    print"('max(', i5, ',', i5,') =', i5)",  a, b, largest
    stop
end program

function ptr(a, b)
    implicit none
    integer,  target, intent(in) :: a, b
    integer,  pointer :: ptr

    if (a .gt. b) then
        ptr => a
    else
        ptr => b
    end if
end function
```

6.4.7 过程中保持前次过程调用期间值的方法

一般情况下,在子例行子程序或函数子程序中定义的变量,只有在子例行子程序或函数子程序调用期间才有确定的值,从子例行子程序或函数子程序退出后,这些变量并不保留上次退出时的值。

如果需要保持前次过程调用期间某些变量的值,可以给它们设置 save 属性或使用 save 语句说明:

类型标识符,**save**::变量名表

或

save [变量名表]

其中:如果 save 语句中的变量名表为空,则表示该过程中的全体变量值在退出后均被保留。

注意:

①哑元不能具有 save 属性;

②具有 save 属性的全体变量必须初始化或用 data 语句赋初值。

例 6.16 使用 save 变量的示例。

```
program ex616
    implicit none
    integer s

    call testsave(s)
    write( *, *) 1, s
    call testsave(s)
    write( *, *) 2, s
    call testsave(s)
    write( *, *) 3, s
    stop
end

subroutine testsave(x)
    integer::x, b, c =3
    integer, save::a =10
    save b
!  c 不具有 save 属性, a? b 具有 save 属性
    data b/6/
    b =b -2
    a =a +c * b
    x =a
end
```

执行结果为:

```
1        22
2        28
3        28
```

6.5 关于数组哑元的进一步说明

数组是程序设计语言的重要成分。正确地使用数组是学会程序设计的主要内容之一。在FORTRAN语言中,有固定形状数组、假定大小数组、可调数组、假定形状数组、动态数组(延迟形状数组)和自动数组。前面已经介绍过固定形状数组(即各维上下界均为常数的数组)和动态数组,本节将结合数组哑元与相应实元的不同情况引入其他数组。

6.5.1 哑元是数组名时的实元

当哑元是数组名时,对应的实元只能是数组名、数组元素、数组片段或数组表达式。它们之间的关系如下。

①如果相应实元是数组名,则表示引用该数组中的全体元素。例如,设已定义数组a(10)、b(5,6),函数子程序fun1(x)仅有一个数组哑元x,而且x是一个一维数组,则可以进行下面的调用:

```
fun1(a)
```

表示引用数组A中的全体10个元素。

```
fun1(b)
```

表示按列顺序引用数组b中的全体30个元素。

②如果相应实元是数组元素,则表示引用数组中按存储顺序从该元素开始及其后的全体元素。例如:

```
fun1(a(5))
```

表示引用数组元素a(5)~a(10),共6个元素。

```
fun1(b(2,3))
```

表示引用数组元素b(2,3)、b(3,3)、b(4,3)、b(5,3)、b(1,4)~b(5,4)、b(1,5)~b(5,5)、b(1,6)~b(5,6),共19个元素。

③如果相应实元是数组片段,则表示引用该数组片段中的全体元素。例如:

```
fun1(a(1:9:2))
```

表示引用a(1)、a(3)、a(5)、a(7)、a(9) 5个元素。

```
fun1(a(:4))
```

表示引用a(1)~a(4) 4个元素。

```
fun1(b(3:5,4:6))
```

表示引用b(3,4)、b(4,4)、b(5,4)、b(3,5)、b(4,5)、b(5,5)、b(3,6)、b(4,6)、b(5,6) 9个元素。

```
fun1(b(:,4))
```

表示引用B中第4列的全体5个元素。

④如果相应实元是数组表达式,则表示引用该数组表达式的结果数组中的全体元素。例如:

```
fun1(a(1:5)+b(:,2))
```

表示引用结果数组中的a(1)+b(1,2)、a(2)+b(2,2)、a(3)+b(3,2)、a(4)+b(4,2)、a(5)

+b(5,2) 5 个元素。

6.5.2 哑元数组的形式

在外部过程中,哑元数组的形式可以是大小固定的哑元数组、假定大小的数组、可调数组和假定形状的数组。无论是任何形式的哑元数组,它的维数、各维的上下界都可以与相应实元数组不一致,但是,它的大小(即数组中的元素总个数)均不得超过相应实元数组的大小。

1. 大小固定的哑元数组

例如:

```
function fun2(x,y)
  real::x(50),y(10,5)
   ⋮
end function
```

这种形式的哑元数组,除了事先已经能够确定实元数组大小的情况外,较少使用。

2. 假定大小的数组(assumed-size array)

这种形式的哑元数组大小由实元数组确定。例如:

```
function fun3(x,y)
real,dimension( * )::x
real,dimension(0:5,0: * )::y
 ⋮
end function
```

从例中可以看出,假定大小数组的最后一维的上界用"*"表示,而其余各维仍为固定上下界。如果没有给出各维的下界,则其值为1。

为了在程序执行时能够确定假定大小数组最后一维的上界,需要把实元数组的上界作为一个哑元传送给被调用函数子程序。

例 6.17 假定大小的数组使用示例。

```
! 找出一维数组最大、最小值及它们所在列号的函数子程序
function    xmax(x, n, jmax, xmin, jmin)
    implicit none
    integer, dimension( * )::x    ! 假定大小的数组 x
    integer::xmax, n, jmax, xmin, jmin, i

    xmax = x(1);jmax = 1;xmin = x(1);jmin = 1
    do  i=2, n+1
       if(xmax < x(i))then
     xmax = x(i);jmax = i
       end if
       if(xmin > x(i))then
     xmin = x(i);jmin = i
       end if
```

```
    end do
    return
end function

! 主程序
program ex617
    implicit none
    integer y(3, 5), xmax, yy(0:4), ymax, jmax, ymin, jmin, i

    write( *, * )'按行输入数组 y(3, 5)的各元素值:'
    read( *, * )(y(i, :), i=1, 3)
    write( *, * )'行号 最大值 最大值所在列号 最小值 最小值所在列号'
    do i=1, 3
        ymax=xmax(y(i, :), 5, jmax, ymin, jmin)
        write( *, "(i4, i5, i10, i12, i10)")i, ymax, jmax, ymin, jmin
    end do
    stop
end program
```

程序执行示例:

```
按行输入数组 y(3,5)的各元素值:
    3  5  4  2  8
    8  1  5  7  6
    3  7  9  2  1
行号 最大值 最大值所在列号 最小值 最小值所在列号
  1     8          5           2          4
  2     8          1           1          2
  3     9          3           1          5
```

在例 6.17 中,哑元数组 x 是一个一维假定大小的数组。它与相应的实元数组 y 的第 1 列(即 y(i,:))相对应,y 的第二维的下界和 x 的下界均为 1。因此,x(1)即为 y(i,1),x(2)即为 y(i,2),依此类推。

在函数子程序中处理 x 的时候,如果哑元数组 x 的下界与相应的实元数组下界不相等,应注意 x 的上界为:实元数组的上界 - 实元数组的下界 + 哑元数组 x 的下界。为了避免引用错误,最好使哑元数组与相应的实元数组的下界保持一致。

3. 可调数组

可调数组是在哑元数组说明的维界中至少包含一个哑元变量的数组。其大小由与哑元变量相对应的实元值确定。例如:

```
function fun4(x,y,n,m,k)
  integer n,m,k
  real x(n),y(7,0:k)
```

```
    ⋮
end function
```

上例中的哑元数组 x 是一个大小为 n 的一维可调数组,哑元数组 y 是一个二维可调数组,其大小为 7(k+1)。

例 6.18 编写函数子程序,求一个 n×n 二维数组全体主对角元素的和。

```
function  crosssum(x, n) result(s)
    implicit none
    integer n, i
    real:: x(n, n), s

    s =0.0
    do i =1, n
        s = s + x(i, i)
    end do
end

program  ex618
    implicit none
    real y(4, 4), f(0:24), crosssum
    integer i, j
    y = reshape( source  =  (/1, 2, 3, 4, 5, 6, 7, 8, 9, 10, 11,&
                          12, 13, 14, 15, 16/), shape = (/4, 4/))
    f = (/(i, i =1, 25)/)
    print '(a/(4f6.1))','二维数组 y(4, 4):', (y(i, :), i =1, 4)
    print *,'y 的主对角元素之和 =', crosssum(y, 4)
    print '(a/(5f6.1))','一维数组 f(25):', ((f(j), j =i, 24, 5), i =0, 4)
    print *,'f 的主对角元素之和 =', crosssum(f, 5)
    stop
end program
```

执行结果为:

```
二维数组 y(4,4):
   1.0   5.0   9.0  13.0
   2.0   6.0  10.0  14.0
   3.0   7.0  11.0  15.0
   4.0   8.0  12.0  16.0
y 的主对角元素之和 =       34.000 00
一维数组 f(25):
   1.0   6.0  11.0  16.0  21.0
   2.0   7.0  12.0  17.0  22.0
```

```
3.0    8.0   13.0   18.0   23.0
4.0    9.0   14.0   19.0   24.0
5.0   10.0   15.0   20.0   25.0
f的主对角元素之和 =         65.000 00
```

在上面的程序中，表达式 crosssum(y,4)是对二维数组 y(4,4)的主对角元素求和；表达式 crosssum(f,5)是对一维数组 f(25)按二维数组 f(5,5)形式求主对角元素和。从程序的执行结果可以看出，哑元数组的维数、各维的上下界都可以与相应实元数组不一致，但是二者总是按照数组元素在存储器内的排列次序对应结合的。如果实元是数组名，这种结合总是从第一个数组元素开始的。

可调数组的使用确实给编写通用过程带来了很大方便。但是，在使用可调数组时应特别注意实元数组与哑元数组之间各数组元素的对应关系。先看一维数组的情形。

例 6.19 编写一个函数子程序，能够计算 n 次多项式的值。再编写一个主程序，调用所写函数子程序，计算不超过 30 次的多项式的值。

设 n 次多项式为 $y = a_0x^n + a_1x^{n-1} + \cdots + a_{n-1}x + a_n$，则它有 $n+1$ 个系数。为了提高运算速度，常常采用下面的形式计算多项式的值 $y = (\cdots((a_0x + a_1)x + a_2)x + \cdots + a_{n-1})x + a_n$。

程序如下：

```
real function vpoly(a, n, x)
    implicit none
    integer n, i
    real a(0:n), x

    vpoly = a(0)
    do i = 1, n
        vpoly = vpoly * x + a(i)
    end do
end function

program ex619
    implicit none
    integer m, i
    real a(0:30), x, vpoly

    do
        print *, '输入正整数 m(m <= 30):'
        read *, m
        if(m > 0 .and. m <= 30) exit
    end do
    print "(a, i2, a)",'输入', m + 1,'个多项式系数:'
```

```
      read *, (a(i), i=0, m)
      print *,'输入 x:'
      read *, x
      print "(a, f16.4)",'y =', vpoly(a, m, x)
      stop
   end program
```

在主程序中,定义了一个一维数组 a(0:30),只要多项式的次数不超过 30,就不必改动程序。这是编程时常常使用的一种方法。无论输入的 m 是什么值,在调用函数子程序 vpoly 时,哑元数组 a 总是与实元数组 a 的前 m+1 个元素相结合。因此,对于一维数组来说,只要哑元数组的大小不大于实元数组的大小,那么,哑元数组与实元数组的元素总是能够正确对应的。

但是,在二维或更高维数组情况下,就可能存在"哑元数组与实元数组错位结合"的问题。

例如,要对例 6.18 中的二维数组 y 使用下面的语句显示前 3 行 3 列的主对角元素之和:

print *,'数组 y 前 3 行 3 列的主对角元素之和 =',crosssum(y,3)

其结果并不是输出:

数组 y 前 3 行 3 列的主对角元素之和 = 18.000 00

而输出结果为:

数组 y 前 3 行 3 列的主对角元素之和 = 15.000 00

原因就是哑元数组 x 只是结合了二维数组 y 的前 9 个元素,x 与 y 的对应关系如图 6-1 所示。

y(1,1) = 1 x(1,1)	y(1,2) = 5 x(2,2)	y(1,3) = 9 x(3,3)	y(1,4) = 13
y(2,1) = 2 x(2,1)	y(2,2) = 6 x(3,2)	y(2,3) = 10	y(2,4) = 14
y(3,1) = 3 x(3,1)	y(3,2) = 7 x(1,3)	y(3,3) = 11	y(3,4) = 15
y(4,1) = 4 x(1,2)	y(4,2) = 8 x(2,3)	y(4,3) = 12	y(4,4) = 16

图 6-1 哑元数组 x 与实元数组 y 的对应关系

为了避免出现二维或更高维数组可能存在的"哑元数组与实元数组错位结合"问题,可以采用以下方法之一解决。

①改写被调用过程,不使用可调数组。把被调用过程中的哑元数组定义成与调用过程中的实元数组的维数、各维大小完全相同的常界数组。例如把例 6.18 函数子程序 crosssum 中的哑元数组定义为 real x(4,4)。这种方法往往造成所写过程难以通用的后果。例如,例 6.18 这样改写以后,主程序就不能对数组 f 进行计算了。

②改写调用过程。把调用过程中的实元数组定义成与被计算的数组的维数、各维大小完全相同的数组。例如,在例 6.18 主程序中再定义一个二维数组 s(3,3):real s(3,3),先用语句 s = y(1:3,1:3) 把二维数组 y 的前 3 行 3 列传送给它,然后再调用函数子程序 crosssum(s,3)。这种方法往往造成大量使用冗余数组、浪费较多存储空间的后果。

③改写调用过程的语句或表达式。使用 FORTRAN 90/95 提供的数组片段表达方式,使哑元数组与实元数组的指定部分相结合。例如,把例 6.18 主程序中计算 y 的前 3 行 3 列的调用表达式改写为 crosssum(y(1:3,1:3),3)。这种方法既简单又实用,是解决"哑元数组与实元数组错位结合"问题的首选方法。当然,还有其他方法,如把调用过程中的二维实元数组定义成与被调用过程中的哑元数组的大小完全相同的一维数组,等等。读者可以根据自己的经

验和需要进行选择和试验,甚至创造更加有效的方法。

4. 假定形状的数组

假定形状的数组是各维可以指定下界而不指定上界、必须出现维界分隔符“:”的哑元数组。维界分隔符“:”的个数表示数组的维数。如果未指定下界,则其值为1。

当哑元数组是假定形状的数组时,必须用过程接口块对被调用过程给予说明。

使用假定形状的数组不会出现在可调数组形式下的哑元数组与实元数组的“错位”问题。

例6.20 假定形状的数组使用示例。

```
function transr(a)
   implicit none
   real, dimension(:, :),  intent(in) :: a
   real, dimension(size(a, 2), size(a, 1)) :: transr
   transr = transpose(a)
 end function transr

program ex620
   implicit none
   interface
  function transr ( a )
 real,  dimension(:, :), intent(in):: a
 real,  dimension(size(a, 2),  size(a, 1)) :: transr
  end function transr
   end interface
   integer, parameter:: rows = 3, cols = 2
   real, dimension(rows, cols) :: a
   real, dimension(cols, rows) :: b
   real, dimension(2 * rows, cols * 2) :: aa
   real, dimension(cols * 2, 2 * rows) :: bb
   integer :: i, j

   a = reshape ( (/ ((i * j ,  i = 1, rows),  j = 1, cols) /),  shape(a) )
   b = transr(a)
   print * ,  'matrix a'
   call mprint (a, rows, cols)
   print * ,  'matrix b'
   call mprint (b, cols, rows)
   aa = reshape ( (/((i * j, i = 1, 2 * rows), j = 1, 2 * cols) /), shape(aa))
   bb = transr(aa)
   print * , 'matrix aa'
   call mprint (aa, 2 * rows, 2 * cols)
```

```
    print *,  'matrix bb'
    call mprint (bb, 2 * cols, 2 * rows)
    stop
end program

subroutine mprint(x, m, n)
    integer::m, n,  i, j
    real, dimension(m, n), intent(in):: x

    do i = 1, m
        do j = 1, n
      write( * , "(f6.2)", advance = 'no')x(i, j)
   end do
   write( * , * )
    end do
end subroutine mprint
```

执行结果为:

```
matrix a
  1.00  2.00
  2.00  4.00
  3.00  6.00
matrix b
  1.00  2.00  3.00
  2.00  4.00  6.00
matrix aa
  1.00  2.00  3.00  4.00
  2.00  4.00  6.00  8.00
  3.00  6.00  9.00 12.00
  4.00  8.00 12.00 16.00
  5.00 10.00 15.00 20.00
  6.00 12.00 18.00 24.00
matrix bb
  1.00  2.00  3.00  4.00  5.00  6.00
  2.00  4.00  6.00  8.00 10.00 12.00
  3.00  6.00  9.00 12.00 15.00 18.00
  4.00  8.00 12.00 16.00 20.00 24.00
```

在这个程序中,函数子程序 transr 中的哑元 a 是二维假定形状的数组。当执行语句 b = transr(a)时,其大小与实元二维数组 a(3,2)的大小一致。当执行语句 bb = transr(aa)时,其大小与实元二维数组 aa(6,4)的大小一致。

6.5.3 自动数组

自动数组只能出现在外部过程中。

自动数组不是哑元,但是,在其维界中可以有整型哑元。由于自动数组的大小是在过程入口处计算的,所以,其维界中哑元值在过程执行期间的改变不影响自动数组的大小。

自动数组不能具有 save 属性,不能出现在 save 语句或 data 语句中,也不能在说明时初始化。例如:

```
subroutine suba(a,b,n,s)
  implicit none
  integer n
  real,dimension(5,n):: w        ! 自动数组 w
  real a(:)                      ! 假定形状哑元数组
  real b(n,n)                    ! 可调哑元数组
  real::s(n, * )                 ! 假定大小哑元数组
  ⋮
end subroutine suba
```

6.6 递归过程与递归调用

所谓递归,是指用一个事物自身的简单情况来描述它自己的方式。例如:

$$n! = \begin{cases} 1 & n=0 \text{ 或 } n=1 \\ n\times(n-1)! & n>1 \end{cases}$$

在程序设计语言中,把过程直接或间接地自己调用自己的方式称为递归调用,把包含递归调用的过程称为递归过程。利用递归编写程序常常可使程序简洁、清晰。

递归过程是 FORTRAN 90 新加入的功能。下面通过例子简要介绍递归函数子程序和递归子例行子程序的定义及使用方法。

6.6.1 递归函数子程序

递归函数子程序的一般形式为:

```
recursive function  fun(哑元表) result(结果变量名)
  ⋮
  v = fun(实元表)
  ⋮
  结果变量名 = e
  ⋮
end function
```

其中:

recursive 表示 fun 是递归函数子程序的关键字。此时的 result(结果变量名)不可缺少。

fun 是递归函数子程序的名称。在这里,fun 没有值的概念,因此,在函数体中不允许出现

对 fun 的任何说明。递归函数子程序的函数值用 result(结果变量名)中的结果变量表示。所以,在递归函数子程序的函数体中,必须至少出现一次对 fun 函数的调用和至少出现一次对结果变量的赋值。

对递归函数子程序的调用形式,与前面介绍的对普通函数子程序的调用形式完全一样。

例 6.21 利用递归函数子程序计算 n!。

```
recursive function fact(n) result(f)
    integer, intent(in)::n
    integer::f

    if(n <=1) then
        f=1
        return
    else
        f=n * fact(n-1)
        return
    end if
end function

program ex621
    integer m, fact

    do
        print *, '输入一个正整数或0:'
        read *, m
        if(m >=0) exit
        print *, '输入了一个负整数:'
    end do
    print "(i4,'的阶乘=', i10)", m, fact(m)   ! 对递归函数子程序 fact 的调用
    stop
end program
```

程序执行示例:

输入一个正整数或0:

    4
    4 的阶乘 =   24

说明:

①当 m=4 时,递归函数 fact(m)的执行过程如图 6-2 所示。

②在使用递归过程时要特别注意:一是在定义递归过程时一定要有结束递归的条件,否则会出现无限递归,从而导致系统崩溃,如上例中的语句

    if(n <=1)then

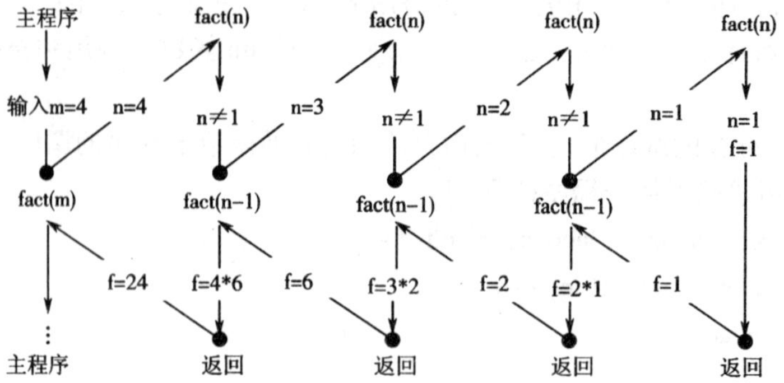

图 6-2　递归函数子程序 fact(n)调用过程示意图

```
f = 1
return
```

表示当 n = 0 或 n = 1 时,递归结束,当 n <= 1,即为结束递归的条件;二是在使用递归时既要看到递归程序具有简单、清晰、便于程序的阅读和维护的优点,也要看到递归程序具有执行效率低、系统资源开销大的缺点。在具体使用时要综合权衡。

6.6.2　递归子例行子程序

递归子例行子程序的一般形式为:

```
recursive subroutine   sub(哑元表)
   ⋮
call sub(实元表)
   ⋮
end
```

下面通过例子看一下递归子例行子程序的定义和使用方法。

例 6.22　利用递归计算 n 次二项式的展开系数。

已知二项式的展开式为:

$$(a+b)^n = \sum_{k=0}^{n} c_n^k b^k$$

该式中共有 $n+1$ 个系数,并呈杨辉三角形形式:

```
               1                           n = 0
            1     1                        n = 1
         1     2     1                     n = 2
      1     3     3     1                  n = 3
   1     4     6     4     1               n = 4
1     5    10    10     5     1            n = 5
........................................
```

这些系数间除了首尾两项系数为 1 外,当 $n>1$ 时,n 阶中间各项系数是 $n-1$ 阶的相应两项系数之和,即如果把 n 阶的系数列为数组 c(i,n),则除了 c(1,n)和 c(n+1,n)恒为 1 外,c(i,n) = c(i,n − 1) + c(i − 1,n − 1)。当 $n = 1$ 时,只有两个取值为 1 的系数 c(1,1)和

c(2,1)。因此,任意 n 阶的系数可由 $n-1$ 阶的系数求得,直到 $n=1$ 为止。所以,可写成递归子程序形式。

```
program ex622
    integer :: n = -1, i
    integer,  allocatable :: cc(:)
    do while(n <0)
        print *,  "输入 n(n >=0)"
        read *,  n
    end do
    allocate(cc(n +1))
    call coef(cc, n)
    write( * , "(i3, a)")n,'次二项式的展开系数:'
    do i =1, n +1
        write( * , '(i5)', advance ='no') cc(i)
    end do
    write( * , * )
    deallocate(cc)
    stop
end program

recursive subroutine coef(c, n)
    integer :: c(1:n +1), n, i

    if(n ==0) then
        c(1) =1
    elseif(n ==1) then
        c(1) =1
        c(2) =1
    else
        call coef(c, n -1)
        c(n +1) =1
        do i =n, 2, -1
            c(i) =c(i) +c(i -1)
       end do
       c(1) =1
     end if
end
```

程序执行示例:

输入 n(n >=0)

7

7 次二项式的展开系数：

1 7 21 35 35 21 7 1

当 n = 5 时，递归子例行子程序 coef(c，n) 的执行过程如图 6-3 所示。

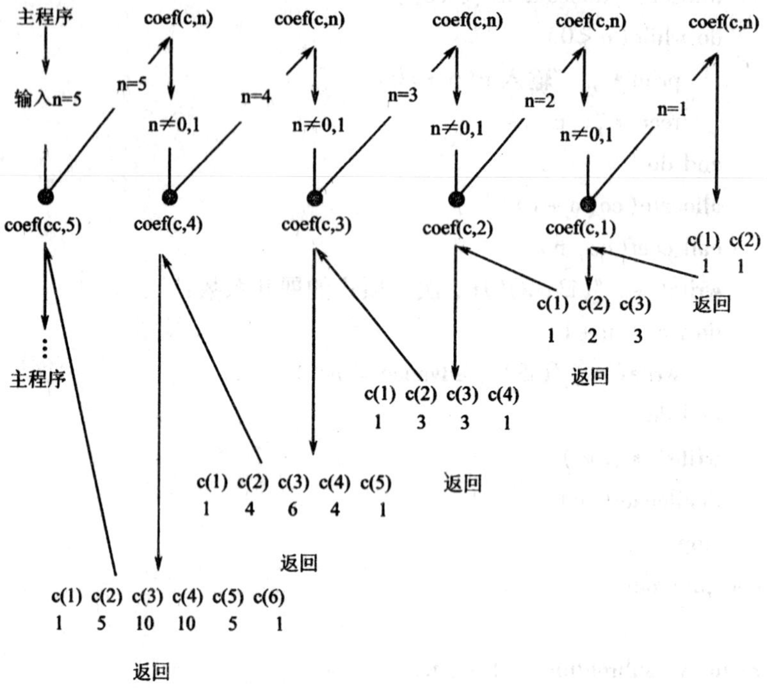

图 6-3 递归子例行子程序 coef(c，n) 的调用过程示意图

6.7 内部过程和并行过程

6.7.1 内部过程

所谓内部过程，就是包含在程序单元里的 contains 结构中的函数子程序和子例行子程序，只有包含它们的程序单元才能够调用这些过程。

以主程序中的内部过程为例，其形式如下：

```
program main
! 说明语句
  ⋮
! 可执行语句
  ⋮
contains
! 内部过程的定义
  ⋮
```

```
end program main
```

其中,contains 语句是非执行语句。

把从 contains 语句开始直到 end program main 语句的前一条语句为止的这段程序称为 contains 结构。contains 结构标志着程序单元中可执行部分和程序包含的任意内部子程序之间的分界,它将内部过程与主过程分开。

例 6.23　利用内部过程计算 $n!$。

```
program ex623
    implicit none
    integer n, f

    do
        write( * , "(a)", advance = 'no') '输入一个非负整数:'
        read * , n
        if( n >=0) exit
        print * ,'输入了一个负整数, 重输!'
    end do
    f = fact( n)
    print "(i3,'!  =', i10)", n, f
    ! 内部过程说明
   contains
    function fact( n)
        integer: :n, fact, i
        fact = 1
        do i = 1 , n
            fact = fact * i
        end do
      end function
 end program
```

在上面程序的 contains 结构中只包含一个内部函数。

利用内部过程编写程序,不仅可以实现 FORTRAN 中原来的语句函数功能,而且可以实现更加复杂的功能。

6.7.2　并行过程

并行过程是在 function 或 subroutine 之前加上 pure 或 elemental 的过程。它们是专门用于并行计算的。并行计算是高性能计算的一个重要方面。

1. PURE 过程

使用 pure 过程时有以下限制:

①pure 函数子程序中除指针哑元以外的全部哑元必须都是只读的,即有 intent(in)属性;

②pure 子例行子程序的全部哑元必须都要有 intent 属性;

③pure 过程中不允许有 save 属性的变量;

④pure 过程中所包含的内部过程也必须都是 pure 过程;

⑤pure 过程中不得使用 stop 及与输入/输出相关的语句,如 open、read、write、print、backspace、rewind、inquire、endfile、close 等;

⑥pure 过程中只能读取,而不能改变全局变量的值。

这些限制都是为了避免在并行计算时出现奇怪的执行结果而制定的。

例 6.24 pure 函数子程序示例。

```
program ex0624
    implicit none
    integer,  external :: func
    write( * , * ) func(4, 7)
    stop
end program

pure integer function func(a, b)
    implicit none
    integer,  intent(in) :: a, b
    func = a * b
    return
end function
```

2. ELEMENTAL 过程

使用 elemental 过程时有与 pure 过程相同的限制。而且,由于该过程还可以对数组进行设置,所以它不允许数组做哑元。同时,必须用过程接口块对被调用的 elemental 过程给予说明。

例 6.25 elemental 函数子程序示例。

```
program ex625
    implicit none
    interface  ! 说明函数 func 的使用接口
        elemental real function func(num)
      real,  intent(in) :: num
   end function
    end interface
    integer i
    real :: a(10) = (/((i-1) *3.14159/3.0, i=1, 10)/)
    real :: b(10)

    write( * , "(10F6.2)") a
    a = func(a)  ! 调用 elemental 函数子程序 func
    write( * , "(10F6.2)") a
end program
```

```
elemental real function func(num)
    implicit none
    real,  intent(in) :: num
    func = sin(num) + cos(num)
    return
end function
```

执行结果为：

```
0.00  1.05  2.09  3.14  4.19  5.24  6.28  7.33  8.38  9.42
1.00  1.37  0.37 -1.00 -1.37 -0.37  1.00  1.37  0.37 -1.00
```

主程序中的语句 a = func(a) 调用了 elemental 函数子程序 func(num)。这个语句看上去有点怪：哑元是一个变量，而实元是一个数组，函数子程序 func(num) 返回一个实型值，而赋值号左边是一个数组。

实际上，由于函数子程序 func(num) 是一个 elemental 函数，所以系统自动使该语句的作用相当于下面的循环：

```
do i = 1,10
   a(i) = func(a(i))
end do
```

这样，数组中的全体元素会被自动重新设置。

6.8 变量作用域与不同程序单元间的数据共享

6.8.1 变量作用域

作用域是指一标识符具有唯一含义的区域。

FORTRAN 语言的变量作用域为语句变量、局部变量和全局变量的作用域。

1. 语句变量作用域

如果变量的作用范围仅限于一个语句内部，那么，它具有语句变量作用域。

一个语句函数的哑元和一个 data 语句中出现的隐 do 循环变量只具有语句变量作用域。也就是说，它们可以和局部变量或全局变量重名而不会相互混淆。

2. 局部变量作用域

如果变量的作用范围仅限于它们所在的程序单元内，那么，它具有局部变量作用域。

FORTRAN 语言是一种块状结构语言，即各程序单元间是相互独立的。因此，前面介绍的任何一个不是语句变量的变量、任何一个数组、哑元、语句函数、内部函数、内在函数、一个过程接口体的哑元等都属于局部变量。

正因为如此，各程序单元间需要通过调用而相互联系，需要通过调用期间的哑实结合而相互传递数据。这种机制为协作开发大型程序带来很大方便。

局部变量名不能与任何全局变量重名。同一程序单元内的局部变量名也不能重名。

3. 全局变量作用域

如果变量的作用范围是整个程序，那么，它具有全局变量作用域。

前面介绍的任何外部函数子程序的变量作用域都是全局变量作用域。

全局变量能够使变量、数组在整个程序范围内都可以引用。在 FORTRAN 77 中，“全局变量”只能通过公用语句创建“公用区”实现。在 FORTRAN 90 中，“全局变量”还可以通过一种称为“模块”的程序单元实现。

本节仅介绍通过公用语句创建“公用区”实现“全局变量”的方法。

6.8.2 公用语句

公用语句用于创建“公用区”，使不同程序单元之间共享数据的语句。

一个公用区由若干个连续的存储单元构成。公用语句的作用是使不同程序单元的不同变量、数组分配到同一公用区，从而达到数据共享的目的。

在一个程序中，可以有多个有名公用区和一个无名公用区。

1. 公用语句的一般形式

common/ $\mathbf{n_1}$/变量名表 1/[$\mathbf{n_2}$/变量名表 2]…或…

其中：

n_1、n_2 为公用区的名字，命名规则同变量名。

如果 n_i 非空，表示把变量名表 i 中的全部成员按照表 i 中的顺序依次分配到有名公用区 n_i。

如果 n_i 为空，表示把变量名表 i 中的全部成员按照表 i 中的顺序依次分配到无名公用区。

变量名表由逗号隔开的变量名、数组名和数组说明符组成，其中不得出现数组元素名、数组片段、哑元名、函数名或函数结果变量名、自动数组名、动态数组名。变量名表中的成员称为公用区元素。例如：

```
real x,y,a,s
integer p,q,b(5,8),pa
character f*15
common /da1/x,y/da2/a,b/da3/p,q//s(10),pa,f
```

表示开辟了三个有名公用区 da1、da2、da3 和一个无名公用区。公用区 da1 中依次分配实型变量 x、y，共占用 8 个字节；公用区 da2 中依次分配实型变量 a 和整型数组 b(5,8)，共占用 44 个字节；公用区 da3 中依次分配整型变量 p、q，共占用 8 个字节；无名公用区依次分配实型数组 s(10)、整型变量 pa 和字符型变量 f，申请占用 59 个字节。

2. 公用语句的使用规则

①公用语句必须写在数组说明语句和类型说明语句之后以及任何可执行语句之前。

②如果无名公用区紧接着 common 出现，则可省略原来的两条斜线。例如：

```
common //x,a,b
```

和

```
common x,a,b
```

的作用相同。

③公用语句用于不同程序单元之间的数据共享，即某一程序单元中的公用区中的变量取

某一值时,则其他程序单元公用语句中对应位置上的变量也取得同一值。例如:

```
program main
  real b1,b2,b3,b4,b5,b6,q
  integer i,n
  common b1,b2,b3,b4,b5,b6,i,n,q
  read( *, * )b1,b2,b3,b4,b5,b6
     ⋮
end
subroutine   fub
  real a1,a2,a3,a4,a5,a6,x
  integer m,j
  common a1,a2,a3,a4,a5,a6,m,j,x
  m =5
    ⋮
end
```

两个程序单元都使用了无名公用区。各程序单元的无名公用区中各元素的对应关系如下:

```
main:b1  b2  b3  b4  b5  b6  i   n   q
     ↓   ↓   ↓   ↓   ↓   ↓   ↓   ↓   ↓
fub: a1  a2  a3  a4  a5  a6  m   j   x
```

因此,主程序读入 b1、b2、b3、b4、b5、b6 值后,子程序 fub 中的 a1、a2、a3、a4、a5、a6 也就被定义(即具有相应的值)。而子程序 fub 中对 m 的赋值,就是对无名公用区中主程序的对应元素 i 值的改变。这就是利用公用区共享信息、交换数据的原理。

④不同程序段中利用公用区共享的数据,完全由变量在公用语句中的位置决定,而与名称无关。

⑤一个变量名只能在一程序单元中所有公用语句中出现一次。

⑥各程序单元中的同一有名公用区的长度(所占字节个数)必须一致,但无名公用区的长度可以不一致,且以其中所需的最大长度为长度。

⑦一个程序单元中可以出现多个公用语句,一个公用区名可以出现在多个公用语句中,其效果与只有一个公用语句但把各同名公用区中的公用区元素按原有顺序连成一个长公用区元素表相同。例如,下面三条语句:

```
common x,a,b/com1/s(4,5)//r(10)
common /com1/p,q,z
common //t,ya/com1/y(20),bk
```

与写成如下的一条语句:

```
common   x,a,b,r(10),t,ya/com1/s(4,5),p,q,z,y(20),bk
```

等效。

⑧各程序单元中的同一公用区内对应公用区元素可以具有不同数据类型。在这种情形下,由于不同类型的值在计算机内的表示形式差别很大,所以,公用区元素间不可能共享信息,只能起到“占位”和节省存储空间的作用。例如:

```
program main
   real b1,b2,b3,b4,b5,b6,q
   integer i,n
   common b1,b2,b3,b4,b5,b6,i,n,q
   read( * , * )b1,b2,b3,b4,b5,b6
   call fub
   print * ,i
      ⋮
end
subroutine   fub
   real a1,a2,a3,a4,a5,a6,x,m
   integer a1,j
   common a1,a2,a3,a4,a5,a6,m,j,x
   print * ,a1
   m =5.0
   ⋮
   return
   ⋮
end
```

由于主程序中的实型变量 b1 和整型变量 i 分别与子例行子程序的整型变量 a1 和实型变量 m 对应,所以,在调用 fub 时,执行语句 print * ,a1 将在屏幕上显示难以理解的结果。同样,在返回到主程序后,执行语句 print * ,i 也将在屏幕上显示难以理解的结果。

由于这个原因,如果不小心造成了公用区元素间的“错位”,将导致很难发现的结果异常错误。

通过公用区使不同程序单元之间共享数据,首先是提高了程序的运行速度,因为各程序单元之间数据直接传递,而不必进行哑实结合;其次可以减少或根本不用哑元,降低了程序单元之间的接口复杂程度;另外,使用公用区与使用哑元相比较,前者目标程序的长度稍短一些,节省了一点存储空间。

但是,任何事物都有两面性。使用公用区削弱了程序单元之间的相互独立性,给阅读、修改、测试和维护程序带来了困难。正如前面说过的,如果使用不当将会产生难以查找的错误。

例 6.26 写出下面程序的输出结果。

```
program ex626
    implicit none
    integer l, j, myfun
    common l

    l=1
    j=myfun(5) +myfun(5) +myfun(5)
    print * , l, j
```

```
      stop
end program

function myfun(n)
    implicit none
    integer n, i, myfun
    common i

    i = i + 2
    myfun = n * i
    return
end
```

输出结果为:

```
7   75
```

6.8.3 数据块程序单元

数据块程序单元也称为数据块子程序。它是专门用于给有名公用区中的非指针变量赋初值的。

1. 数据块子程序的一般形式

block data [子程序名]
  说明部分
end block data [子程序名]

2. 数据块子程序的使用规则

①一个程序中可以有多个数据块子程序,当一个程序中只有一个数据块子程序时,该子程序名可以不写。

②数据块子程序内的说明部分仅可以出现如下语句:implicit、parameter、类型说明、派生类型说明、dimension、pointer、common、equivalence 和 data。

③数据块子程序内的所有语句均为非执行语句,其功能是在编译期间给有名公用区中的非指针变量赋初值,而不能给无名公用区中的任何变量赋初值,它不能被其他程序单位调用。

④一个有名公用区中的变量只能集中在一个数据块子程序中赋初值,即使仅对公用区中部分变量赋初值,这些公用区中的变量也必须全部列出。

⑤一个数据块子程序内可以同时给多个有名公用区中的非指针变量赋初值。

⑥数据块子程序名不能与主程序名、公用区名、外部过程名、模块名等同名。

⑦在数据块子程序中使用 data 语句给非指针变量赋初值。

例如:

```
block data
  real x1,x2,x3,x4,r,s,t,u,v
  common /da1/x1,x2,x3,x4/da2/r,s,t,u,v
  data  x1,x4,s,u/1.5,2 * -5.3,0/
```

```
end block data
```

表示把公用区 da1 中的 x1、x4 和公用区 da2 中的 s、u 分别赋初值 1.5、-5.3、-5.3、0。

data 语句也可以出现在主程序和外部过程中，对非公用区变量赋初值。

6.8.4 等价语句

等价语句是说明语句，它必须出现在程序单元的任何可执行语句之前。其作用是使同一个程序单元中的两个或更多的变量共用同一个存储单元，换句话说就是为同一个存储单元定义多个符号名。这里特别需要强调的是同一个程序单元。因此，主程序和过程之间以及过程相互之间不同变量不能用等价语句指定共用存储单元。

等价语句的用途有三个：一是节省存储空间；二是允许给一个变量起两个或更多的别名；三是当一个变量与别名类型相同时可以共享数据。

等价语句的形式为：

equivalence (变量名表 1),(变量名表 2),…

其中：每一对括号内的变量名表称为一个等价表或等价集合，等价表中可以出现变量名、数组元素或数组名、字符子串，但至少应该有两个成分，它们之间用逗号分开。如果出现的是一个数组名，则表示该数组的首元素。例如：

```
real a,b
equivalence (a,b)
```

该语句指定本程序单元中的变量 a 和 b 同占一个存储单元，也就是说这两个变量都从同一个存储单元中取值，只要其中一个变量得到某个值，其他一个变量也就必须具有相同的值。但必须强调这不是数学上的等值，而是由于共享一个存储单元而得到的方便。值得指出的是，对于普通变量来说，使用等价语句节省存储空间的效果不明显，甚至没有必要，而对于一些需要多个大型数组的问题才有意义。

6.9 多文件与 INCLUDE 语句

一个 FORTRAN 程序可以由多个文件组成。可以用 include 语句将另一个文件中的源程序段包括进来，实现复制功能。比如，可以将程序中多处引用的一段语句放入一个文件中，这样在调用时可以保持语句的形式和文字是完全相同的。include 语句的功能是让编译器停止读取当前文件而从一个文件中读取语句，读完后再继续读取当前文件中的下一条语句。

include 语句的一般形式是：

include '文件名[/[**no**]**list**]'

其中：

文件名是一被当前使用的操作系统认可的字符串。

/[no]list 选项指明文件中的代码是否出现在编译源程序的列表中，缺省值是/nolist。

例如：

```
! 主程序
program main
   implicit none
```

```
    integer::i
    include 'common.for'
    real,dimension(m)::z
    read *,y
    call cube
    do i=1,m
       z(i)=x(i)+sqrt(y(i))
        ⋮
    end do
     ⋮
end
! 子程序
subroutine cube
    implicit none
    integer::i
    include 'common.for'
    do i=1,m
       x(i)=y(i)**3
    end do
    return
end
```

包含文件 common.for 的内容是：

```
integer,parameter :: m=100
real,dimension(m) :: x,y
```

注意：在一个包含文件中可以有其他的 include 语句，但不能是递归的，否则将层层嵌套直到耗尽系统资源。

6.10 程序举例

例 6.27 编写子程序，将字符串中的小写字母转换成大写字母，其他字符不变。

```
subroutine toupcase(str)
    implicit none
    character*(*)str, ch*1
    integer i
    do i=1, len(str)
        if(str(i:i)>='a'.and.str(i:i)<='z')then
        ch=char(ichar(str(i:i))+ &
            ichar('A')-ichar('a'))
        str(i:i)=ch
```

```
        end if
    end do
end subroutine

program ex627
    implicit none
    character * 80  line

    print * , '输入一个字符串：'
    read '(a)', line          ! 可输入空格符、制表符
    call toupcase(line)
    print * , line
    stop
end program
```

该程序的执行示例:

输入一个字符串:

```
abcDE xyz123 + - */
ABCDE XYZ123 + - */
```

例 6.28 阅读下面的程序,写出运行结果。

```
program ex628
    implicit none
    integer a, b, c, d
    common a, b, c, d

    a = 5; b = -3; c = 0; d = 20
    print * , a, b, c, d
    call sub1
    print * , a, b, c, d
    stop
end program

subroutine sub1
    implicit none
    integer a, b, d
    common a, b, d

    b = 7
    print * , a, b, d
    call sub2
```

```
end subroutine

subroutine sub2
    implicit none
    integer b, d
    common b, d

    print *, b, d
    b =9; d = -10
end subroutine
```

运行结果为：

```
5     -3     0     20
5      7     0
5      7
9    -10     0     20
```

例 6.29 利用递归计算三元裴波那切序列的第 8、11、15 项，即 t(8)、t(11)、t(15)的值。已知：

$t(1)=1;t(2)=1;t(3)=1$

$t(n)=t(n-1)+t(n-2)+t(n-3) \quad (n>3)$

```
recursive function tribonacci (n) result (t_result)
    implicit none
    integer, intent(in):: n
    integer:: t_result
    if (n <=3) then
        t_result = 1
    else
        t_result = tribonacci(n -1 ) + &
        tribonacci(n -2) + tribonacci(n -3)
    end if
end function tribonacci

program ex629
    implicit none
    integer:: n, m, tribonacci

    do
        write ( * , * ) '输入 n(n <=0 时退出):
        read( * , * ) n
        if (n <=0) exit
```

```
        m = tribonacci (n)
        write( *, * ) n, m
    end do
end program
```

运行结果为：

```
  输入 n(n <=0 时退出)：
8
          8          31
  输入 n(n <=0 时退出)：
11
          11         193
  输入 n(n <=0 时退出)：
15
          15         2209
  输入 n(n <=0 时退出)：
0
```

习　题

一、单项选择题

1. 下列形式中，不能作为哑元的是______。

A. 外部过程　　B. 数组　　C. 表达式　　D. 变量

2. FORTRAN 语言中，关于子例行子程序的正确概念是______。

A. 可以以哑实结合方式传递数据　　B. 必须有哑元

C. 需要时应进行类型的说明　　D. 必须与主程序在同一文件

3. FORTRAN 语言中，关于函数子程序的正确概念是______。

A. 若无哑元则函数名后的括号可以省略　　B. 哑元不能有返回值

C. 由函数名或指定变量名返回函数值　　D. 不能进行递归调用

4. 哑元为数组名时，实元可以是______。

A. 数组名　　B. 变量名

C. 常数　　D. 数组名或数组元素名或数组表达式

5. 一个 FORTRAN 源程序的运行总是从______开始。

A. 第一个外部过程　　B. 主程序

C. 第一个程序单元　　D. 指定的一个程序单元

6. 在______中不可出现可调数组。

A. 主程序　　B. 函数子程序　　C. 子例行子程序　　D. 内部子程序

7. 设主程序中的变量 m、b 已按 i－n 规则确定类型并赋值，FORTRAN 子例行子程序 sub 如下。若要改变 b 的值，则正确调用该子例行子程序的语句是(　　)。

```
subroutine sub(i,x)
```

```
    x = x + i
  end
```

A. call sub(m,m)　　B. call sub(m +4,b)　C. call sub(b,b)　　D. call sub(b,b +4)

二、写出程序的运行结果

1.
```
      common k,m,n,l
      k =4
      m =5
      call aaa
      write( * ,100) k,m,n
100   format(1x,3i4)
      end
      subroutine aaa
      common j,k,m,n
      j =j +k
      m =j * k
      n =j +m
      end
```

2.
```
integer function fun(m)
    m  =  m/3
    fun  =  m * m +2
end
integer::a,b,x =28,fun
  a  =  fun(x)/fun(x)
  b =  fun(x) +fun(x)
  print * ,a,b
end
```

3.
```
integer fun
read * ,n
print * ,fun(n)
cnd
function fun(m)
integer fun
i  =  m +1
do
  do k =2,i
    if(mod(i,k) ==0) exit
  enddo
  if(k >=i) then
    fun  =  i
```

```
      exit
    else
      i = i+1
    endif
  enddo
  end
  输入 5:
  输入 11:
```

4.
```
integer::a(9) = (/1,2,3,4,5,6,7,8,9/)
integer::n = 3
call sub(a,n)
print'(1x,9i4)',a
end
subroutine sub(x,n)
integer x(n,n),t
do i = 1,3
  do j = i+1,3
    t = x(i,j)
    x(i,j) = x(j,i)
    x(j,i) = t
  enddo
enddo
end
```

5.
```
integer a(3,4)
  a = 1
  do  m = 1,3
      do  n = 1,4
              call sub(a,3,4,m,n)
      end do
  end do
  write( * ,"(6i4)")(a(i,:) , i=1,3)
  write( * ,"(f6.2)")f(a,3,4)
end
subroutine sub(p,m,n,i,j)
     integer  p(m,n)
     p(i,j) = p(i,j) +j-i
end
function f(p,m,n)
     integer  p(m,n)
```

```
      f = 0
      do  i = 1,m
          do  j = 1,n
              f = f + p(i,j)
          end do
      end do
  end
```

6.
```
subroutine sub(a,m)
integer::a(5),m,i
if(m<5)then
    do i = 1,5
        a(i) = a(m)
    end do
else
    a(5) = m
end if
m = 4
return
end
    integer:: x(5),n = 5
    x = (/2,1,2,3,4/)
    call sub(x,n)
    write(*,"(6i5)")x,n
end
```

7.
```
integer:: x(4,4),k,fun
data x/1,2,3,4,5,6,7,8,9,10,11,12,13,14,15,16/
k = fun(x,2)
write(*,*)k
end
function fun(b,n)
    integer::b(n,n),m = 0,i,fun
    do i = 1,n
        m = m + b(i,i)
    end do
    fun = m
end
```

8.
```
program  try
integer::a,b,x = 25
a = fun(x)/fun((x))
```

```
b = fun(x) + fun(x)
print * ,a,b
contains
  integer function fun(m)
   m  =  m/2
   fun  =  m * m + 1
 end function
end
```

三、程序填空

1. 下列子例行子程序的功能是矩阵相乘，即 $\boldsymbol{C}_{m\times p}=\boldsymbol{A}_{m\times n}\times\boldsymbol{B}_{n\times p}$，其中 $c_{ij}=\sum_{k=1}^{n}a_{ik}\times b_{kj}$，请填空。

```
subroutine   matpro(a,m,n,b,p,c)
  integer ::m,n,p,i,j,k
  real:: a(m,n),b(n,p),c(m,p),t
  do i =1,m
    do j =1, p
      t =0.0
      do k =1, ___[ 1 ]___
         t =t + ___[ 2 ]___
      enddo
      c(i,j) =t
    ___[ 3 ]___
enddo
end
```

2. 下面为子例行子程序，将整数 x 转换成 $r(2\leqslant r\leqslant 9)$ 进制的数，结果存放在数组 b 中，b(0)存放 r 进制数的位数，最低位放在 b(1)中，请填空。

```
subroutine transx(x,r,b)
    integer, intent(in):: x, r
    integer, intent(out)::b(0:20)
    integer::i =0,x1
    x1 =abs(x)
    do while(x1 /= 0)
      i  = i+1
      b(i)  = ______[ 1 ]____
      x1  = ______[ 2 ]______
    enddo
    b(0) = _____[ 3 ]___
    return
```

```
end
```

3. 下面为子例行子程序，计算矩阵 $A_{m\times n}$ 中第 j 列中绝对值最小的元素及所在的行号。填充源程序中的空白处。

```
subroutine sub(a,j,am,l,m, n)
    real  a (______[ 1 ]______)
    am = abs(______[ 2 ]______)
    l = ______[ 3 ]______
    do k =2,n
       if(abs(a(k,j)) <  am )then
         am = abs(______[ 4 ]______)
         l = k
       endif
    enddo
    return
end
```

4. 下面为函数子程序，计算两个整数的最大公约数。填充源程序中的空白处。

```
function gcd(x,y) result(r)
   integer::x,y
   integer::r,x1,y1
   x1 =x
   y1 =y
   ______[ 1 ]______
   do while(r /= 0)
       x1 =y1
       y1 =r
       ______[ 2 ]______
   end do
       ______[ 3 ]______
   return
end
```

5. 下面的程序运行时生成如下图案，请填空。

```
      *
    * * *
  * * * * *
* * * * * * *
  * * * * *
    * * *
      *
```

```
subroutine stars(m,dc)
```

```
character::dc
integer:: m
do    k = 1,m/2 +1
    do l = ______[ 1 ]______
      write( * ,"(a1)",advance ='no')"  "
    end do
    do l = ______[ 2 ]______
      write( * ,"(a1)",advance ='no')dc
    end do
    ______[ 3 ]______
end do
do    k = m/2,1, -1
    do l =k,m/2 +1
      write( * ,"(a1)",advance ='no')"  "
    end do
    do l =1,2 * k -1
        write( * ,"(a1)",advance ='no')dc
    end do
    write( * , * )
  enddo
end
  integer lines
  character ch
  lines =7
  ch ='*'
  call stars(lines,ch)
end
```

四、按要求编写程序

1. 回文诗是一种修辞手法。我国古代有正读与反读皆能成意的回文诗、逐句回文诗、倒句回文诗、连环回文诗等。如,苏轼的逐句回文诗《菩萨蛮》如下:

落花闲院春衫薄,薄衫春院闲花落。

迟日恨依依,依依恨日迟。

梦回莺舌弄,弄舌莺回梦。

邮便问人羞,羞人问便邮。

又如,李半黎的倒句回文诗《鸟醉花香》如下:

冬伴春来春伴冬,风随雨洒雨随风。

鸟醉花香花醉鸟,松恋雪洁雪恋松。

编写一个逻辑型外部函数子程序,判定已知的字符串是否为逐句回文诗(注意忽略标点符号和断句)。读入一个字符串,调用该外部函数并输出判定结果。

2. 编写外部函数子程序，计算 $S=\sqrt{N}+\sqrt{N+1}+\sqrt{N+2}\cdots$的值。再编写主程序，从键盘输入 $N(N>2)$，调用该外部函数，计算 $S=\sqrt{N+1}+\sqrt{N+2}+\cdots+\sqrt{\mathrm{int}(SI)}$，其中 $SI=\sqrt{1}+\sqrt{2}+\cdots+\sqrt{N}$）。

3. 编写外部函数子程序，计算 $\sin x=x-\frac{x^3}{3!}+\frac{x^5}{5!}-\frac{x^7}{7!}+\cdots$的值，直到最后一项的绝对值小于 10^{-6}为止。再编写主程序，从键盘读入 x，调用该外部函数并输出 s 的计算结果。

4. 编写一个求 N 行 M 列实型数组每行元素之和的最大值的函数子程序，在主程序中定义一个 4 行 5 列的实型数组，利用该函数子程序求该数组每行元素之和的最大值，并由主程序输出结果。

5. 编写外部子例行子程序，判断一个整数是否为偶数或奇数。在主程序中调用它，以便分别求出 100 个整数中奇数和偶数的个数。

6. 编写外部子例行子程序，完成将 M 个学生 N 门课的考试成绩按总成绩由高到低的顺序进行排序（带学号）。在主程序中调用它，实现将 30 个学生 6 门课的考试成绩按总成绩由高到低的顺序进行排序，并输出排序结果（带学号）。

7. 编写外部子例行子程序，计算 M 个学生 N 门课的每门课的平均考试成绩，并按每门课的平均成绩由高到低的顺序进行排序（带课号）。在主程序中调用它，实现将 30 个学生 6 门课的每门课的平均考试成绩由高到低的顺序进行排序，并输出排序结果（带课号）。

8. 编写外部子例行子程序，计算任一 N 行 N 列实型矩阵中上三角各元素之和。在主程序中调用它，计算一个 4 行 4 列的实型矩阵中上三角各元素之和，并输出计算结果。

9. 编写用内部过程实现上面 1 ~8 题的程序。

10. 用递归外部函数子程序计算 x 的 n 阶勒让德多项式 $P_n(x)$的值。递归公式如下：

$$P_0(x)=1$$

$$P_1(x)=x$$

$$P_n(x)=((2n-1)xP_{n-1}(x)-(n-1)P_{n-2}(x))/n \quad (n>1)$$

在主程序中从键盘读入 x 和 n，调用它并输出计算结果。

11. 用递归过程求解问题：如果一头小母牛从出生起第四个年头开始每年生一头母牛，按此规律，第 n 年时共有多少头母牛？在主程序中从键盘读入 n，调用它并输出计算结果。

第 7 章　FORTRAN 模块

模块作为一个独立成分在现代程序设计中起着重要作用。通过本章的学习,应达到如下目标:

- 了解 FORTRAN 语言中模块的基本概念;
- 掌握外部过程、数据块子程序和模块的用途。

7.1　模块概述

在 FORTRAN 中有四种不同的程序单元:主程序、外部过程、数据块子程序和模块。

模块是在 FORTRAN 90 中新增加的一种独立编写的程序单元。

模块中可包含其他程序单元(主程序、函数子程序、子例行子程序)访问的数据、过程和派生类型的说明和定义,如变量、数组的说明、派生类型的定义、函数子程序、子例行子程序的定义等。

模块的主要作用是供其他程序单元引用和支持面向对象的程序设计。

如果一个程序单元引用模块,实际上就是把该模块内的全部语句复制到本程序单元中,并且所有与模块中的名字相同的变量彼此共享存贮单元。如果模块程序单元中包含有过程的定义,那么,这些过程也可供其他程序单元使用。所以使用模块的第一个作用就是共享。

还可以把某个算法的数据及其实现或者对于某种派生类型的定义和操作封装在一个模块中。例如,高精度数值积分、快速傅立叶变换等算法各自封装在一个模块中;对于高考生、职工等派生类型的定义和操作各自封装在一个模块中。

这样,通过模块 FORTRAN 可以支持面向对象的程序设计方法。所以使用模块的第二个作用就是进行面向对象的程序设计。

在 FORTRAN 2003 标准中,增加和提高了支持面向对象的程序设计的成分,使得模块的作用进一步增强。

7.2　模块的基本组成与使用

7.2.1　模块的基本组成形式

模块的基本组成形式为:

```
module 模块名
  [ 说明部分 ]
  [ contains
      模块过程部分 ]
end [ module [模块名] ]
```

其中：

说明部分可以出现类型说明、common 语句、data 语句、dimension 语句、pointer 语句等，但是不能出现语句函数、format 语句、entry 语句。

模块过程部分可以包含若干个函数子程序、子例行子程序。因为这些过程是书写在模块内部，所以称它们为模块过程。

contains 语句把模块的说明部分与模块过程部分区分开。例如：

```
module myutils
! 定义数学常数
   Real, parameter:: pi =3.14159
! 说明部分
   type point
      real::x,y
   end type point
! 模块过程部分
   contains
   subroutine displaypoint( p )
       type(point)::p
       write( * , "('(',f7.2,',',f7.2,')')" )p
   end subroutine displaypoint
   function distanceofpoints(p1,p2) result(d)
      type(point)::p1,p2
      real::d
      d = sqrt( (p1%x - p2%x) * *2 + (p1%y - p2%y) * *2 )
   end function distanceofpoints
end module myutils
```

7.2.2 模块的共享使用

一般形式为：

use 模块名

注意：use 语句必须作为一个程序单元内的第一个语句出现。

例 7.1 模块共享使用示例。

```
module myutils
  ! 说明部分
    type point
       real::x,y
    end type point

  ! 模块过程部分
    contains
```

```
    subroutine displaypoint( p )
        type(point)::p
        write( * , "('(',f7.2,',',f7.2,')')" ) p
    end subroutine displaypoint

    function distanceofpoints(p1,p2) result(d)
       type(point)::p1,p2
       real::d
       d = sqrt( (p1%x - p2%x) * *2 + (p1%y - p2%y) * *2 )
    end function distanceofpoints
end module myutils

program ex701
    use myutils
    implicit none
    type(point)::a,b
    real::dis

    print *,'输入两个点的坐标:'
    read * , a,b
    call displaypoint( a )
    call displaypoint( b )
    print *,'两个点的距离 =', distanceofpoints(a,b)
    stop
    end program ex701
```

程序执行示例：

```
输入两个点的坐标:
   2,5,6,8
   (    2.00,    5.00)
   (    6.00,    8.00)
    两个点的距离 =      5.000000
```

7.2.3 公有共享和私有使用

对于模块中的数据和过程，可以用 public 或 private 命令和属性说明公有共享和私有使用。

public 和 private 表示访问权限。

所有被说明为公有共享的数据和过程，在它们所在的模块内可以被引用，而且，在引用模块时都能够被直接引用。

所有被说明为私有使用的数据和过程，在它们所在的模块内可以被引用，而在模块外均不允许被直接引用。

未用 public 或 private 命令和属性说明的数据及过程，缺省访问权限为 public，即公有。

例 7.2 模块中数据和过程的公有共享和私有使用示例。

```
module bank
    implicit none
    integer :: money = 100000000  ! 银行目前现金
    integer :: fileid = 8   ! 文件号
    private money, fileid    ! 私有数据
    private TimeLog          ! 私有子例行子程序
    public LoadMoney,SaveMoney  ! 公有子例行子程序

  contains
    subroutine TimeLog() ! 登陆日期时间,私有子例行子程序
        implicit none
  integer :: num
  character(len=20) :: date, time
   call date_and_time(date, time)
  write(fileid,99)date,time(1:2), time(3:4), time(5:6)
   99 format('日期:',A8,'时间:',A2,':',A2,':',A2)
     end subroutine

    subroutine LoadMoney(name,num) ! 取款,公有子例行子程序
        implicit none
  character(len = * ) :: name
  integer :: num

        if ( num <=0 ) then
      write( * , * ) "不合理的取款金额"
      return
  end if
     open(fileid, file ="log.txt", position ="append")! 在模块内引用私有数据 fileid
  if ( money >= num ) then    ! 在模块内引用私有数据 money
      call TimeLog()    ! 在模块内引用私有子例行子程序
      write( * ,88) name,num
      write(fileid,88) name,num
      money = money - num
  else
      write(fileid, * ) "银行目前现金不足"
```

```
            write( * , * ) "银行目前现金不足"
        end if
        close(fileid)
    return
    88 format(A10,'领取',I5,'元')
    end subroutine

    subroutine SaveMoney(name,num) ! 存款,公有子例行子程序
        implicit none
    character(len = * ) :: name
    integer :: num

    if ( num <=0 ) then
        write( * , * ) "不合理的存款金额"
        return
    end if
        open(fileid, file ="log. txt", position ="append")    ! 在模块内引用私有数据 fileid
    call TimeLog( )                    ! 在模块内引用私有子例行子程序
    write( * ,77) name,num
    write(fileid,77) name,num
    close(fileid)
        money = money  + num      ! 在模块内引用私有数据 money
        return
    77 format(A10,'存入',I5,'元')
    end subroutine
end module

program ex702
    use bank    ! 引用模块
    implicit none

    call LoadMoney("毕先笑",1500)    ! 在模块外引用公有子例行子程序 LoadMoney
    call SaveMoney("冯立生",2300)    ! 在模块外引用公有子例行子程序 SaveMoney
    stop
end program ex702
```

执行结果为:

毕先笑　领取　1500 元

冯立生　存入　2300 元

在这个程序中,数据 money、fileid 和模块子例行子程序 TimeLog 都是私有使用的,所以,在模块 bank 内可以直接引用它们。如果在主程序中直接引用它们,编译程序将把它们看成是未被说明或定义的成分而给出语法错。但是,要注意必须有 implicit none 语句,否则对数据 money、fileid 不给出语法错,认为是新的变量。模块子例行子程序 LoadMoney 和 SaveMoney 被说明为公有的,表示它们在模块 bank 内、外均可以直接引用它们。

这个程序的实际价值很有限。因为银行取款和存款的实际过程要比这个程序复杂得多。至少需要检验用户名、用户的口令、是否透支、计算各用户当前余额等。这里只是用以说明公有共享和私有使用而已。

一般情况下,可以把不想对外公开的数据项目、只在某个范围内使用的过程说明为私有使用的,如上例中银行目前的现金额、某个用户的口令、某个时间的值等。而把那些可以共享的数据项目、在整个程序范围内使用的过程说明为公有使用的,如上例中取款和存款子例行子程序,各种数学的、物理的、化学的常数等。

7.2.4 别名共享和部分共享

对于模块中的数据和过程,如果在 use 语句中使用

use 模块名[,别名 => 原名]...

的形式,则说明模块中指定原名的数据或过程,在本程序单元中改为指定的别名,从而实现"别名共享"。

如果在 use 语句中使用 only 属性的形式,即

use 模块名,**only**:数据和过程名表

则说明仅仅共享模块中指定的数据和过程,从而实现"部分共享"。而且,其中数据和过程名表内的名称也可以使用"别名 => 原名" 的形式,从而实现"别名、部分共享"。

例如:

```
module mod_a
  integer :: b, c
  real e(25,5), d(100)
end module mod_a
 ⋮
subroutine sub_y
  use mod_a, dx => d, ex => e     ! d、e 别名共享,变量 b 和 c 仍按原名共享
   ⋮
end subroutine sub_y
 ⋮
subroutine sub_z
  use mod_a, only: b, c
  ! 部分共享。变量 b 和 c 仍按原名共享,d 和 e 在本子程序内不可用
   ⋮
```

```
end subroutine sub_z
  ⋮
```

又例如：

```
module geometry
   type square
      real side
      integer border
   end type
   type circle
      real radius
      integer border
   end type
end module
program test
   use geometry,only:lcircle => circle ！部分共享 circle 类型且使用别名 lcircle
   type (lcircle) c1,c2,c3
     ⋮
end
```

模块共享使用不仅可以代替原有的 common 语句共享使用数据，而且提供了共享使用过程的手段。同时提供了多种多样的共享使用方法，从而提高了程序的可读性、可重用性、可靠性和可维护性。

7.3 面向对象的程序设计概述

前面介绍的程序设计方法侧重于建立程序的良好结构，所以称为结构化程序设计方法，也称为过程程序设计方法。这种程序设计方法强调的是对于已知的数据经过某个(些)过程处理得出结果数据：

已知数据⟶过程 1 ⟶…⟶过程 n ⟶结果数据

结构化程序设计方法的基本思想是：自顶向下、逐步求精。

结构化程序设计方法的基本方法是：分解、抽象，按功能把系统分成若干个模块；每个模块功能相对独立，内部仅由顺序、选择和循环三种基本结构组成；模块间的关系尽可能简单，从而降低系统的复杂度。

结构化程序设计方法的特征是：数据与处理数据的过程相互分离，而且是以过程为中心的。

结构化程序设计方法的确为提高程序的可靠性和可维护性产生过巨大作用。但是，随着计算机应用领域的扩大，由于被处理的数据构造越来越复杂，这种方法已不能满足大多数应用的需要，所以产生了另一种程序设计方法——面向对象的程序设计方法。

面向对象的程序设计方法的基本思想是：使用类把数据与处理数据的过程放在一起作为一个整体。

面向对象的程序设计方法的基本方法是:抽象同类型对象的共性,形成类。类中数据通常只能被本类处理;对象间通过消息进行通信。

面向对象的程序设计方法的特征是:封装性、继承性、多态性。封装性可以使某些数据不能被直接引用,提高了系统的安全性;继承性可以使某些经过实践证明安全有效的程序代码重复使用;多态性可以给程序设计人员更多的灵活性。

7.4 类的定义与对象的使用

类是面向对象的程序设计的核心。类是一种新的由用户定义的数据类型。

7.4.1 类的定义

类是一种将不同类型的数据和与这些数据相关的操作封装在一起的集合体。因此,类确定了该类对象在发生某种事件时的操作。这些操作称为方法或行为或服务,这些行为、方法是通过一种操作接口描述的。

在 FORTRAN 95 中,类的定义是通过模块和派生类型实现的。基于模块和派生类型实现类的定义,体现了面向对象程序设计的封装性。

一般情况下,类的定义形式为:

```
module 类名
     implicit none      ! 强制类型检查
     派生类型说明
     public  公有数据成员和成员过程名
     privite 私有数据成员和成员过程名
  contains
     成员过程定义
end module 类名
```

没有在 public 或 privite 语句中出现的数据成员和成员过程名都是公有的。下面通过例子说明类的定义。

例 7.3 Fibonacci 数类的定义。

```
! Fibonacci 数类的定义
Module class _ Fibonacci _ Number
    implicit none
    type Fibonacci _ Number ! 属性说明
   private   ! 说明全体成员均为私有
        integer::low,high,limit
    end type Fibonacci _ Number

    public::Print,init _ Fibonacci _ Number ! 公有过程说明
    private::Add   ! 私有过程说明

```

```
  Contains      ! 成员过程定义
   function init _ Fibonacci _ Number( max) &
             result( num) ! constructor( 构造函数)
      implicit none
      integer, optional :: max
      type( Fibonacci _ Number) ::num

      num = Fibonacci _ Number(1,1,0) ! 初始化
      if( present( max) ) then
         num = Fibonacci _ Number( 1,1,max)
      end if
   end function init _ Fibonacci _ Number

   function Add (this) result (sum)
      implicit none
      type( Fibonacci _ Number), intent( in) ::this   ! 不可改
      integer::sum

      sum = this% low  +  this% high
   end function add

   subroutine Print (num)
      implicit none
      type (Fibonacci _ Number), intent( inout) ::num ! 可改
      integer::j,sum

      if( num% limit <0) return ! 无可打印数据
      print *, 'M Fibonacci( M)'
  print 10,1,num% low
  print 10,2,num% high
      do j = 3, num% limit
         sum = Add( num)
         print 10,j,sum
         num% low = num% high; num% high = sum
      end do
   10 format( i2,i7)
   end subroutine Print
End Module class _ Fibonacci _ Number
```

说明:public、private 是访问权限说明语句或访问权限属性,表示对数据成员和成员过程的

访问权限,分别为公有的(public,缺省值)、私有的(private)。

私有数据成员和成员过程是用来描述本类的对象属性或内部操作的,只有该模块内的成员过程才能引用它们,因而对外是隐蔽的。

公有数据成员和成员过程是提供给用户可以直接引用的接口。通常只包含成员过程,表示为用户提供的服务。

7.4.2 对象的使用

当利用模块定义了类以后,可以在需要的程序单元中引用模块创建对象,然后可以通过引用模块中的公有数据和调用模块中的公有过程处理对象。

例 7.4 测试 Fibonacci 数类的使用。

```
program ex704
    use class _ Fibonacci _ Number           ! 共享模块
    implicit none
    integer,parameter::end =8
    type(Fibonacci _ Number)::num            ! 定义对象

    num = init _ Fibonacci _ Number(end)    ! 处理对象,初始化
    call Print (num) ! 处理对象,生成指定的裴波纳契数并输出
    stop
end program ex704
```

程序执行结果:

```
M Fibonacci(M)
1    1
2    1
3    2
4    3
5    5
6    8
7   13
8   21
```

7.4.3 组合—类对象的使用

在许多情况下,一个类的对象作为另一个类的数据成员的形式称为组合。这种数据成员称为类的对象,也有人称为子对象或嵌入对象。

组合描述了两个类之间的“有”关系。如汽车有发动机,职工有出生日期、参加工作日期等。如果发动机类已经定义,那么,汽车类就可以把发动机类的对象作为本类的数据成员。类似地,如果日期类已经定义,则职工类就可以把日期类的对象作为本类的数据成员。

组合是软件重用的有效方法之一。

例 7.5 日期类与职工类的组合。

```
module ClassDate      ! 日期类定义
   implicit none
   type Date
      private
     integer::year,month, day
   end type Date

   public :: Date _,PrintDate,SetDate
   private:: CheckMonth,CheckDay
   integer,private::days(12)
   data days/31,28,31,30,31,30,31,31,30,31,30,31/

  contains ! 封装过程(方法、功能)
   ! 公有构造器
   function Date _(y, m, d) result(x)
      integer,intent(in)::m,d,y ! 月、日、年
      type(Date)::x

      x% year = y
      x% month = CheckMonth(m)
      x% day = CheckDay(x% year,x% month,d)
   end function Date _

   ! 检查月数
   function CheckMonth(m)result(x)
      integer,intent(in)::m
      integer::x

      if(m<1. or. m>12)then
         x =1
         write(*,*)"月份值不正确! 已置为 1"
      else
         x = m
      end if
   end function CheckMonth

  ! 检查日数
   function CheckDay(y,m,d)result(x)
      integer,intent(in)::y,m,d
```

```
        integer::x

        if(m ==2)then
            if(((mod(y,4) ==0.and.mod(y,100)/=0) &
                .or.mod(y,400) ==0).and.d >0.and.d <30 &
                .or.d >0.and.d <29 )then
                x = d
            else
                x = 1
                write(*,*)"日数值不正确！已置为 1"
            end if
        else
            if(d >0.and.d <= days(m))then
                x = d
            else
                x = 1
                write(*,*)"日数值不正确！已置为 1"
            end if
        end if
    end function CheckDay

! 显示日期
    subroutine PrintDate(x)
        type(Date),intent(in)::x
    character::formstr * 30

    formstr ="(i4,'年',i2,'月',i2,'日')"
        write(*,formstr,advance ='no')x
    end subroutine PrintDate

! 设置日期
    function SetDate(y,m,d)result(x)
        integer,optional,intent(in)::m,d,y
        type(Date)::x

        x = Date_(2000,1,1) ! 缺省日期
        if(present(y)) x%year = y
        if(present(m)) x%month = CheckMonth(m)
        if(present(d)) &
```

```
            x% day = CheckDay( x% year, x% month, d)
        end function SetDate
    end module ClassDate

    module ClassEmployee
        use ClassDate       ! 引用日期类模块
        implicit none
        type tEmployee
            private
                integer No       ! 职工编号
                character Name * 10, Sex * 2     ! 姓名、性别
                type (Date) :: birthDay, hireDay ! 出生日期、参加工作日期
        end type tEmployee

      contains
        function tEmployee _( eno, ename, esex, byear, bmonth, bday, hyear, hmonth,
        hday) &
                                    result (e)
            integer, intent( in ) :: eno
            character( * ), intent( in ) :: ename, esex
            integer, intent( in ) :: byear, bmonth, bday, hyear, hmonth, hday
            type( tEmployee ) :: e

             e % No = eno; e % Name = ename; e % Sex = esex
             e % birthDay = SetDate( byear, bmonth, bday)
             e % hireDay = SetDate( hyear, hmonth, hday)
        end function tEmployee _

        subroutine showEmployee( e)
            type( tEmployee ) :: e

            write( * ,"( i5, a12, a6)", advance = 'no') e % No, e % Name, e % Sex
            write( * ,"('出生日期:')", advance = 'no')
            call PrintDate( e % birthDay)
            write( * ,"('参加工作日期:')", advance = 'no')
            call PrintDate( e % hireDay)
            write( * , * )
        end subroutine showEmployee
    end module ClassEmployee
```

```
program ex705
    use ClassEmployee
    implicit none
    integer i
    type(tEmployee)::emp(3)

    emp(1) = tEmployee_(4021,"赵光明","男",1945,7,13,1969,7,1)
    emp(2) = tEmployee_(4022,"王淑娟","女",1951,2,27,1978,12,31)
    emp(3) = tEmployee_(4023,"李德","男",1970,10,1,1993,5,20)
    write( * , * )"职工信息:"
    do i = 1,3
        call showEmployee(emp(i))
    end do
    stop
end program ex705
```

程序执行结果为:

```
职工信息:
4021  赵光明  男 出生日期:1945 年 7 月 13 日 参加工作日期:1969 年 7 月 1 日
4022  王淑娟  女 出生日期:1951 年 2 月 27 日 参加工作日期:1978 年 12 月 31 日
4023  李德    男 出生日期:1970 年 10 月 1 日 参加工作日期:1993 年 5 月 20 日
```

7.5 过程重载与运算符重载

7.5.1 过程重载

所谓过程重载,即同一过程名可对应多个过程的实现。

例如:子程序名 show 表示在屏幕上采用有格式的显示数据,可用于有格式的显示整数、实数、双精度数、复数、字符串等。实际上,每种实现各对应一个独立的子程序。

当调用 show 这个重载的子程序时,FORTRAN 编译器通过检查实元的类型、种别和实元的个数自动选择一个合适的子程序调用。

FORTRAN 中许多内在函数(如 abs(x)、sin(x)、exp(x)等)允许是整型、实型和复型等多种类型的实元,有的内在函数不仅允许实元是单个变量,还允许是数组。

在 FORTRAN 95 中,用户必须通过模块中的接口块定义一个通用,以实现过程重载。

例 7.6 在屏幕上有格式显示数据子程序的重载。

```
module MyShow
    implicit none
    interface show ! 显示数据通用过程名 show
        module procedure show_int
```

```
      ! 显示整数过程名 show _ int
    module procedure show _ real
      ! 显示实数过程名 show _ real
    module procedure show _ double
      ! 显示双精度实数过程名 show _ double
    module procedure show _ complex
      ! 显示复数过程名 show _ complex
    module procedure show _ character
      ! 显示字符串过程名 show _ character
  end interface

contains
  subroutine show _ int( x )
    implicit none
    integer, intent(in) :: x
    write( * ,"('x =',I5)") x
  end subroutine show _ int

  subroutine show _ real( x )
    implicit none
    real, intent(in) :: x
    write( * ,"('x =',F8.2)") x
  end subroutine show _ real

  subroutine show _ double( x )
    implicit none
    real(8), intent(in) :: x
    write( * ,"('x =',D13.5)") x
  end subroutine show _ double

  subroutine show _ complex( x )
    implicit none
    complex, intent(in) :: x
    write( * ,"('x =(',F8.2,',',F8.2,')')")x
  end subroutine show _ complex

  subroutine show _ character( str )
    implicit none
    character(len = * ), intent(in) :: str
```

```
            write( * ,"('str = ',A)") str
        end subroutine show_character
    end module

    program ex706
        use MyShow
        implicit none
    ! 实元是整数，会自动选择调用 show_int
        call show(67)
    ! 实元是实数，会自动选择调用 show_real
        call show( -346.795)
    ! 实元是双精度数，会自动选择调用 show_double
        call show( -346.795D3)
        write( * , * )  ! 换行
    ! 实元是复数，会自动选择调用 show_complex
        call show(( -3.7,9.5))
    ! 实元是字符串,会自动选择调用 show_character
        call show("FORTRAN 95")
        stop
    end program
```

程序执行结果：

```
x =     67
x =  -346.80
x =  -0.34680D+06
x = (     -3.70,      9.50)
str = FORTRAN 95
```

7.5.2 运算符重载

所谓运算符重载即用户可以为自定义的类型将已有的运算符赋予专门含义。从而使 FORTRAN 具有更好的扩充性。这是 FORTRAN 90/95 最具吸引力的特点之一。

一般来说,完成同样的任务,使用运算符重载比用函数调用使程序更易书写和阅读。

在 FORTRAN 95 中,运算符重载可以看成是特殊的过程重载。用户可以通过模块中特殊的接口块实现运算符重载。

例 7.7 对日期类“+”运算符重载。

```
module ClassDate1
    implicit none
    public :: Date_
    integer,private::days(12)
    data days/31,28,31,30,31,30,31,31,30,31,30,31/
```

```

    type Date
        private
        integer ::year,month, day
    end type Date

    interface operator( + )
        module procedure AddDays
    end interface

contains ! 封装过程(方法、功能)
    ! 计算:日期 d + n 天 的新日期
    function AddDays(d,n) result(x)
        integer,intent(in)::n
type(Date),intent(in)::d
        type(Date)::x
integer::i

        do i = 1,n   ! 每次增加一天
       call IncOneDay(x)
end do
    end function AddDays
    ! 增加一天的子程序
    subroutine IncOneDay(x)
type(Date),intent(inout)::x
integer::y

y = x% year
if(x% month ==2. and. ((mod(y,4) ==0    &
. and. mod(y,100)/=0). or. mod(y,400) ==0)&
. and. x% day <29) then ! 二月且闰年非月末
     x% day = x% day + 1
else if(x% day < days(x% month))then ! 非月末
     x% day = x% day + 1
else if(x% month <12)then   ! 非 12 月且月末
     x% month = x% month + 1
     x% day = 1
else  ! 12 月且月末
        x% month = 1
```

```
        x%day = 1
        x%year = x%year + 1
    end if
  end subroutine IncOneDay
! 公有构造器
  function Date_(y, m, d) result(x)
      integer,intent(in)::m,d,y ! 月、日、年
      type(Date)::x

      x%year = y
      x%month = CheckMonth(m)
      x%day = CheckDay(x%year,x%month,d)
  end function Date_
! 检查月数
  function CheckMonth(m)result(x)
      integer,intent(in)::m
      integer::x

      if(m < 1.or. m > 12)then
          x = 1
      else
          x = m
      end if
  end function CheckMonth
! 检查日数
  function CheckDay(y,m,d)result(x)
      integer,intent(in)::y,m,d
      integer::x

      if(m ==2) then
          if(((mod(y,4) ==0.and. mod(y,100)/=0) &
                .or. mod(y,400) ==0).and. d >0.and. d <30 &
                .or. d >0.and. d <29 )then
             x = d
          else
             x = 1
          end if
      else
          if(d >0.and. d <= days(m))then
```

```
                x = d
            else
                x = 1
            end if
        end if
    end function CheckDay
! 显示日期
    subroutine PrintDate(x)
        type(Date),intent(in)::x

        print 10,x%year,x%month,x%day
    10 format(i4,'.',i2,'.',i2)
    end subroutine PrintDate
! 设置日期
    function SetDate(y,m,d)result(x)
        integer,optional,intent(in)::m,d,y
        type(Date)::x

        x = Date_(2000,1,1)              ! 缺省日期
        if(present(y)) x%year = y
        if(present(m)) x%month = CheckMonth(m)
        if(present(d)) &
            x%day = CheckDay(x%year,x%month,d)
    end function SetDate

end module ClassDate1

program ex707
    use ClassDate1
    implicit none
    type(Date)::date1

    date1 = Date_(2003,2,28)
    date1 = date1 + 1
    call PrintDate(date1)
    date1 = SetDate()
    date1 = AddDays(date1,62) ! 与 date1 + 62 等价
    call PrintDate(date1)
    date1 = SetDate()
```

```
        date1 = date1 + 367
        call PrintDate(date1)
        stop
    end program ex707
```

程序执行结果：

```
2003. 3. 1
2000. 3. 3
2001. 1. 2
```

7.5.3 重载赋值号(=)

实现赋值号重载的方法是，先编一个实现两个不同类型变量值之间一一对应关系的子例行子程序(不是函数子程序)，而后在调用程序中编一个接口，用 ASSIGNMENT 接口语句实现给赋值号定义不同的语义。接口语句的形式是：

interface assignment(=)

在具有 assigment 选择的接口块中，包含的子程序过程只有两个哑元，第一个哑元必须具有 intent(OUT)或 intent(INOUT)属性，第二个哑元必须具有 intent(IN)属性。作赋值运算时，第一个哑元为被赋值的对象。

注意：要实现重载赋值号功能，必须编成子例行子程序过程形式。相反，要实现重载运算符功能，必须编成函数子程序过程形式，不可混用。

例 7.8 对子例行子程序重载赋值号(=)。

```
module TimeClass
    implicit none
    type :: time
        private
            integer :: hour,minute
    end type time
    interface assignment(=)
  ! 让 type(time)类型跟浮点数能够相互转换
        module procedure real_to_time          ! time = real
        module procedure time_to_real          ! real = time
    end interface
  contains
    function time_(h,m) result(x)
  integer, intent(in) :: h,m
  type(time) :: x

  x%hour = h
  x%minute = m
    end function
```

```
    ! type(time)  = real
     subroutine real_to_time( a, b )
    type(time), intent(out) :: a
    real, intent(in) :: b

    a%hour = int(b)
        a%minute = int( (b-a%hour) *60 +0.5)
     end subroutine
    ! real = type(time)
     subroutine time_to_real( a, b )
    real, intent(out) :: a
    type(time), intent(in) :: b

    a = b%hour + real(b%minute)/60.0
     end subroutine

     subroutine output(t)
        type(time), intent(in) :: t
    write( *,"(I2,':',I2)",advance='no')t
     end subroutine
end module

program ex708
     use TimeClass
     implicit none
     type(time) :: a,b
     real :: rt =2.6

     a = rt        ! a = time(2,36)
     write( *,"(f7.3,' -> ')",advance='no')rt
     call output(a)
     b = time_(1,27)
     rt = b ! rt=1.45
     write( *, * )
     call output(b)
     write( *,"('- > ',f7.3)") rt
     stop
end program
```

程序运行结果：

```
2.600  ->      2:36
1:27  ->       1.450
```

7.6 继承性和多态性

继承性和多态性是面向对象程序设计中最重要的机制。它改变了传统程序设计中频繁改写、重写程序、程序难以重复使用的缺点。封装性是基础，继承是面向对象的关键。

7.6.1 基类和派生类

利用原有的类定义新的类,原有的类称为基类或父类,新的类称为派生类或子类。一个派生类可以从一个基类派生(单重继承),也可以从多个基类派生(多重继承)。继承可以是多层次的(多级继承)。

派生类继承基类的特征和方法,它们又可以增加新的特征和方法,必要时也可以修改基类的方法。

继承是软件重用的另一种有效方法。继承描述类之间的"是"关系。例如,工人"是"职工,教师"是"职工,干部"是"职工。这里的"职工"是基类,它描述职工的基本信息。而工人、教师、干部可以继承"职工"类的特征和方法,他们各自又可以增加新的特征和方法。比如,工人和干部需要严格记录迟到、早退、病事假、旷工等出勤情况,教师需要严格记录授课的名称和学时数、科研项目与经费以及发表论著等业绩情况,而且,在工资等级方面,工人、教师、干部各自独立计算。

严格地说,FORTRAN 95 还没有实现各种继承的机制,故此处不做讨论。

7.6.2 多态性

多态性是面向对象程序设计的重要特征之一,它与封装性和继承性相关联。封装性是基础,继承性是关键,多态性是补充。多态性必须存在于继承的环境中。

多态性是指发出同样的消息被不同类型的对象接收时而导致不同的行为。

过程重载和运算符重载是一种简单的多态性。运算符重载本质上也是过程重载。这些情况均可在编译期间确定,通常称为静态多态性或静态联编。

在其他完全的面向对象程序设计语言中(如 C ++),还支持在程序执行期间,根据当前对象的类型动态确定执行相应过程的机制。这种情况通常称为动态多态性或动态联编。

FORTRAN 95 只支持静态多态性。FORTRAN 2003 新标准中已支持动态多态性。

对于静态多态性(过程重载和运算符重载)前面已介绍,故此处不再讨论。

例 7.9 点-圆类的定义与使用。

```
module ClassPoint
    public Point_
    type Point
        private
            real::x,y
    end type Point
```

```
    contains
     function Point_(x,y) result(s) ! 构造函数
        real,intent(in)::x,y
    type(Point)::s

       s%x=x;s%y=y
    end function Point_

     subroutine print_point(p)
        type(Point),intent(in)::p

    write(*,10)p
     10 format('(',f8.2,',',f8.2,')')
     end subroutine print_point

     subroutine print_point_name(p)
        type(Point),intent(in)::p

        write(*,*)'点:'
        call print_point(p)
     end subroutine print_point_name
end module ClassPoint

module ClassCircle
     use ClassPoint
     type Circle
        private
       type(Point)::p
           real::r
     end type Circle
     private print_Point,print_Circle
     interface printObject
        module procedure print_Point_name, &
                                  print_Circle_name
     end interface printObject
    contains
     function Circle_(x,y,r)result(s) ! 构造函数
        real,intent(in)::x,y,r
    type(Circle)::s
```

```fortran

  s%r = r;s%p = Point_(x,y)
   end function Circle_

   subroutine print_Circle(c)
      type(Circle),intent(in)::c

  write(*,"('圆心:')",advance='no')
  call print_point(c%p)
  write(*,10)c%r
   10 format('半径:',f8.2)
   end subroutine print_Circle

   function Circle_area(c) result(a)
      type(Circle),intent(in)::c

  a =3.1415926*c%r**2
   end function Circle_area

   subroutine print_Circle_name(c)
      type(Circle),intent(in)::c

   write(*,*)'圆:'
      call print_Circle(c)
   end subroutine print_Circle_name
end module ClassCircle

program ex709
   use ClassCircle
   type(Point)::p1
   type(Circle)::c1

   p1 = Point_(3.4,6.21)
   call printObject(p1)
   c1 = Circle_(3.4,6.21,10.0)
   call printObject(c1)
   write(*,*)'面积:',Circle_area(c1)
   stop
end program
```

程序执行结果：

```
点：
(      3.40,      6.21)
圆：
圆心：(      3.40,      6.21)
半径：   10.00
面积：   314.1592
```

习　题

一、单项选择题

1. 以下成分中不是 FORTRAN 的程序单元的为______。

A. 主程序　　B. 外部过程　　C. 语句函数　　D. 模块

2. FORTRAN 中的模块程序单元必须用______语句开始。

A. module　　B. subroutine　　C. function　　D. program

3. ______语句把模块的说明部分与模块过程部分区分开。

A. subroutine　　B. function　　C. contains　　D. program

4. 对于模块中的数据和过程，缺省访问权限为______。

A. common　　B. equivalence　　C. private　　D. public

5. 结构化程序设计方法是以______为中心的。

A. 数据　　B. 过程　　C. 信息　　D. 变量

6. 在 FORTRAN 95 中，类的定义是通过______实现的。

A. 模块和派生类型　　B. 外部过程　　C. 哑实结合　　D. 公用区

7. 一个类的对象作为另一个类的数据成员，这种形式称为组合。组合描述了两个类之间的______关系。

A. "是"　　B. "有"　　C. "上下级"　　D. "父子"

8. 组合和______是软件重用的有效方法。

A. 过程重载　　B. 公用区　　C. 等价　　D. 继承

二、写出下列程序的执行结果

1.
```
module vars
  implicit none
  integer:: a = -5 ,b = 8
end module
program main
  use vars
  implicit none
  a = a - 2; b = b + 3
  write( * , * ) a,b
  call sub( )
```

```
  stop
 end
 subroutine sub( )
  use vars,   x => b
  implicit none
  x  =  13; a =  x - 5
  write( * , * ) a,x
 end
```

2. module classdef

```
    implicit none
    type rectangle
        private
        real width , len
    end type
    contains
    function rectangle _(a,b) result(x)
        real a,b
        type(rectangle)::x
        x% width = a;    x% len = b
    end function
    real function area(x)
        type(rectangle)::x
        area = x% width  *  x% len
    end function
 end module
 program main
   use classdef
   implicit none
   type(rectangle)::PP,FF
   PP = rectangle _(7.5,4.0); FF = rectangle _(5.0,6.2)
   write( * ,"(f10.2)",advance = 'no')area(PP)
   if(area(PP) > area(FF))then
       write( * ,"(a,f10.2)")"  大于",area(FF)
   else
       write( * ,"(a,f10.2)")"  小于或等于",area(FF)
   end if
   write( * ,“()”)
 end
```

3. module basedef

```
    implicit none
    type base
        private
        integer :: a
    end type
    contains
    function base_(i) result(x)
        integer::i
        type(base)::x
        x% a=i
    end function
    recursive function f(j) result(x)
        integer::j,x
        if(j==0)then
            x=1
        else
            x=j*f(j-1)
        end if
    end function
end module
module deriveddef
    use basedef
    implicit none
    type derived
        private
        integer :: a,b
    end type
    contains
    function derived_(i,j) result(x)
        integer::i,j
        type(derived)::x
        x% a=i; x% b=j
        if(i<j .or. j<=0 ) x% b=1
    end function
    integer function comb(x)
        type(derived)::x
        comb=f(x % a)/f(x % b)/f(x % a-x % b)
    end function
end module
```

```
program main
    use deriveddef
    implicit none
    type(derived)::ob
    integer::i
    do i =0,7
    ob = derived _(6,i)
        write( * ,"(i5)",advance = 'no')comb(ob)
    end do
    write( * , * )
end
```

三、程序填空

1. 下面是一个类 Date 的说明模块,请在其中的横线处填上恰当字句。

```
module ClassDate
  implicit none
  public :: Date _
  private::CheckMonth,CheckDay
  integer,private::days(12)
  data days/31,28,31,30,31,30,31,31,30,31,30,31/
  type Date
      private
      integer ::year,month, day
  end type Date
contains
! 公有构造函数
function Date _(y, m, d) result(x)
  integer,intent(in)::m,d,y ! 月、日、年
  type(Date)::x
  x% year = y
  x% month = CheckMonth(m)
  x% day = CheckDay(______[ 1 ]______)
end function Date _
! 检查月数
function CheckMonth(m)result(x)
  integer,intent(in)::m
  integer::x
  if(______[ 2 ]______)then
    x =1
  else
```

```
        x = m
      end if
    end function CheckMonth
    ! 检查日数
      function CheckDay(y,m,d)result(x)
        integer,intent(in)::y,m,d
        integer::x
        if(______[ 3 ]____)then
          if(((mod(y,4)==0. and. mod(y,100)/=0) &
           . or. mod(y,400)==0). and. d>0. and. d<30 &
              . or. d>0. and. d<29 )then
            x = d
          else
            x = 1
          end if
        else
          if(d>0. and. ________[ 4 ]______)then
            x = d
          else
            x = 1
          end if
        end if
      end function CheckDay
    end module ClassDate
```

2. 下面是一个实型向量类的说明模块,请在其中的横线处填上恰当字句。

```
    module classVector
      implicit none
      type Vector
        private
        integer :: size ! 向量长度
        real, pointer, dimension(:) :: data ! 成员值
      end type Vector
      interface operator (==) ! 重载运算符 ==,判断二向量是否相等
        module procedure isEqualto
      end interface
      contains
        function Vector _(length, values) result(name)
            integer, intent(in) :: length
            real, target, intent(in) :: values(length)
```

```
        real, pointer :: pttoval(:)
        type (Vector) :: name
        allocate ( ____[ 1 ]____ )
        pttoval = values
        name = Vector(length, pttoval)
    end function Vector_
    logical function isEqualto (a, b) result (tf)
        type ( ____[ 2 ]____ ), intent(in) :: a, b
        tf = ____[ 3 ]____
        if ( a%size /= b%size ) return
        tf = all ( ____[ 4 ]____ )
    end function isEqualto
end module classVector
```

四、按要求编写程序

1. 使用模块定义一个本科生类 Student,包含的数据成员有姓名、性别、课程门数和各门课程分数,包括的模块过程有构造函数、计算平均分数函数、打印姓名、性别和平均分数的子例行子程序。然后在主程序中定义本科生类的对象,输入 3 个本科生类的对象,分别有 4、5、6 门课程及分数。分别打印他们的姓名、性别和平均分数。

2. 利用上题的本科生类模块编写研究生类模块 Graduate。增加导师姓名数据成员,编写研究生类构造函数,打印姓名、性别、导师姓名和平均分数的子例行子程序。然后在主程序中分别定义 1 个本科生类和 1 个研究生类对象,各有 4、5 门课程及分数。打印他们的姓名、性别(导师姓名)和平均分数。

第 8 章　实用程序设计方法

在学习了 FORTRAN 程序设计语言之后，大家可以编写一些简单的程序了。然而，遇到稍复杂的问题时，往往感到无从下手、束手无策。所以学习一些计算机程序设计方法非常必要。通过本章的学习，应达到如下目标：

- 掌握结构化程序设计方法；
- 基本掌握程序测试方法；
- 了解常用算法的设计方法。

8.1　程序设计概述

8.1.1　程序设计的概念

1. 什么是计算机程序设计

一个程序是在一定的数据结构上执行某些算法的计算机指令序列。程序设计就是编制程序使计算机能正确运行并完成预定任务的过程。

2. 计算机程序设计的特点

计算机程序设计主要具有构造性、严谨性、抽象性和叠加性的特点。

1）构造性　根据求解的问题，构造出一个程序实体，然后上机运行。该特性使编程人员在工作中比较自由，因而程序设计的结果存在多样性。同时决定了程序难以建立统一的、定量的质量标准。

2）严谨性　计算机只能接受准确无误的信息，稍有疏漏就可能付出高昂的代价。该特性决定了程序设计不能使用具有二义性的自然语言。程序设计就是将非形式化自然语言描述的问题用形式化语言描述。

3）抽象性　抽象就是在任何时刻只关注相关的重要特征，而暂不考虑其细节。因而在各个不同时刻，存在着不同程度的抽象。因为被解决的问题常常是复杂的，而人们认识世界的能力具有很多局限性。所以，为了认识世界就必须降低问题的复杂性。为此，常用且行之有效的方法就是抽象和分解。在抽象级，只需知道“做什么”就行了。分解就是将一个大问题分成若干个小问题，然后分而治之。因而在各个不同时刻，也存在着不同程度的分解。由于分解后的相对独立的这些小问题只涉及局部的环境和条件，所以可以“分而治之”，最后使整个问题得以解决。

4）叠加性　这是指可正确利用自己或他人的已有程序，以避免编程时的差错。

3. 计算机程序设计的准则

所谓计算机程序设计的准则就是指什么是一个好程序。关于这一点，不同时期有不同的含义。20 世纪 80 年代以前，占用存储空间越少、运行速度越快的是好程序。那个时候，几万行 FORTRAN 语句的程序可以看成大程序。到了 1984 年已经出现了 4 千多万行高级程序设计语言语句的程序。由于大规模、超大规模集成电路的出现，计算机硬件技术飞速发展（按照摩尔定律,每18个月计算机硬件的性能就会增长一倍),所以,对于程序的存储空间要求、运行速度要求有所降低。越来越多的人认为,一个正确、易读、易改、可靠性高、可重用的程序才是一个好程序。具体说来,计算机程序设计的准则有以下七个方面。

1)正确性　这是判定程序质量的永恒准则,程序正确性的理论研究一直是一个重要课题。

2)可靠性　指程序执行的可重复性要好。无论执行环境如何变化,对相同的输入数据,一个程序的执行结果总是不变的。

3)易读性　指程序结构要简单、语句要直观、程序内部要有足够的注解等,以便维护和引用程序。遵照良好的编程风格(习惯),会增大程序的可读性。

4)有效性　指程序应当少占存储空间,快速运行。良好的时空效率永远是人类追求的目标。

5)可维护性　指程序应当容易查找错误、容易改正错误。一个大型程序,常常需要数十人甚至数百人合作开发,代价高昂。既使通过严格的检测,也不可能保证没有错误,而且使用期常常达到10年至15年或更长。因此,在使用中,排除错误和扩充、更新程序总是难免的。

6)适应性　指程序不应因计算机硬件或外部环境的变更而更改或废弃。程序的适应性越强、可移植性越好,社会效益和经济效益就越好。

7)可重用性　指经过实践证明正确的源程序代码可以方便地被自己或他人利用,这样不仅能大大提高程序的开发效率,而且能大大减少程序的错误。

8.1.2　计算机程序设计的一般过程

计算机程序设计的一般过程如下:

①定义问题,即确定要解决问题的数据和处理要求,建立程序的规格说明;

②设计,即确定程序的结构、数据结构和实现结构的算法,本课程后面将介绍部分常用的数据结构及相关算法;

③编写程序,即编写计算机能够接受的程序代码;

④测试程序,即查找程序中的错误并改正;

⑤使用维护,即在使用过程中对程序进一步改正、扩充。

以上各阶段都应有充分的文档资料,而且以上过程是一个有限次迭代过程。这个过程如图8-1所示。

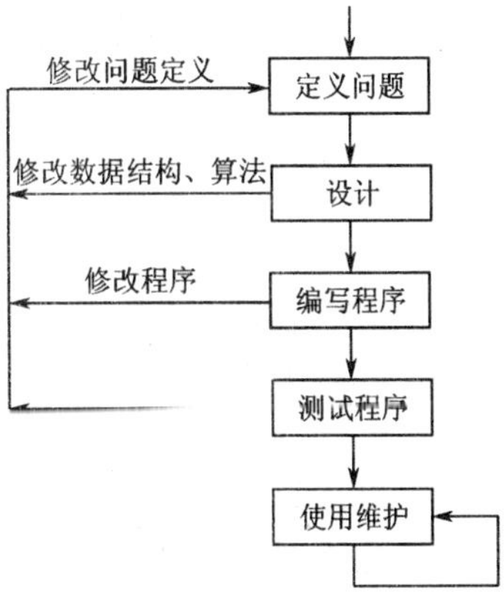

图8-1　计算机程序设计的一般过程

8.2　结构化程序设计方法

8.2.1　结构化程序设计的概念

1. 程序结构

程序结构包括数据结构和控制结构两个方面。

(1)程序的数据结构

不同的问题使用不同的数据结构。通常,各程序设计语言都提供了一些基本数据类型,如FORTRAN语言有整型、实型、复型、字符型和逻辑型的变量、指针和数组;C ++语言有整型、实型、字符型、布尔型和枚举型的变量、指针和数组。同时,各程序设计语言还允许使用这些基本数据结构自定义新的类型,构造复杂的数据结构(如FORTRAN语言的派生类型,C ++语言的结构和类),以便构造更加复杂的链表、队列、栈表、树、图等数据结构。

(2)程序控制结构

早在1966年,G. Jacopini和C. Bøhm已经从理论上证明:任何程序均可用顺序、选择和循环三种基本控制结构通过复合、叠加而成。FORTRAN的顺序结构、选择结构和循环结构的形式如图8-2所示。图中的圆圈表示入口点和出口点,矩形表示任何处理,包括输入和输出。

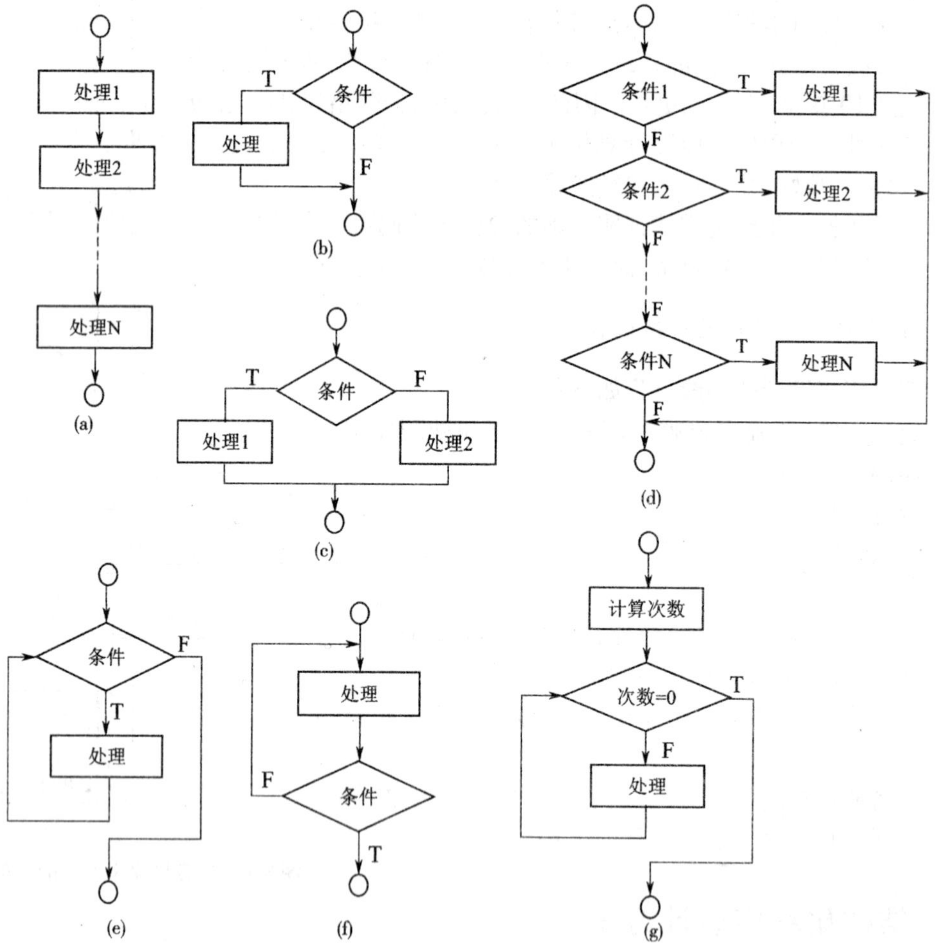

图8-2 顺序、选择和循环三种基本控制结构

(a)顺序结构 (b)if/then单向选择结构 (c)if/then/else双向选择结构 (d)select case多向选择结构 (e)do while当型循环结构 (f)do/exit直到型循环结构 (g)do i = e1,e2,e3计数型循环结构

因为三种基本控制结构都仅有一个入口点和一个出口点,所以只要将一个控制结构的出口点直接与另一个控制结构的入口点相连,即可简单地把各控制结构按顺序排列。这种结构

称为“控制结构堆栈”。

(3)程序结构的描述

描述程序结构有多种方法,如图形(N-S 图、PAD 图、流程图)方法、伪码方法、类 PASCAL(C/C ++、JAVA、FORTRAN、BASIC)方法等。其中,流程图能够清楚地表示程序控制结构的执行过程,所以本书多处使用它解释控制语句的作用。但是,画流程图比较费事,尤其是在设计一个程序时,可能要反复修改,而修改流程图是比较麻烦的。虽然流程图仍然很流行,但是目前很多程序员更喜欢伪码方法。

伪码方法可以用于描述程序的数据结构和控制结构。伪码用介于自然语言和计算机语言之间的文字和符号描述程序结构。它如同一篇文章自上而下地写下来,每一行(或几行)表示一个基本操作。它不用图形符号,因此书写方便、格式紧凑、容易了解和交流,也便于向计算机语言程序过渡。

用伪码描述程序结构并无固定的、严格的语法规则,只要把意思表达清楚,可以用英文、汉字、中英文混合表示,以便于书写和阅读为原则。例如,检查一正整数 m 是否为素数的伪码可以如下书写:

```
输入一个正整数 m
如果 2、3、……、m-1 都不能整除 m
    则
        输出 m 是一个素数
    否则
        输出 m 不是一个素数
```

2. 自顶向下逐步求精

在解决一个实际问题时,有两种不同的处理方法可供选择。一种是自底向上逐渐积累的方法。由于人的思维很难一下子认识问题的本质,所以仅仅根据表面现象解决问题往往达不到目的。运用这一方法很难设计出结构清晰的程序,因为当需要对部分程序进行修改时,常常需要对程序的其他部分做相应的修改,有时甚至整个程序全部重新设计。因此,自底向上不是结构化程序设计需要的好方法。另一种就是结构化程序设计提倡的自顶向下逐步求精的方法。使用这种方法,是把问题求解的过程看做是由抽象逐步具体化的过程。即在编写一个程序时,首先考虑程序的整体结构而忽略细节问题,然后逐步地一层一层地细化程序,直到每个细节都能用简单的程序语句描述为止。

由于是自顶向下,因此整个程序是层次化的。只要保证每层的正确性,就能保证整个程序的正确性。由于层次清晰,所以逐层检查测试或证明程序的正确性也就方便了。

例 8.1 自顶向下逐步求精示例 1:编写程序,求出前 n 个素数并打印。

用 FORTRAN 语言编写这个程序,可按如下步骤实现。

第一步:根据要求,程序结构的伪码可以粗略地写为:

```
输入一个正整数 n
求出前 n 个素数并打印
结束
```

第二步:对“输入一个正整数 n”和“求出前 n 个素数并打印”分别细化。

对“输入一个正整数 n”细化:

```
循环执行
    输出 “输入一个正整数 n:”
    输入 n
直到 n >0
```

对“求出前 n 个素数并打印”细化,引进一个计数器 i 并初始化:

```
计数器 i 初始化为 1
对于 i 从 1 变到 n,每次增 1 做:
    求下一个素数 x
    输出 x
```

第三步:对“求下一个素数 x”细化:

```
如果 i =1
则   x =2
    否则
        循环执行
            x = x +1
            直到 x 是一个素数
```

第四步:对“直到 x 是一个素数”进一步求精:

```
    对于 k 从 2 变到 x -1,每次增 1 做:
        如果 k 都不能整除 x,则 x 是一个素数,退出循环
```

第五步:将以上求精后的程序结构的伪码整理如下:

```
循环执行
    输出 “输入一个正整数:”
    输入 n
直到 n >0
计数器 i 初始化为 1
对于 i 从 1 变到 n,每次增 1 做:
    如果 i =1
        则   x =2
        否则
            循环执行
                x = x +1
                对于 k 从 2 变到 x -1,每次增 1 做:
                    如果 k 都不能整除 x,则 x 是一个素数,退出循环
    输出 x
```

根据上面的伪码,可以比较容易地写出实现求出前 n 个素数并打印的 FORTRAN 程序。但是,这个程序的效率是比较低的。为此可以利用数论的知识,从以下三个方面进行优化:

①语句“对于 k 从 2 变到 x -1,每次增 1 做:”中的 x -1 可以改为 int(sqrt(real(x)));

②因为除了第一个素数是 2 外,其余的素数均为奇数,对它们可简化处理;

③如果 n 很大,则应考虑每行多打印几个素数,这一点可通过改变输出格式和控制每行打

印素数的数量加以解决。

综合这些想法,就可以得到求解这个问题的完整 FORTRAN 程序了。

```
program ex801
    implicit none
    integer :: n, i=1 , x , k

    ! 输入一个正整数n
    write( * , * )"输入一个正整数:"
    do
        read * ,n
        if(n >0) exit
        print * ,"输入不正确,重新输入正整数n:"
    end do

    ! 求出前n个素数并打印
    write( * ,"(a,i5,a)")"前",n,"个素数:"
    do i=1,n
        if(i ==1)then
            x =2
        else
            do
                x =x +1
                do k =2,int(sqrt(real(x)))    ! k =2,x -1
                    if(mod(x,k) ==0) exit
                end do
                if(k ==int(sqrt(real(x))) +1) exit    ! k ==x
            end do
        endif
        write( * ,"(i7)",advance ='no') x
        if(mod(i,10) ==0) write( * , * )

        ! 打印10个素数换行
    end do
    stop
end
```

从这个例子可以看出,自顶向下逐步求精的方法,是按照先全局后局部、先整体后细节、先抽象后具体的过程逐步完成编程任务的。

应当注意的是,伴随着自顶向下过程,常常把比较独立的任务写成模块(一个模块对应一个或几个过程),而且对自顶向下过程不能理解得太绝对化。因为,在逐步求精的过程中,始终伴随着不断地进行自底向上的修正和补充。

3. 模块化

在编写一个成千上万行的程序时，不可能只用一个主程序描述。必然要分解为多个程序块。每个程序块只完成比较简单的任务。

在结构化程序设计方法中，对一个规模较大的问题，通过自顶向下的分析设计，首先把一个大的程序系统划分为若干个功能相对独立的子系统，每个子系统再划分为更小的子系统，如此继续下去，直到每个小的子系统足够简单为止。这里提到的“子系统”又称为模块。注意，这里的“模块”与 FORTRAN 的“模块程序单元”的模块概念不同。

模块是数据说明、可执行语句等程序对象的集合。它有单独的名字，而且可通过名字来访问。一个模块对应一个或几个过程。

模块化就是把系统划分为若干个模块，从而获得满足问题需要的一个解的过程。它反映了对数据和处理过程的抽象。一般地，一个完成复杂任务的模块，总能分解为多个相对简单的模块（子模块）。

模块的设计准则如下：

①通过模块的分解和合并，提高模块的独立性，即模块之间的联系（耦合度）越小越好，模块内各部分之间的联系（内聚度）越紧密越好；

②一个模块可调用其他模块，但个数最好不要超过五个；

③每个模块均用一个名字标识；

④模块被调用后，如未发生异常情况，必须返回调用它的模块；

⑤模块功能应单一，只有一个入口和一个出口；

⑥模块的大小要适中，一般在 50 句左右，不要超过 100 句。

8.2.2 结构化程序设计的规则

在结构化程序设计经验的基础上，可提出结构化程序设计规则。下面以流程图为例说明这些规则。

①从最简单的流程图开始，如图 8-3(a)所示。

②用两个矩形符号替换一个矩形符号（堆栈规则），如图 8-3(b)、(c)所示。

③可以用任何选择或循环结构替换矩形符号（嵌套规则），如图 8-4 所示。

④可以按照任何顺序使用规则②和规则③。

按照任何顺序使用规则②和③，可以构成更大更深的嵌套结构。由于在使用规则②和规则③的过程中只使用三种基本结构，所以不可能出现随意的流向线。这样，在程序中也就没有 goto 语句，因此，完全符合结构化程序设计的原则。

8.2.3 结构化编程

1. 结构化编程的任务

结构化编程的任务是选择程序语言编写具有良好风格的程序。因为程序结构已经确定，而且足够详细，所以编写程序的任务仅仅是简单地把表示程序结构的符号转换为选定程序语言语句的过程。因此，要特别强调的是程序的书写风格。

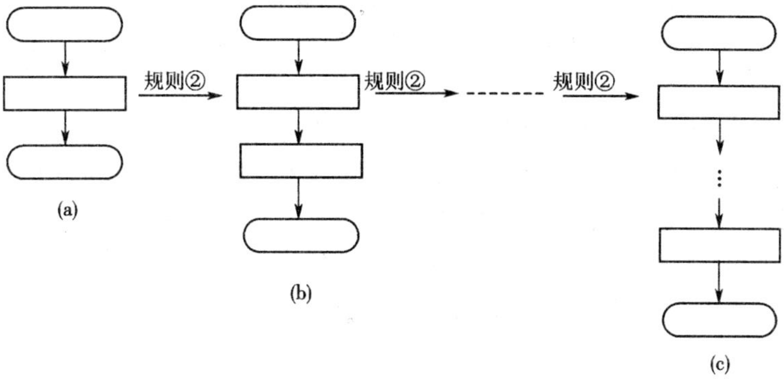

图 8-3　重复使用规则②

(a)简单流程图　(b)堆栈规则　(c)嵌套规则

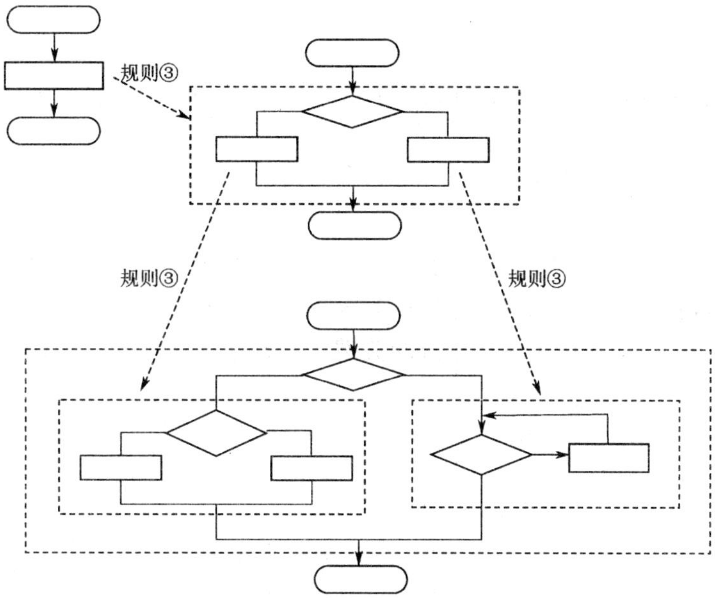

图 8-4　重复使用规则③

2. 程序的书写风格

一个好的源程序意味着源程序代码逻辑简明清晰、易读易懂。为了达到此目的,应该遵循下述体现风格的编码原则。

1)程序内部文档　内部文档包括恰当的标识符、适当的注解和程序的合理组织。程序层次清晰,布局合理。

2)数据说明　数据结构的组织和复杂程度以容易理解和维护为原则,每个数据结构均应加注解说明,数据说明和次序应该标准化。

3)语句构造　每个语句应该简单而直接,不能为提高效率而使程序变得过分复杂。

4)输入或输出　对输入数据应进行合法性检查,保持输入格式简单一致;对输出数据要加输出数据的标志或给出良好的输出报表。

5)效率　效率主要指处理机时间的使用率和存储容量的利用率。要提高效率应在需求分析阶段确定对效率的要求，才能在设计阶段设计出高效率的程序结构。在程序编码阶段以不影响程序的清晰度和可读性为前提。当然，对于大型科学计算、实时处理等问题，效率仍是一个非常重要的问题。

无论是逐步求精设计模块还是结构化编码，都需要设计人员、编程人员熟悉各种基本算法，例如交换二对象值，计算累加和（含计数、统计）及累积，判奇偶性、素数、平闰年，判回文、大（小）写字母和数字字符，计算最大公约数和最小公倍数，计算最大值和最小值，顺序查找和二分查找，枚举排序和选择排序，按行（列）处理二维数组等等。要掌握这些基本算法，必须能够熟练地运用顺序、选择、循环和过程等语句，以及了解实际问题的解决方法。

8.3 程序测试

8.3.1 程序测试概述

1. 程序测试

程序测试是为发现程序中的错误而进行的一系列工作。但是，测试只能证明错误的存在，而不能证明程序中不再有错误。

软件调试是为改正程序中的错误而进行的一系列工作。

2. 测试用例

在程序测试过程中，需要事先准备测试用的数据，这些数据称为测试用例。一个测试用例必须由两部分组成：对程序输入数据的描述；对这些输入数据所产生的程序正确结构的精确描述。设计一组高效的测试用例是测试成败的关键。只有能够发现错误的测试用例，才是有效的测试用例。

实践表明，程序测试是一件非常困难的任务，既需要有理论指导，更需要丰富的实践经验。

3. 测试步骤

对于大型程序进行测试常常经过以下三个步骤：

①单元测试，把每个模块作为一个单独的测试单元，由编写程序人员完成；

②集成测试，也称为子系统测试，此种测试是把经单元测试的模块放在一起形成一个子系统进行的测试，由专门人员完成；

③确认测试，也称为验收测试或系统测试，此种测试是把经集成测试的子系统构成一个完整的软件进行测试，由专门人员完成。

4. 测试用例的设计方法

为了设计出高效的测试用例，通常采用黑盒法和白盒法。

8.3.2 程序测试的黑盒法

黑盒法又称为功能测试法或数据驱动测试法。该方法完全不考虑程序内部的逻辑结构，而是仅根据程序的功能设计测试用例。

在黑盒测试中常采用等价分类法将输入数据分成有效等价类和无效等价类，并在这两个等价类中设计测试用例。常用的等价类划分规则有：

①按输入值的范围划分为范围内（有效类）和范围外（无效类）；

②按输入数据的个数划分为等于(有效类)和不等于(无效类);

③按对一组输入数据的不同处理,划分为允许的数据组(有效类)和不允许的数据组(无效类);

④按输入数据的类型划分为同类型(有效类)和不同类型(无效类);

⑤按输入数据的格式划分为遵从格式(有效类)和不遵从格式(无效类);

⑥按输入数据的边界值划分为等于(有效类)和不等于(无效类)。

8.3.3 程序测试的白盒法

白盒法又称为逻辑覆盖法。该方法从检查程序内部的逻辑结构入手设计测试用例,主要考虑测试用例对程序内部逻辑的覆盖程度。

常用的逻辑覆盖技术如下。

1. 语句覆盖

语句覆盖技术测试是选择足够的测试用例,使每个语句至少执行一次。

2. 判定覆盖

判定覆盖技术测试是选择足够的测试用例,使程序的每个分支至少执行一次,使得程序中每个判定至少都能获得一次“真”值和一次“假”值。

3. 条件覆盖

条件覆盖技术测试是选择足够的测试用例,使程序判定中的每个条件都取到各种可能的结果,即一次“真”值和一次“假”值。如判定表达式 a >1. and. b ==0 中有两个条件:a >1 和 b ==0。

4. 条件组合覆盖

用条件组合覆盖技术测试是选择足够的测试用例,使每个判定表达式中条件的各种可能组合都至少出现一次。显然,满足条件组合覆盖标准的测试数据也一定满足判定覆盖和条件覆盖。

8.4 常用算法的设计方法

要用计算机完成预定的工作,就必须先设计一个算法,然后再根据算法编写程序。

算法设计就是对给定的问题设计出解决它的有效算法。算法设计常常是一件困难的事情。常用算法的设计方法有迭代法、穷举法、递推法、递归法、回溯法、分治法等。

8.4.1 迭代法

迭代法是求方程或方程组近似根的一种常用算法的设计方法。

设方程或方程组为 $f(x)=0$,用某种数学方法导出等价式 $x=g(x)$,然后执行以下步骤:

①设近似根为 x_0;

②$x \leftarrow x_0, x_0 \leftarrow g(x)$;

③若 $|x-x_0|<\varepsilon$,则取 x 或 x_0 为根,否则转②。

这种迭代法常常称为简单迭代法。

应注意的是“死循环”问题,如方程或方程组无解,或有解但初值不合理等都可能造成死循环。

这种迭代法程序较简单，描述如下。

```
program fg
  implicit none
  real::x0,x,g,eps=1e-5
  print *,"input x0:"
  read *,x0
  do
    x=x0
    x0=g(x)
    if(abs(x-x0)<eps)exit
  end do
  print *,"root=",x0
end
function g(x)
real x,g
   ⋮
end function
```

求方程组根 x(n)的迭代法片段可描述如下：

```
x=初始根的近似值
delta=1e-5   ！新老根的近似值的最大误差
do while(max(delta)>eps)
  y=x   ！保存老的近似根
  x=g(x)   ！计算新的近似根
  delta=max(abs(y-x))
end do
write(*,f)x      ！打印根的近似值
```

8.4.2 穷举法

穷举法是对可能的解按某种顺序逐一枚举、检验，从中找出符合要求的解。

例 8.2 百钱百鸡问题是我国古代数学家一道解不定方程的问题。设公鸡每只 5 元，母鸡每只 3 元，小鸡每 3 只 1 元。要用 100 元钱买 100 只鸡，问公鸡、母鸡和小鸡各买多少只。编程实现。

```
program ex802
   implicit none
   integer f,m,s

   ！f、m、s 分别为母鸡、公鸡和小鸡
   print *,"公鸡数 母鸡数 小鸡数"
```

```
    do f = 1,100
        do m = 1,100
            do s = 1,100
                if(f + m + s == 100. and. f * 9 + m * 15 + s == 300) &
                    print '(3i7)',m,f,s
            end do
        end do
    end do
    stop
end
```

8.4.3 递推法

递推法是利用问题本身所具有的某种递推关系求问题解的一种方法。设要求问题规模为 n 的解。当 $n=1$ 时,解为已知,或能非常方便地得到解。且当得到问题规模为 $i-1$ 的解后,可根据问题的递推性质,能从已求得的问题规模为 1、2、……、$i-1$ 的一系列解构造出问题规模为 i 的解。

例 8.3 编写程序,对给定的 $n(n\leqslant 400)$ 计算并输出 n 的阶乘的全部有效数字。

由于要求得的整数可能大大超过一般整数的位数,所以用一维整型数组存储要求得的长整数。该数组的每个元素只存储其中的一位数字。如有 m 位长整数 n 用整型数组 a(0:m)存储:

$$n = a(m) \times 10^{m-1} + a(m-1) \times 10^{m-2} + \cdots + a(2) \times 10^{1} + a(1) \times 10^{0}$$

并用 a(0)存储长整数 N 的位数 m,即 a(0) = m。按上述约定,数组的每个元素存储 n! 的一位数字,并从低位到高位依次存于 a(1)、a(2)、……。例如,5! =120,在数组中的存储形式为:

3 0 2 1 ……

首元素 3 表示长整数是一个 3 位数,接着是低位到高位依次为 0、2、1。

另外,计算 n! 可经过对已求得的(n-1)! 连加 n 次得到。如,已知 4! =24,那么 5!可对 24 连加 5 次得到。所以,可以利用递推法求解。

```
! 已知 a 中的(k-1)!,可计算 k! 并仍存于 a 中
subroutine nextfactor(a,k)
    implicit none
    integer,parameter:: MAXN = 1000
    integer::a(0:MAXN-1),b(0:MAXN-1)
    integer,intent(in)::k
    integer::i,j,r,m,carry

    b = a
    m = a(0)
    do j = 1,k-1
```

```
            carry =0
    do i =1,m
        if(i <= a(0))then
            r = a(i) + b(i) + carry
        else
            r = a(i) + carry
        end if
        a(i) = mod(r,10)
        carry = r/10
    end do
        if( carry/=0) then
            m = m + 1
            a(m) = carry
        end if
    end do
    a(0) = m
end subroutine

subroutine display(a,k)
    implicit none
    integer,parameter:: MAXN = 1000
    integer::a(0:MAXN - 1),k
    integer :: i,d = 1

    print "(i3,'!  =')", k
    do i  = a(0),1, -1
        write( * ,"(i1)",advance = 'no') a(i)
        d = d + 1
        if( mod( d,50) ==0)    write( * , * )
    end do
    write( * , * )
end subroutine

program ex803
    implicit none
    integer,parameter:: MAXN = 1000
    integer::a(0:MAXN - 1),n,k

    print * ,"输入整数 n(0 < n <=400):"
```

```
    do
        read * ,n
        if(n >0 .and. n <=400) exit
    end do
    a(0) =1;a(1) =1
    do k =2,n
        call nextfactor(a,k)
    end do
    call display(a,n)
    stop
end program
```

8.4.4 递归法

递归是设计和描述算法的一种有力工具。它在解决许多复杂问题时常被使用。

能采用递归描述的算法应有如下特征:为求解规模为 n 的问题,设法将它分解为一些规模较小的问题,然后再从这些小问题的解方便地构造出大问题的解,并且这些规模较小的问题能用同样的分解和综合方法分解为规模更小的问题,并且从这些更小问题的解构造出稍大问题的解。这样分解和综合下去,最后当 n 为 0 或 1 时,能直接求得解,即存在递归结束的条件。

例 8.4 汉诺塔(Tower of Hanoi)游戏。据说该游戏最早出现在 19 世纪末欧洲的布拉玛神庙中。游戏的装置是一块订有三根金钢石的针,针上放着从大到小的 64 个盘子。游戏的目的是把所有盘子从一根针上移到另一根针上,还有一个针作为中间过渡。

游玩的规则是:每次只能移动一个盘子,而且大盘子不能压在小盘子上面。由于移动 64 个盘子至少需要移动 $2^{64}-1=184\ 467\ 440\ 737\ 095\ 516\ 16\approx 1.8\times 10^{19}$ 次。若每秒移动一个盘子,约需一万亿年,而太阳原子燃料大约只能维持 150 亿年。因此,教士们预言,当游戏结束的时候,世界末日就到了。

以 3 个盘子为例,要从源 1 移动到目标 3,需要借助中间 2 来过渡。一个可行的方案是:

1→3 1→2 3→2 1→3 2→1 2→3 1→3

考虑一般的情况,为了把 n 个盘子从 a 移到 c,可以先把 n - 1 个盘子经过 c 移到 b,然后把剩下的一个盘子移到 c,最后再把 n - 1 个盘子从 b 经过 a 移到 c。这样,原来与 n 有关的问题变成了与 n - 1 有关的问题。重复这个过程,每次 n 减 1,最后当 n = 1 时,直接移动该盘子就可以了。

下面的程序中,子程序 move 完成 n 个盘子从 a 经过 b 移到 c 的功能。根据上面的讨论,它可以分解为下面 3 个步骤:

```
call move(n,a,c,b)
a→c
call move(n-1,b,a,c)
```

程序如下:

```
recursive subroutine move(n,a,b,c)
    implicit none
```

```
    integer::n,a,b,c,k
    common k

    if(n == 1)then
        k = k + 1
        write(*,"(i7,':',i3,'→',i3)")k,a,c
    else
        call move(n - 1,a,c,b)
        k = k + 1
        write(*,"(i7,':',i3,'→',i3)")k,a,c
        call move(n - 1,b,a,c)
    end if
end subroutine

program ex804
    implicit none
    integer::total,k
    common k

    k = 0
    print *,"输入整数 total(0 < total <= 10):"
    do
        read *,total
        if(total > 0 .and. total <= 10) exit
    end do
    call move(total,1,2,3)
    stop
end program
```

8.4.5 回溯法

回溯法也称为试探法。该方法首先放弃关于问题规模大小的限制,并将问题的候选解按某种顺序逐一枚举和检验。当发现当前候选解不可能是解时,就选择下一个候选解;如果当前候选解除了不满足问题规模而满足所有其他要求时,继续扩大当前候选解的规模,并继续试探。如果当前候选解满足包括问题规模在内的所有要求时,该当前候选解就是问题的一个解。在上述求解的描述中,放弃当前候选解去寻找下一个候选解的过程称为回溯。扩大当前候选解的规模并继续求解的过程称为向前试探。

例 8.5 采用回溯法找出从自然数 1、2、……、n 中任取 r 个数的所有组合(后一个数要比它前面的那个数大)。如 $n = 5, r = 3$ 的所有组合为:

1 2 3

1 2 4
1 2 5
1 3 4
1 3 5
1 4 5
2 3 4
2 3 5
2 4 5
3 4 5

可采用回溯法找出问题解，将找到的组合以从小到大顺序存入 a(0)、a(1)、……、a(r－1) 中，组合的元素满足以下性质：

①a(i＋1)＞a(i)，即后一个数比前一个数大；

②a(i)－i＜=n－r＋1。

按回溯法找出解的过程可为：首先放弃组合数个数为 r 的条件，候选组合从只有一个数字 1 开始。因为该候选解满足规模以外的全部条件，扩大其规模，并使其满足上述条件①，候选组合改为 1、2。继续这个过程，得到候选组合改为 1、2、3。该候选组合包括规模在内的所有条件，因而是一个解。在该解的基础上，选下一个候选组合，因 a(2) 中的 3 调整为 4，以及以后调整为 5 都满足问题的全部要求，故得到解 1、2、4 和 1、2、5。由于对 5 不能再作调整，所以要从 a(2) 回溯至 a(1)，这时的 a(1)＝2，可以调整为 3，并向前试探，得到解 1、3、4。重复上述向前试探过程和向后回溯，直到要从 a(0) 再回溯时，说明已经找出全部解。为实现上述思想，可写出以下程序：

```
subroutine comb_back(m,r)
    implicit none
    integer::m,r,i,j
    integer::a(0:100)

    i=0
    a(0)=1
    do
    if(a(i)-i<=m-r+1) then ! 还可以向前试探
       if(i==r-1) then          ! 已找到一个组合
      do j=0,r-1
          write(*,"(i4\)")a(j)
      end do
      write(*,*)
      a(i)=a(i)+1
      cycle
     end if
  i=i+1
```

```
      a(i) = a(i - 1) + 1
    else
    if(i ==0) return
      i = i - 1
      a(i) = a(i) + 1
    end if
  end do
end subroutine

program ex805
   implicit none

   call comb _ back(5,3)
   stop
end program
```

8.4.6 分治法

它也许是最广泛使用的方法。其基本思想是把一个大问题分解为一些较小的问题,然后由小问题的解方便地构造出大问题的解。在很多领域应用此方法,如用矩形或梯形的面积代替曲边梯形的面积计算定积分的近似值,用多次计算一个整数的整除性判断该整数是否为素数,用多个简单模块的整合解决复杂的问题等,都应用了该方法。在此不再举例。

8.5 软件开发方法简介

目前流行的软件开发方法有两种:结构化软件开发方法和面向对象的软件开发方法。

1. 结构化软件开发方法

结构化软件开发方法是目前最实用、最成熟的软件开发方法。

结构化软件开发方法包括:

①结构化分析(Structured Analysis 简称 SA);

②结构化设计(Structured Design 简称 SD);

③结构化编程(Structured Programming 简称 SP)。

2. 面向对象软件开发方法

面向对象软件开发方法是最新、最有前途的软件开发方法。

面向对象软件开发方法包括:

①面向对象分析(Object _ Oriented Analysis 简称 OOA);

②面向对象设计(Object _ Oriented Design 简称 OOD);

③面向对象编程(Object _ Oriented Programming 简称 OOP)。

关于 SA、SD、SP、OOA、OOD、OOP 方法的详细介绍参见有关书籍。

习　题

一、单项选择题

1. 在程序控制的三种基本结构中，______结构可提供多条路径选择。

A. 逆序　　B. 顺序　　C. 循环　　D. 分支

2. 在程序控制的三种基本结构中，______结构可提供程序重复控制。

A. 遍历　　B. 排序　　C. 循环　　D. 分支

3. 程序控制一般分为______、分支、循环三种基本结构。

A. 分块　　B. 顺序　　C. 条件　　D. 重复

4. 以下说法中正确的是______。

A. 所有改变循环条件的成分都在循环体外　　B. 在直到型循环中，循环体至少被执行一次

C. 在当型循环中，循环体至少被执行一次　　D. 基本程序结构不允许嵌套

5. 在编写程序时，应采纳的原则之一是______。

A. 不限制 GOTO 语句的使用　　B. 程序越短越好

C. 减少或取消注解　　D. 程序结构应有助于阅读理解

6. 在程序测试中，下列说法错误的是______。

A. 测试是为了表明程序是正确的

B. 测试是为了发现程序中的错误而执行程序的过程

C. 好的测试用例是极可能发现迄今为止尚未发现的错误的测试用例

D. 成功的测试用例是发现了至今为止尚未发现的错误的用例

7. 在程序测试时，首先应当进行单元测试，然后再进行______测试，最后再进行验收测试。

A. 结构　　B. 集成　　C. 确认　　D. 组合

8. 程序测试的目的是______。

A. 评价程序的质量　　B. 发现程序的错误

C. 找出程序的全部错误　　D. 证明程序是正确的

二、程序填空题

1. 下面的子例行子程序将把一个 N 阶方阵顺时针旋转 90°。例如，4 阶方阵

$$\boldsymbol{A}=\begin{bmatrix}1&2&3&4\\5&6&7&8\\9&10&11&12\\13&14&15&16\end{bmatrix}$$

顺时针旋转 90°后为 $\begin{bmatrix}13&9&5&1\\14&10&6&2\\15&11&7&3\\16&12&8&4\end{bmatrix}$，请在其中的横线处填上恰当字句。

```
subroutine circumrotate(a,n)
    implicit none
    integer n,i,j,jj,ii
```

```
      real a(n,n),ws
      do i=1,(n+1)/2
         ii=________[1]________
         do j=1,n/2
            jj=________[2]________
            ws=a(i,j)
            a(i,j)=a(jj,i)
            a(jj,i)=a(ii,jj)
            a(ii,jj)=a(j,ii)
            ________[3]________
         end do
      end do
   end
```

2. 下面的函数子程序将检验一个 N 阶方阵是否为魔方阵。所谓魔方阵就是 $1\sim n^2$ 的整数排列成一个 $n\times n$ 个元素的方阵，其每行元素之和、每列元素之和以及对角线元素之和都等于 $(n(n^2+1))/2$。

```
   logical function magic(a,n)
      implicit none
      integer:: n,a(n,n),i,j,k
      magic=________[1]________
      do k=1,n*n
         do i=1,n
            do j=1,n
               if(a(i,j)==k) ________[2]________
            end do
         end do
         return
30    end do
      do i=1,n
         if(sum(________[3]________)/=n*(n*n+1)/2) return
         if(sum(________[4]________)/=n*(n*n+1)/2) return
      end do
      magic=.true.
   end function
```

三、按要求编写程序

1. 用一个过程 printA 顺序输出一维整型数组 A(N)中与前面已输出元素值不重复的各元素的值。在主程序中从键盘输入 20 个整数(每个数均位于 0~100 之间)，调用过程 printA，输出这组数中互不相同的各个数字。

2. 某歌唱决赛，共有 5 名歌手参加，7 名评委进行评比。评分标准为：去掉一个最高分和一个最低分，其余评委的分数的平均分作为歌手的得分。当场决定各歌手的名次。编写程序模拟评分过程。

3. 素数是只能被1和本身整除的数，下面给出一种寻找素数的方法：

(1)生成一个数组，将所有的元素初始化为1。

(2)从数组下标为2的元素开始，每次寻找数值为1的数组元素。当找到时，对该数之后的数组元素进行循环，凡是下标值为该元素下标值整数倍的元素，其值置为0。如第一次找到的元素为2，则将下标为4、6、8……的数组元素值置为0；第二次找到下标为3的元素，则将下标为6、9、12……的数组元素值置为0，依此类推。

(3)当这个过程结束时，值为1的元素的下标即为所求的素数。

利用该算法编写程序，求100以内的所有素数并输出。

4. 编写一个程序，实现：

(1)判断输入的一个自然数是否为素数；

(2)对输入的一个数求其所有的素数因子；

(3)求两个正整数的最大公约数；

(4)求两个正整数的最小公倍数；

(5)对用机器能表示的全体偶数验证哥德巴赫猜想(3以上的偶数均可表示为两素数之和)。

以上所有功能都应从菜单中选择执行。

5. 编写一个程序，实现：

(1)输入一个年、月、日并计算它是本年度第几天。

(2)输入任何一年份，给出该年出生人的属相，如1945年出生人的属相为“鸡”。

(3)显示输出2000～2099年的任何一年的某一月的月历，所要显示的年月由键盘输入。如2002年5月的月历形式如下：

5月　2002年

日	一	二	三	四	五	六
1	2	3	4	5	6	7
8	9	10	11	12	13	14
15	16	17	18	19	20	21
22	23	24	25	26	27	28
29	30	31				

(4)显示输出2000～2099年的任何一年的年历，并可写入一文本文件中。

(5)以上所有功能都应从菜单中选择执行。

说明：计算某年某月某日是星期几的方法是：设y为年份，d是该年某月某日从1月1日开始所经过的天数，则$s=(y-1)\times 1.2425+d$。若s除以7所得余数取整后为0，则为星期日，余数取整后为1，则为星期一，其余依此类推。如2002年5月1日，$s=(2002-1)\times 1.2425+121=2607.2425$，由于$s$除以7的余数取整后为3，故该日为星期三。

6. 编写一个程序，计算并输出一个$N\times N$魔方阵($N\geqslant 3$的奇数)。

说明：

所谓魔方阵就是把$1\sim N^2$的整数排列成一个$N\times N$方阵，使每行元素之和、每列元素之和以及对角线元素之和都相等。如3×3魔方阵中各行、各列、两对角线值的和均为15。

若N为奇数,如3×3魔方阵,可参考以下步骤完成:

①在魔方阵第1行中间位置处置1;

②把下一个数填入到本数的右斜上方处,如果目标处于魔方阵之外,则填到目标处的行或列中与目标距离最远的位置处,如2填入第3列的末尾,3填入第2行的开头;

③如果要填的数是N的倍数的下一个数,则填到本数之下的位置处,如4填入第1列的末尾;

④重复上述步骤②、③,直到求得最终魔方阵。

最终3×3魔方阵为:

8	1	6
3	5	7
4	9	2

第9章　字符串处理算法

在 FORTRAN 95 中,字符处理的对象是字符型数据。现代高级语言都具有处理字符或字符串的功能。通过本章的学习,应达到如下目标:

- 掌握字符型数据的基本概念;
- 了解并基本掌握字符串函数;
- 熟悉字符串的应用。

9.1　字符型数据的基本概念

9.1.1　字符型常数与变量

1. 字符型常数

字符型常数是用英文的单引号或双引号括起来的字符串。字符串中的字符可以是 FORTRAN 字符集以外的字符(如 ASCII 码字符集中的任何可显示字符),也可以是汉字等,如

‘FORTRAN’　“123”　“2003 - 12 - 5”　“天津”

都是字符型常数。字符常数的值就是引号之间的字符序列。在计算字符型常数的长度时只计算该字符串中的字符个数,两端的定界符引号不计算在长度之内。例如‘FORTRAN’的长度为7;“天津”的长度为4,这是因为一个汉字按两个字符处理。对于字符型常数中间如果有一个引号,则应同时连写两个引号,计算长度时按一个字符计算,如‘It”s’的长度为4,而“It’ ’s”、的长度为5。此外,在上机输入程序时,引号只能使用英文 ASCII 字符集中的撇号, 即(′)或(″),而不能使用汉字的‘ ’或“ ”。

2. 字符型变量

字符型变量用来保存一个字符或一个字符串,在使用之前必须说明,说明的方法与其他变量类型的说明格式有所不同,见以下例子。

```
CHARACTER::C1,C2
```

说明 C1,C2 这两个数量各存放一个字符。

```
CHARACTER(LEN=10)::C1,C2
```

说明 C1,C2 这两个数量各存放 10 个字符。该语句也可写成如下形式:

```
CHARACTER * 10 ::C1,C2
```

9.1.2　字符表达式

字符表达式是用字符运算将若干个字符型量连接起来的表达式。字符型量可以是字符常数、字符变量、字符数组元素、字符子串和字符型函数。

字符运算符只有一个,即“//”,表示将两个字符串连接起来。

例如,字符表达式

'FORT'//'RAN95'

其值为 FORTRAN95。

字符表达式

"That's"//" right"

其值为 That's right.。

当使用双撇号将字符串括起来时,字符串中每个单撇号为一个字符。例如

'That"s'//' right'

其值为 That's right.。

当使用单撇号将字符串括起来时,字符串中的两个连续撇号表示一个单撇号字符。

字符型数据处理一般包括:字符串的查找、替换及字符串与数值之间的转换是字符串处理中比较常用的算法,使用 FORTRAN 95 字符处理功能可实现这些算法的程序设计。

9.2 常用字符函数

9.2.1 概述

为了方便对文字信息的处理,FORTRAN 95 提供了一些字符运算的函数。下面常用字符函数中的参数 i 表示整型变量,参数 c 表示长度为 1 的字符变量,参数 s 表示长度大于 1 的字符变量。

1. 转换为字符函数

形式:**char(i)** 或 **achar(i)**

功能:结果值为序号 **i**(ASCII 值:0 ~ 255)所对应的字符。例如,char(65)的结果值为"A"。

2. 转换为字符序号函数

形式:**ichar(c)** 或 **iachar(c)**

功能:结果值为字符 c 所对应的字符序号(ASCII 值:0 ~ 255)。例如,ichar("A")的值为 65。

3. 求字符长度函数

形式 1: **len(s)**

功能:结果值为字符串 s 中的字符个数。

形式 2: **len_trim(s)**

功能:去掉尾部空格后字符串 s 的长度。

例如,len("AB CD ")的值为 6, len_trim("AB CD ")的值为 5。

4. 截去字符串尾部空格函数

形式: **trim(s)**

其中 s 是字符型表达式。

功能:结果值为去掉字符串 s 尾部空格的字符串。例如,trim("A12B   ")的值为"A12B"。

5. 首部空格调整函数

形式:**adjustl(s)**

其中 s 是字符型表达式。

功能:把字符串 s 的首部空格调到尾部。例如,adjustl(" ABC")的值为"ABC "。

6. 尾部空格调整函数

形式:**adjustr(s)**

功能:把字符串 s 的尾部空格调到首部。例如,adjustr("ABC ")的值为" ABC"。

7. 子串位置函数

形式 1:**index(s1,s2[,back=.true.])**

功能:无选项,结果值为子串 s2 在 s1 中第一次出现的始位置,如果 s2 子串不在 s1 中时,结果值为 0;有选项,表示从后面开始搜索,结果值为子串 s2 在 s1 中最后一次出现的始位置,如果 s2 子串不在 1 中时,结果值为 0。

例如,index("ABCDBCEF","BC")值为 2,index("ABCDBCEF","BC", back=.true.)值为 5。

形式 2:**scan(s1,s2[,back=.true.])**

功能:无选项,结果值为 s2 所包含的字符在 s1 中第一次出现的位置;有选项,结果为 s2 所包含的字符在 s1 中最后出现的位置。

例如,scan("ABCDBCEF","C")和 scan("ABCDBCEF","CE")值为 3;scan("ABCDBCEFE","C", back=.true.) 值为 6,而 scan("ABCDBCEFE","CE",back=.true.)值为 9。

8. 子串在字符串中的函数

形式:**verify(s1,s2[,back=.true.])**

其中 s1 和 s2 是字符型表达式。

功能:无选项,结果值为 s1 中第一个不属于字符串 s2 字符的位置;有选项,结果值为 s1 中最后一个不属于字符串 s2 字符的位置。

例如,verify("ABCCK","AB")值为 3,verify("ABCCK","ABCDEFK")值为 0,verify("ABCCK","AB", back=.true.)值为 5。

9. 字符串比较函数

lgs(s1,s2)　　功能:若 s1≥s2,结果值为真,否则为假。

lgt(s1,s2)　　功能:若 s1>s2,结果值为真,否则为假。

lle(s1,s2)　　功能:若 s1≤s2,结果值为真,否则为假。

llt(s1,s2)　　功能:若 s1<s2,结果值为真,否则为假。

其中 s1 和 s2 均为字符型表达式。

10. 字符串重复连接函数

形式:**repeat(s,i)**

其中 s 是字符型表达式,i 是整型表达式。

功能:结果值为一个重复 i 次的 s 的字符串。例如,repeat("ABC",3)值为"ABCABCABC"。

9.2.2 常用字符函数的使用

例 9.1 输出一个由英文字母构成的字符串,把字符串中所有小写字母转换为大写字母并输出。

```
program ex901
    implicit none

    character(len=80) :: str1,str2
    integer k,l,i

    write(*,*) '请输入字符串:'
    read(*,'(a)') str1
    str2 = str1
    k = len(str2)
    l = ichar("a") - ichar("A")
    do i = 1,k
        if(str2(i:i) >= "a". and. str2(i:i) <= "y") then
            str2(i:i) = char(ichar(str2(i:i)) - 1)
        end if
    end do
    write(*,'(4a10)') "str1 =",str1,"str2 =",str2
    stop
end program ex901
```

程序执行示例:

ABcdEfG ↙则显示:

str1 = AbcdEfG　　　　　str2 = ABCDEFG

例 9.2　把 5 个同学的姓名和外语竞赛成绩送入机内,将他们竞赛成绩分成三个等级。竞赛成绩大于等于 85 分时,成绩结论为优,大于等于 60 分时,成绩结论为合格,小于 60 分时,成绩结论为不合格。输出每个同学的姓名和外语竞赛成绩结论。

```
program ex902
    implicit none
    character(len=10) :: name(5),jl(5)
    real cj(5)
    integer i

    name = (/"李超","卫伟","张杰","王丽","于红"/)
    cj = (/50,81,86,90,65/)
    do i = 1,5
        if(cj(i) >= 85) then
            jl(i) = "优"
        else if(cj(i) >= 60) then
            jl(i) = "合格"
        else
```

```
            jl(i) ="不合格"
        end if
    end do
    do i =1,5
        write( * , * )trim( name( i) )//"外语竞赛成绩是"//jl(i)
    end do
    stop
end program ex902
```

程序执行示例：

李超外语竞赛成绩是不合格
卫伟外语竞赛成绩是合格
张杰外语竞赛成绩是优
王丽外语竞赛成绩是优
于红外语竞赛成绩是合格

例 9.3 编写程序，将一字符数组中各元素存放的字符串连接成一个长字串。

```
program ex903
    implicit none
    character( len =15) ,dimension(1:4) : :ss      ! 定义字符数组 ss
    character( len =80) : :ss _ res        ! 记录长字串
    integer i

    read * ,ss                              ! 输入 ss 字符数组数据
    ss _ res = trim( adjustl( ss(1) ) )     ! 去掉字符串的首尾空格 => ss _ res
    do i =2,4
        ss _ res = trim( ss _ res)//""//trim( adjustl( ss( i) ) )
    end do
    print * ,ss                             ! 输出 ss 字符数组
    print * ,trim( ss _ res)                ! 输出连接成的长字串
    stop
end program ex903
```

程序执行示例：

```
"I am a "," Chinese. "," I love my "," motherland. "
I am a     Chinese.      I love my      motherland.
I am a Chinese. I love my motherland.
```

例 9.4 从字符串 s 中删除前两个非 A 字符后，输出 s 字符串。

```
program ex904
    implicit none
    character( len =60) : : s
    character( len =1)  : : c
```

```
    integer i,k

    s ="ABCADA"
    c ="A"
    do k =1,2
        i = verify(s,c)          ! 求非"A"在字符串 s 中的位置
        s(i:) = s(i+1:)
    end do
    print *,s
    stop
end program ex904
```

程序执行示例：

```
AADA
```

例 9.5 编写输出三角形的程序。

```
program ex905
    implicit none
    character(len =80)::line
    integer n

    do n =1,6
        line =""
        line(40 -2 *(n -1):40 +2 *(n -1)) = repeat("*",2 * n -1)
        print *,line
    end do
    stop
end
```

程序执行示例：

```
          *
        * * *
      * * * * *
    * * * * * * *
  * * * * * * * * *
* * * * * * * * * * *
```

9.3 常用字符串操作

常用的字符串基本操作有下列八种。

1. 字符串赋值

将一个字符序列或字符串名的值赋给一个字符型变量。例如：

```
character s * 10,t * 5,c(5) * 3
t = "ABCDE"                ! 将"ABCDE"赋给字符型变量 T
s = t                      ! 将字符型变量 T 的值"ABCDE"赋给字符型变量 S
```

2. 求字符串长度

求字符串长度,即求字符串中字符的总个数。使用求字符串长度的函数 len(s)便可求得。例如:

```
character s1 * 5,s2 * 3
integer lena,lenb,lenc          ! 分别记录字符串的长度
s1 = "ABCDE";s2 = "BNK"
lena = len(s1)
lenb = len(s2)
lenc = len("S1234568")
```

变量 lena、lenb 和 lenc 的值为 5、3、8,分别表示字符串 s1、s2 和"S1234568"的长度。求字符串长度的操作满足关系表达式:len(s1 + s2) == len(s1) + len(s2)。

3. 字符串的连接

连接两个字符串的基本思想是,将字符串 2 的值紧接着放在字符串 1 值的末尾而组成一个新的字符串。若字符串 1 的值为"ASD",字符串 2 的值为"IJKL",则两个字符串的连接结果是"ASDIJKL"。例如:

```
character s1 * 3,s2 * 4,s3 * 7
s1 = "ASD"
s2 = "IJKL"
s3 = s1//s2          ! 两个字符串连接的新字符串≥s3
```

可以把两个字符串的连接推广到 n 个字符串的连接,其运算结果是这 n 个串 si(1≤j≤n)的值依次首尾相接而得到一个新串。例如:

```
print * ,"ASD"//"IJKL"//"MN"//"KL"
```

输出连接后的字符串值为"ASDIJKLMNKL"。

4. 求字符串的子串

求字符串 s 的从某位置开始且长度为定长的子串。例如:

```
character * 6    s
s = "ASDFGH"              ! s: 存字符串
l = 3                     ! 子串长度≥l
print * ,s(2:l)           ! 输出字符串 s 从 2 位置开始且长度为 l(l = 3)的子串
```

子串开始位置和子串长度应满足:

1≤子串开始位置≤len(s),1≤子串长度≤len(s) - 子串开始位置 + 1

5. 求子串在字符串中的始位置

求在字符串 s 中第一次出现的子串 s1 在字符串 s 中的起始位置,使用子串位置函数 index(s,s1) 求得。若在字符串 s 中存在和子串 s1 相等的子串,则函数值为子串 s1 在 s 中首次出现的始位置,否则函数值为零。例如:

```
character s * 8,s1 * 2
```

```
s = "ASDFGSDH"              ! S: 存字符串
s1 = "SD"                   ! 子串≥s1
na = index(s,s1)            ! 子串 s1 在 s 中首次出现的始位置≥na
nb = index(s,"KD")          ! 子串“KD”在 s 中首次出现的始位置≥nb
print *,na,nb
```

输出变量 na 和 nb 的值分别为 2、0，表示子串在 s 中首次出现的始位置。

6. 字符串的置换

字符串的置换就是对一个字符串进行修改。它的基本思想是：在字符串中查找与特定字符串相同的子串，确定子串位置，以便用另一个字符串（置换字符串）来替换此子串。假设字符串 s = 'BBABBABBA'，特定字符串 p = 'AB'，置换字符串 v = 'C'，则字符串 s 置换的结果为 s = 'BBCBCBA'。

字符串置换步骤如下：

①将给定的字符串和特定字符串及置换字符串分别存入字符型变量 s、p 和 v 中；

②利用子串位置函数 index 求得 s 字符串中和 p 相同的子串位置大于等于 m；

③若 m≠0，则以 v 替换字符串 s 中 m 位置的子串，处理 s 字符串中 m 位置后的所有字符，转步骤②，若 m = 0，则字符串替换结束。

例 9.6 输入一个字符串，用置换字符串“SQL”替换字符串中所有子串“Cat”。

```
program ex906
    implicit none
    character *60 str,str1          ! 存字符串
    character *3 ch                 ! 存特定的字符串
    character *3 vv                 ! 存置换字符串

    print *,"输入给定的字符串:"
    read(*,'(a)')str
    print *,"输入特定的字符串(模式字符串):"
    read(*,'(a)')ch
    print *,"输入置换字符串:"
    read(*,'(a)')vv
    call th(str,ch,3,vv,str1)          ! 调用字符串置换子程序 th
    print *,"输出原字符串:"
    print *,str
    print *,"输出被替换的字符串:"
    print *,str1
    stop
end

!字符串置换的子程序
!s: 字符型变量,存给定的字符串
```

```
  ! p: 字符型变量,存特定的字符串(模式字符串).
  ! np: 字符串 P 的长度
  ! v: 置换字符串
  ! s1: 字符型变量, 存字符串中所有子串替换后的结果.
subroutine th(s,p,np,v,s1)
    implicit none
    character *60 s,s1
    character *( * )p,v
    integer np,i,m              ! m 记录当前子串在字符串中出现的始位置
    integer k                   ! 记录 p 在字符串 s 中出现的次数
    integer ma

    s1 =s
    k =0
    m = index(s1,p)
    do while(m/=0)
        k =k +1
        s1(m:m + np - 1) =v  ! 字符串中相应位置子串被替换
        m = index(s1,p)
    end do
    write( * ,'(1x,a4,a,a20,a,i2,a)')p,"在字符串",s,"中出现",k,"次"
  end
```

程序执行示例:

```
输入给定的字符串:
AACatBBCatCCKCatP
输入特定的字符串(模式字符串):
Cat
输入置换字符串:
SQL
Cat 在字符串 AACatBBCatCCKCatP 中出现 3 次
输出原字符串:
AACatBBCatCCKCatP
输出被替换的字符串:
AASQLBBSQLCCKSQLP
```

7. 插入

插入操作是在一个字符串的某个位置上插入子串。可用求子串运算和字符串连接运算实现。例如:

```
character s *15
integer s _ len
```

```
s = "ASDFGSDH"                      ! s: 存字符串
s _ len = len(s)                    ! 字符串 s 的当前字符长度≥s _ len
if(len('KK') <= (15 - s _ len))then
  s = s(1:4)//'KK'//s(5:8)          ! 在字符串 s 的"F"与"G"字符中间插入"KK"≥s
  s _ len = len(s)                  ! 字符串 s 的当前字符长度≥s _ len
else
  print * ,"超出字符串 s 的长度范围,不能在 s 中插入子串。"
endif
```

8. 删除

从字符串的某个位置开始,连续删除 n 个字符。可用求子串运算和字符串连接运算实现,也可用单重循环和求子串运算实现。例如:

```
character * 10 s,s1,s2
s = "ASDFGSDH"                      ! s: 存字符串
s2 = s
s1 = s(1:3)//s(7:8)                 ! 删除字符串 s 中子串"FGS"的字符串≥s1
do i =4,6                           ! 此循环完成删除字符串 s2 中子串"FGS"
  s2(i:) = s2(i +1:)
end do
print * ,"字符串 s =",s
print * ,"字符串 s1 =",s1
print * ,"字符串 s2 =",s2
end
```

程序运行时,将会输出:

```
字符串 s = ASDFGSDH
字符串 s1 = ASDDH
字符串 s2 = ASDDH
```

9.4 字符串查找的常规算法

字符串查找通常是根据给定的某个值在字符型数据中查找与该值相匹配的子串或该值在字符型数据中出现的次数或位置。

1. 字符串首、尾端的查找

从给定的一个字符串的左端或右端开始查找与一个特定字符串(称模式字符串)相匹配的子串。

简单的字符串首的查找算法步骤如下:

①将给定长度为 n 的字符串和长度为 m 的特定字符串分别存入字符型变量 s 和 p 中,$n > m$;

②从 s 和 p 的第一个字符开始,将 s 和 p 的字符依次逐个进行比较。如果 p 中的所有字符均与 s 中的对应字符匹配完,则在 s 中找到了 p 的字符串,结束查找;

③如果在字符比较过程中发现了一对应字符不匹配，则将 p 沿 s 向后移动一个位置，转步骤②，从 p 的第一个字符开始重新进行比较；

④当 p 到达 s 的末端时，说明在 s 中找不到式 p，查找停止。

字符串尾端的查找与字符串首的查找基本思想一致，只不过是从 s 和 p 的最后一个字符开始，自后向前将 s 和 p 的字符依次逐个进行比较。这个算法留给读者自己思考。

字符串首、尾端的查找算法可使用子串位置函数“index(s1,s2[,back=.true.])”实现。

例 9.7 检测"abk"是否在字符串"abcabkhjn"中，若在此字符串中，输出子串起始位置。

```
program ex907
    implicit none
    logical back
    character s*9,p*3
    integer ina,inb

    s="abcabknjn"
    p="abk"
    ina=index(s,p)                    ! 从字符串 s 首端开始查找子字符串 p
    inb=index(s,p,back=.true.)        ! 从字符串 s 尾端开始查找子字符串 p

    write(*,'(1x,3a,i2)')"从字符串首端开始查找:子串","abk","在字符 &
              abcabkhjn 中起始位置是",ina
    write(*,'(1x,3a,i2)')"从字符串尾端开始查找:子串","abk","在字符 &
              abcabkhjn 中起始位置是",inb
    stop
end program ex907
```

程序执行示例：

从字符串首端开始查找:子串 abk 在字符串 abcabkhjn 中起始位置是 4

从字符串尾端开始查找: 子串 abk 在字符串 abcabkhjn 中起始位置是 4

2. 统计子串在字符串中出现的次数

可以通过子串位置函数 index 计算出字符串 s 中与 p 中相同的子串起始位置来获得所求统计的次数。

算法步骤如下：

①将给定的字符串和特定的字符串分别存入字符型变量 s 和 p 中；

②利用子串位置函数 index 求得 s 字符串中和 p 中相同的子串位置大于等于 m；

③若 m≠0，则累加子串在字符串中出现的次数，将 s 字符串中 m 位置前的所有字符删除，转步骤②；若 m=0，则统计次数结束。

例 9.8 输入一个字符串，统计“Cat”在字符串中出现的次数。

```
program ex908
    implicit none
    character*60 str              ! 存字符串
```

```
    character * 3 ch                ! 存特定的字符串
    integer n                       ! 记录子串"Cat"出现的次数
    integer m                       ! 子串在字符串中出现的始位置

    print * ,"输入给定的字符串:"
    read( * ,'(a)')str
    print * ,"输入特定的字符串(模式字符串):"
    read( * ,'(a)')ch
    call tj(str,ch,3,n)
    write( * ,'(1x,2a,a20,a,i2)')ch,'在字符串',str,'中出现的次数是',n
    stop
  end

  ! 统计子串在字符串中出现的次数子程序
  ! s: 字符型变量,存给定的字符串
  ! p: 字符型变量,存特定的字符串(模式字符串).
  ! k: 统计 p 在字符串 s 中出现的次数
  subroutine tj(s,p,l,k)
    implicit none
    character * 60 s,s1,s2
    character * ( * )p
    integer k,l
    integer m                       ! 子串在字符串中出现始的位置

    s1 = s
    k =0
    m = index(s1,p)
    do while(m/=0)
       k = k + 1
       s2 = s1(m + l:)
       s1 = s2
       m = index(s1,p)
    end do
  end program ex908
```

程序执行示例:

输入给定的字符串:

AACatBBCatCCKCatP

输入特定的字符串(模式字符串):

Cat

Cat 在字符串 AACatBBCatCCKCatP 中出现的次数是 3

3. 子串在字符串中重复出现的位置

检测子串在字符串中重复出现的位置的方法是统计子串在字符串中出现的次数的方法的改进。实现该方法的过程见下面例题中子程序 cwz。

例 9.9 输入一个字符串，统计"Cat"在字符串中重复出现的位置。

```
program ex909
    implicit none
    character * 60 str                ! 存字符串
    character * 3 ch                  ! 存特定的字符串
    integer in(50)                    ! 记录子串"Cat"字符串中出现的位置
    print * ,"输入给定的字符串:"
    read( * ,'(a)')str
    print * ,"输入特定的字符串(模式字符串):"
    read( * ,'(a)')ch
    call cwz(str,ch,3,in)
    stop
end
  ! 检测子串在字符串中重复出现的位置子程序
  ! s: 字符型变量,存给定的字符串
  ! p: 字符型变量,存特定的字符串(模式字符串)
  ! n: 字符串 p 的长度
  ! ix: 一维整型数组,存 p 在字符串 s 中重复出现的位置
subroutine cwz(s,p,n,ix)
    implicit none
    character * 60 s,s1,s2
    character * ( * )p
    integer n,i,m                     ! m 记录当前子串在字符串中出现的始位置
    integer ix(50)
    integer k                         ! 记录 p 在字符串 s 中出现的次数
    integer ma
    s1 = s
    k = 0
    m = index(s1,p)
    do while(m/=0)
        k = k + 1
        if(k == 1)then
```

```
            ix(k) = m
        ma = m
         else
            ix(k) = ma + m
        ma = ma + m
         end if
         ma = ma + n - 1            ! 当前子串在字符串中出现的尾位置 => ma
         s2 = s1(m + n:)
         s1 = s2
         m = index(s1,p)
     end do
     write(*,'(1x,a4,a,a20,a)')p,"在字符串",s,"中重复出现的位置是:"
     print *,(ix(i),i = 1,k)
end
```

程序执行示例:

```
输入给定的字符串:
AACatBBCatCCKCatP
输入特定的字符串(模式字符串):
Cat
Cat 在字符串 AACatBBCatCCKCatP      中出现的次数是:
          3           8           14
```

9.5 程序举例

例 9.10 设一个英文句子是由多个单词组成的,且每两个单词之间包含一个或多个空格,句子用句号(圆点)结束,句子的长度不超过 80 个字符,列出这个英文句子的各个单词。

程序如下:

```
program ex910
    implicit none
    character(len = 80)text
    integer endofword

    print *,"输入一个英文句子:"
    read(*,*)text
    text = adjustl(text)        ! 把字符串 text 首部空格调到尾部(字符串左对齐)
    call compress(text,'.')    ! 调用子程序 compress,去掉英文句中句号
    call compress_bb(text)    ! 调用子程序 compress_bb,压缩双空格为单空格
    do
        if(len_trim(text) ==0) exit
```

```
            endofword = index(text," ") - 1
            print *, text(1:endofword)         ! 输出一个单词
            text = text(endofword + 2:)         ! 去掉已输出的单词
        end do
end program ex910

    ! 去掉英文句中句号的子程序
subroutine compress(str,ch)
    implicit none
    character(len = *) str, ch * 1
    integer i

    do
        i = index(str,ch)
        if(i == 0) exit
        str(i:) = str(i + 1:)
    end do
end

! 压缩双空格为单空格的子程序
  subroutine compress_bb(text)
implicit none
character(len = *) text
integer i
do
      i = index(trim(text) ,"  ")! 查找双空格在字符串 text 中的左起开始位置
      if(i == 0) exit
      text(i:) = text(i + 1:)
    end do
end
```

程序执行示例：

输入一个英文句子：

"All that glitters is not gold."

All

that

glitters

is

not

gold

例 9.11 一篇英文文章有 N 行，每行不超过 40 个字符。编写程序统计出文章中英文单词(一个单词由若干个连续的非空格字符组成)的个数和空格的个数。

程序如下：

```
! label: 标志变量，当其值为 0 时，表示一个单词刚开始；当其值为 1 时，表示正
进
! 行一个单词统计
! nw: 记录英文单词个数
! nb: 记录空格个数
! n:  记录英文文章的行数
program ex911
    implicit none
    character(len =40)::line
    integer:: label,nw,nb,n,i,j,k

    nw =0
    nb =0.
    print *,'请输入英文文章的行数:'
    read   *,n
    do i =1,n
        write( *,'(1x,a,i2,a)')'请输入英文文章第',i,'行内容:'
        read '(a)',line
        label =0
        k =len_trim(line)                    ! 去掉尾部空格的长度 =>k
        do j =1,k
            if(line(j:j) ==' ')then
                label =0
                nb =nb +1
            else if(label ==0)then
                label =1
                nw =nw +1
            end if
        end do
    end do
    print "('英文单词 =',i4,5x,'空格 =',i4)", nw, nb
    stop
end program ex911
```

程序执行示例：

请输入英文文章的行数：

3

请输入英文文章第 1 行内容：
I COME FROM CHINA
请输入英文文章第 2 行内容：
MY NAME IS ZHZNC
请输入英文文章第 3 行内容：
I AM 30
英文单词 =　　11　　空格 =　　8

习　题

一、单项选择题

1. 下列字符串中属于字符常量的是______。

A. "It'S a pen."　　B. 'It'S a pen.'　　C. 'It"S a 'pen.'　　D. [It'S' a pen.]

2. 下列字符串中长度为 4 的是______。

A. "ABCD"　　B. 'AB"CD'　　C. 'ABC D'　　D. 'ABCD'

3. 下列字符表达式值相等的是______。

A. 'ABC'//'123'和'abc'//'123'

B. 'ABC' + '123'和'ABC'//'123'

C. CHAR(65) + CHAR(66) + CHAR(67)和'ABC'

D. "ABC"//'123'和'abc'//' 123'

4. 下列字符表达式值不相等的是______。

A. LEN('AB CD')和 INDEX('ABCD123','123')

B. LGT('ABCD','123')和'123' > 'ABCD'

C. CHAR(ICHAR('A'))和'A'

D. 'ABC' + 'D'和'ABCD'

5. 微机中存储 1 个字符的 ASCII 码所用的存储空间是______。

A. 4 个二进制位　　B. 6 个二进制位　　C. 2 个存储字节　　D. 1 个存储字节

6. 已知字符"G"的 ASCII 码是 71，字符"D"的 ASCII 码是______。

A. 70　　B. 71　　C. 67　　D. 68

7. 已知字符变量 A、B、C 存放的字符串分别是'HOW'、'are'和'you?'，若想在一行顺序输出这些字符串，且用空格分开每个字符串，则下面输出不正确的是______。

A. PRINT *,A//' '//B//' '//C

B. WRITE(*,'(1X,A3,'1X',A3,'1X',A)')A,B,C

C. WRITE(*,'(1X,3A)')A,B,C

D. WRITE(*,'(1X,3(A,'1X')')) A,B,C

8. 下列表达式中，值为真的是______。

A. LGE('b','abc')　　B. 'xyz ' == 'xy z'

C. 'abC' < 'ABC'　　D. INDEX('ABC123','ABC') == 0

二、写出下列程序的执行结果

1.

```
character * 13 str1,str2
str1 = '* * * * * * * * * * * * *'
do i = 1,4
  str2 = ' '
  l = 4 - i
  do j = i,2 * i - 1
    n = l + j
    str2(n:n) = str1(i:i)
  end do
  write( * ,'(1x,a)')str2
end do
end
```

2.

```
external   length
character   name * 2
real score
integer length
do i = 1,3
  read * ,name,score
  call draw(name,score,length)
end do
end
subroutine   draw(n,s,f)
  character   n * 2
  integer   f
  m = f(s)
  write( * ,'(1x,a2,5a4)')n,('*',i = 1,m)
end
function   length(x)
  length = int(x)/100
end
```

输入数据是:

A 345.6↙

B 456.7↙

C 567.8↙

3.

```
character line * 80,word * 5
```

```
parameter (word = 'china')
read * ,k
do i = 1 ,k
   read * ,line                  ! 读入一行内容
   j = 1
   do while(j <= 76)
      j = index(line(j:80) ,word)
      if(j == 0)then
         j = 81
      else
         n = n + 1
         j = j + 5
      endif
   end do
end do
print * , '"china" 的个数是 ',n
end
```

4.

```
program main _ char
   character(len = 5) ,dimension(4) : :s
   character(len = 3) : :max _ string,r
   s = (/'pound','franc','dinar','rupee'/)
   r = max _ string(s)
   print * ,"max _ string = ",r
end program main _ char
function max _ string(str) result(r _ string)
   implicit none
   character(len = 3) ,dimension(4) ,intent(in) : :str
   character(len = 3) : :r _ string
   integer: :i,k = 1
   write( * , * )str
   do i = 2,4
      if(str(i) > str(k))k = i
   end do
   r _ string = str(k)
end function max _ string
```

三、程序填空

1. 下列程序是将读入的无符号数的数字字符串转换成数字并输出,请填空。

```
program main
   character   str * 4,chi
```

```
    read( * ,'(a)') str
    l1 = ____[1]____
    zero = ____[2]____
    num = 0
    do i = 1, l1
      chl = ____[3]____
      if(chl/=' ') then
        num = num * 10 + ichar(chl) - zero
      end if
    end do
  end
```

2. 下列程序的功能是输入一个字符串，将输入的字符串按逆序打印出来。

```
  character * 80 strl, str2
  read( * ,'(a)') strl
  k = 80
  do
    if(strl(k:k) ==' ') then
      ____[1]____
    else
      ____[2]____
    end if
  end do
  do i = 1, k
    ____[3]____ = k = i + 1
    str2(m:m) = strl(k:k)
  write( * , * ) str2
  end
```

3. 下列程序的功能是，把由英文字母和数字构成的字符串中所有数字转换为大写字母并输出。例如，字符串'ABCD0123K9'转换为'ABCDABCDKJ'。

```
  character * 80 strl, str2
  read( * ,'(a)') strl
  ____[1]____
  k = len(strl)
  do i = 1, k
  if( ____[2]____ ) then
    ____[3]____
    end if
  end do
  write( * , * ) strl
  end
```

四、按要求编写程序

1. 统计一篇英文文章中有多少个句子，每个句子有多少个单词（一个单词的后面是一个或多个空格，或是标点符号，或是一行的结尾）。

2. 有一篇文章，要求统计出字符串'THIS'在文章中出现的次数，并指出它们分别从第几行第几个字符位置开始。

3. 编写程序输出下面图案（不使用输入语句）。

```
         *                * * * * * * *
       * * *                * * * * *
     * * * * *                * * *
   * * * * * * *                *
     * * * * *                * * *
       * * *                * * * * *
         *                * * * * * * *
```

4. 将一个字符串中的前导空格、后置空格及中间的空格全部去掉后得到一个新的字符串，再逆向输出。

5. 字母翻译，将一行信息中出现的每个大写字母翻译成字母表中其后继第 4 个字母。若翻译后的字母超过了大写字母的界限，则回到"A"继续计算后继次序，即 A→E、B→F、C→G、……、V→Z、W→A、X→B、Y→C、Z→D。

6. 编一个子例行子程序，将一个字符串插入到另一个字符串中，从第 N 个位置开始插入。

7. 输入 N 本书的图书记录，每个记录的数据项为书名（NAME）、作者（AUTHOR）、编号（NUM）和出版日期（DATE）。先按书名的字母顺序将各书按从小到大的次序排列好，然后再输入一本书的书名进行查找。如果查到此书，输出此书的书名、作者、编号和出版日期；如果未查到此书，则输出"没有此书"的信息。

8. 编写两个子程序，一个子程序求出字符串 STRING1 中字母、数字出现的次数；另一个子程序求出字符串 STRING2 中出现次数最多的字符及其出现次数。在主程序输入 N 和字符串 S（S 的最大长度为 40 个字符）。先求出字符串 S 有效长度，然后用 N 的值调用相应的子程序。例如：当 N = 1 时调用子程序 1，当 N = 2 时调用子程序 2。

9. 编写程序，从键盘读入一个英文句子（以句点结尾），句中单词之间用空格分开，结尾句号与单词之间没有空格。单词由空格和圆点以外的字符组成。要求分析输出其中每个单词及单词长度，最后输出单词个数。如输入 This is a test sentence，程序应输出：

```
This        4
is          2
a           1
test        4
sentence    8
5
```

10. 读取职工信息文件 emp.dat，其中存放每一职工的编号（整数）、年龄（整数）、掌握的第一种外语（字符串不超过 10 个字符）。试编写程序，分别统计输出以下几类人员的编号和各类人数：35 岁以下（含 35 岁）的人员、35 岁以上（不含 35 岁）的人员、掌握外语为"English"的人员。职工人数不超过 10 人。

第 10 章　排序、查找算法

信息查询在计算机应用系统中有着重要意义。为了有效查询，需要对数据进行排序。本章介绍排序、查找知识。通过本章的学习，应达到如下目标：

- 掌握几种常用的内部排序算法；
- 掌握查询的基本方法。

10.1　常用排序算法

排序是程序设计中较常用的一种运算。排序是将数据元素的无序序列调整成为一个有序序列。

排序分为内部排序和外部排序两类。整个排序过程都在内存进行的排序称为内部排序，在排序过程中需要同时使用内存和外存的排序称为外部排序。本节只介绍内部排序的几种常用算法。

10.1.1　选择排序

选择排序是每次从待排记录中选出关键字值最小的一个记录，并将其放人已排好序的记录集合的最后，直到全部排完为止。

选择排序运算有多种，下面仅介绍最简单的一种。它的基本思想是：用逐个比较的办法从待排的所有记录中选出关键字值最小的记录并与第一个记录交换位置，然后再从剩下的记录中选出关键字值最小的记录，让其与第二个记录交换。依此类推，直至所有记录有序。

直接选择排序算法步骤如下：

①将 n 个待排数据存在一维数组 a 中，1→I；

②若 $i < n$，则从数组元素 a(i) 至 a(n) 中选出最小值，并与 a(i) 交换；否则，若 $i \geq n$，算法结束；

③$i + 1 \rightarrow i$，转步骤②。

例 10.1　在主程序中，调用直接选择排序的子程序，对输入的一组整数（8 个）按升序排序。

程序如下：

```
! 直接选择排序的子程序
! a：存放 n 个元素的一维数组。排序好的整数序列仍保存在该数组中
! n：记录数组 a 元素个数
! tmin：在每次排序处理中指向最小值所在的位置，即它存放最小值的数组元素
    下标
subroutine selection_sort(a,n)
```

```
    implicit none
    integer,intent(in)::n
    integer::i,j,tmin,t
    integer,dimension(n),intent(inout)::a

    do i=1,n-1
        tmin =i
        do j=i+1,n
            if(a(j)<a(tmin))tmin=j
        end do
        t=a(i)
        a(i)=a(tmin)
        a(tmin)=t
    end do
end subroutine selection_sort

! 主程序
program ex1001
    implicit none
    integer i
    integer,parameter::n=8
    integer,dimension(n)::ia

    print *,"输入待排序的整数序列:"
    read *,(ia(i),i=1,n)
    print *,"输出待排序的整数序列:"
    write(*,'(8i6)')(ia(i),i=1,n)
    call selection_sort(ia,n)
    print *,"输出排序好的整数序列:"
    write(*,'(8i6)')(ia(i),i=1,n)
    stop
end program
```

程序执行示例:

```
输入待排序的整数序列:
 6,20,15,23,4,1,10,2
输出待排序的整数序列:
     6    20    15    23     4     1    10     2
```

输出排序好的整数序列：

1　　2　　4　　6　　10　　15　　20　　23

10.1.2　冒泡排序

冒泡排序是通过相邻两个排序记录的关键字的比较，按一定次序互换而逐步实现有序排序。

冒泡排序的方法较简单。实现过程是：第一次冒泡排序，首先将第一个记录的关键字和第二个记录的关键字进行比较，若不满足顺序的要求，则将两个记录进行交换，然后比较第二个记录和第三个记录的关键字并做同样处理，依此类推，直至对第 n - 1 个记录和第 n 个记录进行比较并处理完，使得关键字值最大的记录被交换到了最后一个记录的位置上。第二次冒泡排序只需对前 n - 1 个记录进行排序，第三次冒泡排序只需对前 n - 2 个记录进行排序，如此下去，直至没有记录需要交换为止，这样最多进行 n - 1 次冒泡排序。

冒泡排序算法步骤如下：

①将 n 个待排数据存在一维数组 a 中，1→i, n→j;

②若 i < n，则从数组元素 a(1) 至 a(j) 中的相邻两个数据依次进行比较后选出最大值，被交换到 a(j) 位置上，否则，若 i≥n，算法结束；

③i + 1→i, j - 1→j 转步骤②。

例 10.2　在主程序中，调用冒泡排序的子程序，对输入的一组整数(8 个)按升序排序。

程序如下：

```
! 冒泡排序的子程序
! a：存放 n 个元素的一维数组。排序好的整数序列仍保存在该数组中
! n：记录数组 a 元素个数
! 子程序中内循环变量 j 的终值(n-i)记录每次冒泡排序时，最后一个数组元素的下标
subroutine buddle_sort(a,n)
    implicit none
    integer,intent(in)::n
    integer::i,j,t
    integer,dimension(n),intent(inout)::a

    do i = 1,n - 1
        do j = 1,n-i
            if(a(j+1) < a(j))then
                t = a(j)
                a(j) = a(j+1)
                a(j+1) = t
            end if
        enddo
```

```
    enddo
end subroutine buddle_sort

! 主程序
program ex1002
    implicit none
    integer i
    integer,parameter::n=8
    integer,dimension(n)::ia

    print *,"输入待排序的整数序列:"
    read *,(ia(i),i=1,n)
    print *,"输出待排序的整数序列:"
    write(*,'(8i6)')(ia(i),i=1,n)
    call buddle_sort(ia,n)
    print *,"输出排序好的整数序列:"
    write(*,'(8i6)')(ia(i),i=1,n)
    stop
end program ex1002
```

程序运行结果同例 10.1。

图 10.1 是此例中排序过程的示意图。

	A(1)	A(2)	A(3)	A(4)	A(5)	A(6)	A(7)	A(8)
待排序	6	20	15	23	4	1	10	2
第1次排序	6	15	20	4	1	10	2	23
第2次排序	6	15	4	1	10	2	20	23
第3次排序	6	4	1	10	2	15	20	23
第4次排序	4	1	6	2	10	15	20	23
第5次排序	1	4	2	6	10	15	20	23
第6次排序	1	2	4	6	10	15	20	23
第7次排序	1	2	4	6	10	15	20	23

图 10-1　冒泡排序示意图

10.1.3　直接插入排序

直接插入排序的方法是将待排记录分成两部分,初始第一部分只含 1 个记录,在排序进程中把第二部分的全部记录逐步插入到第一部分,并使该部分每次插入记录后是有序的。

直接插入排序算法步骤如下。

①将 n 个待排序的记录数据存在一维数组 a 中,默认 a(1)为第一部分的记录,2→i。

②若 i≤n, 则第二部分的一个记录 a(i)与第一部分记录进行比较, 找出在第一部分插入这个记录的位置,然后将该位置上原来的记录及其后面所有的记录顺序后移一个位置,在空出

的位置上插入这个记录；若 i > n（表示把第二部分的记录全部插入到第一部分），则结束排序。

③i + 1→i，转步骤②。

例 10.3 在主程序中，调用直接插入的子程序，对输入的一组整数(10 个)进行排序。

程序如下：

```
! 直接插入排序子程序
! a：存放 n 个元素的一维数组。排序好的整数序列仍保存在该数组中
! n：记录数组 a 元素个数
! temp：整型变量，存待插入到第一部分的记录
subroutine insertion_sort(a,n)
    integer,intent(in)::n
    integer,dimension(n),intent(inout)::a
    integer::i,j,temp

    do i=2,n
        temp = a(i)
        do j = i,2,-1
            if(temp < a(j-1))then
                a(j) = a(j-1)
            else
                exit
            end if
        end do
        a(j) = temp
    end do
end subroutine insertion_sort
```

主程序请读者参照前面的例子编写。

程序运行结果同例 10.2。

10.2 常用查找算法

查找是程序设计中较常用的基本运算。所谓查找，就是在一组同类型数据元素的集合中找出与关键字匹配或满足某些特征要求的元素。关键字是指数据元素中的一个或多个数据项值，它可以唯一标识一个数据元素。例如，在学生情况表中，姓名就是关键字。通常，把待查找的数据元素的集合称为查找表。

查找算法很多，本节只讨论通过给定值与元素的关键字进行比较实现查找的几种常用算法。

10.2.1 顺序查找

顺序查找为既是基础的又是简单的一种查找方法。它的基本思想是:用给定值依次与查找表中每个元素的关键字进行比较。如果某个元素的关键字与给定值相同,则查找成功;如果找遍全表,关键字与给定值均不相同,则查找失败。

顺序查找算法步骤如下:

①将查找表中 n 个数据元素存在一线性表中,即一维数组 a 中;

②若给定值与被查关键字值相同, 则查找到,查找结束;

③若给定值与被查关键字值不相同,继续进行查找,转步骤②,直至查找完表为止。

例 10.4 在主程序中输入 10 个整数,调用顺序查找的子程序,查找整数 15 和 68 所在的位置。

程序如下:

```
! 顺序查找子程序
! a: 一维整型数组存放由 n 个元素组成的查找表
! n: 记录数组 a 元素个数
! key: 整型变量,给定要查找的值
! ix: 返回查到元素所在位置
subroutine search(a,n,key,ix)
    integer,intent(in)::n,key
    integer,dimension(n),intent(inout)::a
    integer,intent(out)::ix
    integer::i

    do i=1,n
        if(key==a(i))then
            ix=i
            exit
        end if
    end do
    if(i<=n) then
        print *,"输出查到的元素=",a(ix)
    else
        print *,"未查到!"
    end if
end subroutine search

! 主程序
program ex1004
    implicit none
```

```
    integer,dimension(10)::k
    integer::i,n,in,kmax,jmax

    print *,"输入 k 数组:"
    read *,k
    do i =1,2
        print *,"输入要查找的值:"
        read *,n
        call search(k,10,n,in)                  ! 调用顺序查找的子程序 search
        write( *,'(1x,i4,a,i2)')n,"所在 k 数组中位置为",in
    end do
end program
```

程序执行示例:

```
输入 k 数组:
  20,10,14,15,105,260,113,68,80,320
  输入要查找的值:
  15
  输出查到的元素 =          15
    15 所在 k 数组中位置为   4
  输出查到的元素 =          68
    68 所在 k 数组中位置为   8
```

10.2.2 二分查找

二分查找也称为折半查找,它比顺序查找的效率高。二分查找要求线性表中的所有元素按照关键字有序(递增或递减)排列。二分查找的过程实际上就是比较关键字的大小,然后进行定位。

假设线性表中元素按关键字递增排列,那么二分查找方法是:将给定值与处于顺序表"中间位置"上的元素的关键字进行比较,若相等则查找成功,若给定值大于关键字,则在表的后半部分继续进行二分查找。否则在表的前半部分继续进行二分查找。如此进行下去直至找到满足条件的元素或当前查找区为空。

二分查找算法步骤如下。

①将 n 个有序数据元素存在一线性表中,即一维数组 a 中。

②给定要查找的值≥key,查找区域低端元素的下标≥low,查找区域高端元素的下标≥high。

③如果 low≤high,则计算中间位置:(low + high)/2≥mid;如果 low > high,则未查找到 ix = -1,结束算法。

④若 key > a(mid),则 low = mid +1 转步骤②;若 key < a(mid),则 high = mid -1 转步骤②;若 key = a(mid),则查找到 ix = mid,结束查找。

例 10.5 在主程序中输入 10 个整数,调用二分查找的子程序,查找整数值为 15、30 和 45

所在位置。

程序如下：

```fortran
! 二分查找子程序
! a：一维整型数组,存放由 n 个元素组成的升序数据表
! n：记录数组 A 元素个数
! low：存查找数据表当前低端元素的下标
! high：存查找数据表当前高端元素的下标
! key：整型变量,给定要查找的值
! ix：返回查到元素所在位置
! mid：存计算当前中间位置(low + high)/2 的值
subroutine binsearch(a,low,high,key,ix)
    integer::low,high,key
    integer,dimension(low:high),intent(inout)::a
    integer,intent(out)::ix
    integer mid,k

    do while(low <= high)
        mid = (low + high)/2
        if(key == a(mid)) then
            ix = mid
            return
        else if(key > a(mid)) then
            low = mid + 1
        else if(key < a(mid)) then
            high = mid - 1
        end if
    end do
    ix = -1
end
```

主程序请读者按照前面的例子编写。

10.2.3 分块查找

分块查找又称索引顺序查找。分块查找是将待查找的线性表分割成若干块,每块中元素是无序的,而各块元素之间要求按一定的顺序排列,例如前一块中所有元素的关键字值都小于后一块中所有元素的关键字值。另外,分块查找还需要建立一个索引表,索引表中的每个索引项对应一个块。一个索引项至少应含有两部分信息:一是对应块中最大的关键字值;二是指向对应块中第一个元素的指针。索引表如图 10-2 所示。

查找时,首先通过索引表确定给定关键字对应的元素在哪一块,然后在该块中顺序查找。

分块查找的步骤如下:

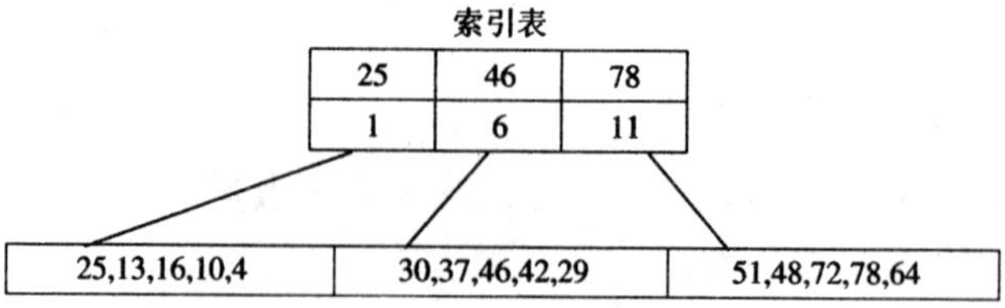

图 10-2　索引表示意图

①将 n 个元素的一个线性表存在一维数组 A 中，并将它们分成若干块，将索引表存在二维数组 B 中；

②当给定的值大于等于关键字 k 时，先将关键字 k 与索引表中的最大关键字进行比较，确定所要查找的一块；

③然后在此块中顺序查找与关键字 k 相等的 A 元素，若查找到，表示查找成功，则结束查找；若未查找到，表示查找失败，也结束查找。

由于受篇幅所限，该算法示例本书不再给出，有需要的读者请参照有关书籍或直接与作者联系。

习　题

一、单项选择题

1．指出下列采用直接选择排序法对 20 个数组元素按升序排序的正确程序。

```
A. dimension a(20)
   read *,a
   do i=1,19
      do j=1,20
         if(a(i)>a(j))exit
           temp=a(i)
           a(i)=a(j)
           a(j)=temp
      end do
   end do
          ⋮
```

```
B. dimension a(20)
   read *,a
   do i=1,19
      do j=2,20
         if(a(i)>a(j))exit
           temp=a(i)
           a(i)=a(j)
           a(j)=temp
      end do
   end do
     ⋮
```

C. dimension a(20)

```
read *,a
do i=1,19
  do j=i+1,20
    if(a(i)>a(j))then
      temp=a(i)
      a(i)=a(j)
      a(j)=temp
    end if
  end do
end do
  ⋮
```

D. dimension a(20)

```
read *,a
do i=1,19
  do j=i+1,20
    if(a(i)>a(j))exit
      temp=a(i)
      a(i)=a(j)
      a(j)=temp
    end do
end do
  ⋮
```

2. 从键盘依次输入10个数据赋给一维数组。在输入数据的过程中，保持该数组中的元素是从小到大排列的，并且去掉值相同的数据，给数组最后剩余的元素赋以0。最后以F10.5格式输出数组中的元素，每行为5个元素。指出下列可完成上述功能的正确程序。

A. integer,parameter::n=10

```
dimension a(n)
k=1
do kk=1,n
  read *,x
  j=k-1
20 if(j>0)then
     if(x<a(j))then
       a(j)=a(j+1)
       j=j-1
       goto 20
     end if
     if(x==a(j))then
      do i=j+1,k-1
        a(i)=a(i+1)
      end do
  end if
   else
     a(j+1)=x
     k=k+1
   end if
end do
do kk=k,n
  a(kk)=0.0
```

B. integer,parameter::n=10

```
dimension a(n)
  k=1
  do kk=1,n
    read *,x
     j=k-1
20 if(j>0)then
     if(x<a(j))then
        a(j+1)=a(j)
       j=j-1
     goto 20
    end if
     if(x==a(j))then
        do i=j+1,k-1
          a(i)=a(i+1)
       end do
end if
    else
      a(j+1)=x
      k=k+1
   end if
end do
  do kk=k,n
    a(kk)=0.0
```

```
end do
write( * ,'(1x,5f10.5)')(a(i),i=1,n)
end
```

```
end do
write( * ,'(1x,5f10.5)')(a(i),i=1,n)
end
```

C.
```
integer,parameter::n=10
dimension a(n)
k=1
do kk=1,n
   read *,x
  j=k+1
20 if(j>0)then
   if(x<a(j))then
     a(j+1)=a(j)
     j=j-1
   goto 20
   end if
   if(x==a(j))then
     do i=j-1,k+1
       a(i)=a(i+1)
     end do
  end if
  else
    a(j+1)=x
    k=k+1
  end if
end do
do kk=k,n
  a(kk)=0.0
end do
write( * ,'(1x,5f10.5)')(a(i),i=1,n)
end
```

D.
```
integer,parameter::n=10
dimension a(n)
  k=1
  do kk=1,n
    read *,x
    j=k-1
20 if(j>0)then
     if(x<a(j))then
        a(j+1)=a(j)
       j=j-1
    goto 20
    end if
     if(x==a(j))then
        do i=j+1,k-1
          a(i+1)=a(i)
       end do
    end if
  else
     a(j+1)=x
     k=k+1
  end if
  end do
   do kk=k,n
     a(kk)=0.0
  end do
  write( * ,'(1x,5f10.5)')(a(i),i=1,n)
  end
```

二、写出下列程序的执行结果或功能

1.

```
integer,dimension(10)::a
integer,parameter::n=9
a=(/18,36,74,63,15,90,4,58,6,25/)
do i=1,n-1
  k=i
  do j=i+1,n
```

```
      if(a(k) < a(j))k = j
    enddo
    t = a(k)
    a(k) = a(i)
    a(i) = t
  enddo
  print "(10i6)",(a(i),i = 1,n)
  end
```

2.

```
  integer,dimension(11)::y
  integer y0
  data (y(i),i = 1,10)/86,81,79,77,72,70,65,60,54,51/
  read * ,y0
  do i = 10,1, -1
    if(y0 <= y(i))exit
    y(i + 1) = y(i)
  enddo
  y(i + 1) = y0
  print "(11i6)",y
  end
```

程序运行时,输入数据:

75↙

3.

```
  integer x,a(50)
  read * ,a,x
  ig = 0
  k = 1
  j = 5
  ! if(k <= j. and. ig == 0)then
  do while(k <= j. and. ig == 0)
    l = (k + j)/2
    if(a(l) == x)then
      ig = 1
    elseif(a(l) > x)then
      j = l - 1
    else
      k = l + 1
    end if
  enddo
```

```
    n = 1
    if(ig == 0) n = 0
    write(*, *) n
    end
```

4.

```
    dimension a(0:3,0:3)
    integer p,q
    data ((a(i,j),j=0,3),i=0,3)/16,14,15,1,2,6,3,8,4,7,9,10,11,12,5,13/
    n = 4
    do p = 0,4*4-2
      i = p/4
      j = p-4*i
      do q = p+1,4*4-1
        i1 = q/n
        j1 = q-n*i1
        if(a(i,j) > a(i1,j1)) then
          w = a(i,j)
          a(i,j) = a(i1,j1)
          a(i1,j1) = w
        endif
      enddo
    enddo
    do i = 0,3
      print "(1x,4f6.1)",a(i,:)
    enddo
    end
```

三、按要求编写程序

1. 分别使用选择排序法和快速排序法将 15 个实型数按从大到小的顺序排列。

2. 编写子例行子程序，用冒泡排序法将 4 行 5 列二维数组的每一行按升序排序。

3. 输入 6 个学生的学号和 3 门课成绩，按学生的平均成绩从高到低输出成绩单。

4. 将一无序数列 A 插入到一个降序数列 B 中，插入数列 A 之后数列 B 仍有序。

5. 输入 N 个数，把出现次数最多的那个数找出来，并统计出现的次数。

6. 从键盘输入 10 名学生的学号和三门课程（数学、外语和物理）的考试成绩，按物理成绩降序排序，输出排序最前的学生学号、各科考试成绩。然后，查找物理成绩不及格的同学，输出这些同学的学号和各科考试成绩。

第 11 章　数据结构基础

本章主要介绍数据结构的基本概念、线性结构(线性表、栈、队列、数组)和非线性结构之一的树形结构。通过本章的学习,读者应达到如下目标:

- 领会这些数据结构各自的特点;
- 熟练掌握它们的存储结构;
- 掌握各种基本运算在具体存储结构上的实现。

11.1　数据结构概述

数据结构是计算机程序设计的重要理论基础,它的内容涉及计算机系统的硬件和软件系统。由于数据结构主要研究数据的逻辑结构、数据的存储结构以及数据运算,因此数据结构的知识对于设计和实现计算机软件的人员十分必要。

1. 数据结构的常用术语

(1)数据

数据是能被计算机接收并能被计算机识别、存储和处理的符号的集合。这些符号可以是数字、字符、图形、声音等,即数据是计算机执行程序时被计算机加工的“原料”。

(2)数据元素

数据元素是数据的基本单位,在不同的场合下也称为元素、结点、顶点或表目等。在不同的情况下数据元素的含义不同。例如,一个英文字母表('A','B','C',…,'Z')中的数据元素是字母;一个整数表(0, ±1, ±2, …, ±9)中的数据元素是阿拉伯数字;又如表 11.1 给出的学生成绩表,表中的数据元素由每个学生的学号、姓名和成绩(包括数学、物理、英语)构成。其中学号、姓名和成绩称为数据项。数据项有复合数据项和初等数据项之分。复合数据项是可以再分的数据项,如表 11-1 中的成绩为复合数据项。初等数据项是不可再分割的数据项,如表 11-1 中的学号、姓名、数学、物理、英语都是初数据项等。数据项有时被称为字段、成员或域。初等数据项是组成数据元素的最小单位。数据元素在处理中常被当做一个整体考虑。

表 11-1　学生成绩表

学号	姓名	成绩		
		数学	物理	英语
2003001	李小刚	89	78	90
2003002	黄平平	65	77	88
⋮	⋮	⋮	⋮	⋮
2003100	赵亮	90	87	94

(3)数据对象

数据对象是具有相同性质的数据元素的集合,例如英文字母表、整数表、学生成绩表等都是数据对象。数据对象中各个数据元素之间存在着某种联系。这种联系反映了该集合中的数据元素之间在逻辑组成、存储方式和处理加工方面的特征,这种联系称为数据结构。

2. 数据结构的基本概念

数据结构是相互间存在一种或多种特定关系的数据元素的集合。数据元素间存在着的这种关系称为结构。通常有图 11-1 所示的集合、线性表、树和图四类结构。

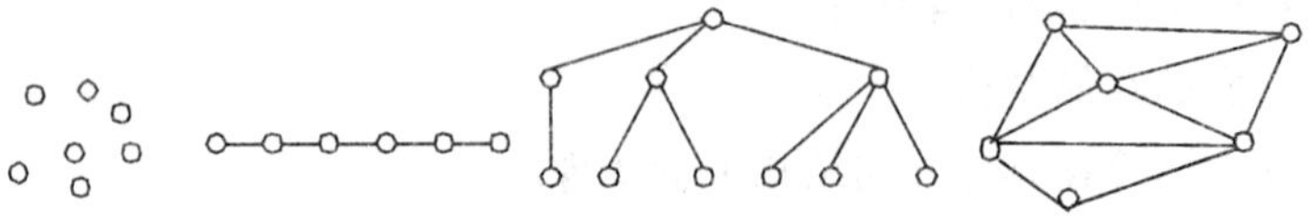

图 11-1　四类基本数据结构示意图

数据结构中的数据元素之间除了同属于一个集合的关系外,无任何其他关系。线性结构中的数据元素之间存在着一对一的线性关系。树形结构中的数据元素之间存在着一对多的层次关系。图(或称网状)结构中的数据元素之间存在着多对多的任意关系。

数据结构一般包括三方面的内容:数据的逻辑结构、数据的存储结构和数据运算。按某种逻辑关系组织起来的一批数据,按一定的映射方式把它存放在计算机的存储器中,并在这些数据上定义了一个运算的集合,叫做数据结构。

(1)数据的逻辑结构

数据的逻辑结构是指反映数据元素之间逻辑关系的结构。逻辑结构与数据的存储无关是独立于计算机的,例如图 11-1 描述的是数据元素之间的逻辑关系。

根据数据间的逻辑关系不同,数据的逻辑结构又分为线性结构和非线性结构两大类。如线性表、栈、队列、数组等都属于线性结构,而树和图则属于非线性结构。

在数据处理领域中,通常把数据元素之间固有的关系简单地用直接前驱和直接后继的个数来描述。例如,英文字母表('A','B','C',…,'Z')中除第一个元素'A'和最后一个元素'Z'外,其他每个元素都有一个直接前驱和直接后继。这种一对一关系的逻辑结构称为线性结构。如果结构中的一个数据元素只有一个直接前驱,而有多个直接后继,这种数据元素之间的关系称为树形结构。如果结构中的一个数据元素有多个直接前驱和多个直接后继,这种数据元素之间的关系称为图结构。树和图都是非线性结构。

(2)数据的存储结构

数据的存储结构是依赖于计算机的。数据的逻辑结构在计算机存储空间的存放形式称为数据的存储结构。计算机在进行数据处理时,被处理的各数据元素总是放在计算机的存储空间中,并且在存储空间中的位置关系与它们的逻辑关系不一定相同。一般说来,一种数据的逻辑结构根据需要可以表示成多种存储结构(或称映射),基本的存储映射有以下四种方式。

1)顺序映射方式　这种映射方式主要用于线性结构。它把逻辑上相邻的数据元素存储映射到物理上相邻的存储单元中,数据元素之间的逻辑关系由存储单元的邻接关系体现出来。

2)链接映射方式　这种映射方式是用一组并非连续的存储单元存储数据元素。为了表示数据元素之间逻辑上相邻的关系,必须使每个数据元素所占的存储空间由两部分组成,即数据域和指针域。数据域中存放数据信息,而指针域存放指示其直接后继元素的存储地址。一个数据元素可以设置一个或多个指针域,以指向一个或多个直接后继。

3)索引映射方式　这种映射方式是将数据元素排成一个线性序列,在序列中每个数据元素都有一个对应的序列号,这个序列号就是数据元素的索引。索引映射就是用数据元素的顺序号确定数据元素的存储地址。

4)散列映射方式　散列映射方式也称关键码—地址转换法。它是根据数据元素的值(关键字)计算数据元素的存储地址。

以上四种存储方式可以组合使用,同一种逻辑结构也可以采用不同的存储方式。要说明的是,采用的存储结构不同,数据处理的效率也不同。因此根据数据处理的需要,选择合适的存储结构十分重要。

(3)数据的运算

数据的运算是指对数据施加的操作。这些运算是对数据的逻辑结构进行的,而具体实现则根据数据的存储结构的不同而不同。数据的每一种逻辑结构都有一个运算的集合,下面就是几种常见的基本运算:

①检索,在给定的数据结构中检索满足特定条件的数据元素及其位置;

②插入,在给定的数据结构中按要求的某些条件插入一个数据元素;

③删除,在给定的数据结构中按要求的某些条件删除一个数据元素;

④更新,在给定的数据结构中改变数据元素的值;

⑤排序,在给定的数据结构中按某种已定顺序对所有的数据元素重新排序。

11.2　线性结构

线性结构是程序设计中最基本、最常用的数据结构,线性结构最常见的几种形式是线性表、栈和队。

11.2.1　线性表

1.线性表

线性表由一组数据元素组成,线性表中数据元素的个数称为线性表的长度。数据元素的含义很广泛,在不同的具体情况下含义不同。例如,一个英文字母表('A'、'B'、'C'、……、'Z')就是一个长度为26的线性表,其中每个字母就是一个数据元素。一个学生成绩表也是一个线性表,其中表中的每一行就是一个数据元素。综合这些例子,线性表的定义为:一个线性表是$n(n \geqslant 0)$个相同类型数据元素a_1、a_2、……、a_n组成的有限序列,记作:

$$(\boldsymbol{a}_1,\boldsymbol{a}_2,\cdots,\boldsymbol{a}_{i-1},\boldsymbol{a}_i,\boldsymbol{a}_{i+1},\cdots,\boldsymbol{a}_n)$$

表中的开始元素a_1有且仅有一个直接后继,终端元素a_n有且仅有一个直接前驱,其他元素均有一个直接前驱和一个直接后继。a_i的直接前驱是a_{i-1},a_i的直接后继是a_{i+1}。$a_i(i=1,2,\cdots,n)$属于数据对象的元素,即线性表中的一个结点。结点在线性表中的位置取决于它们的序号。线性表的长度$n=0$时,称为空表。

线性表可以用顺序存储结构和链式存储结构实现。

线性表的常见运算有判表空、置表空、求表长、取下标为pos的元素、在表中查找与关键字值相等的元素、在下标为 pos 的元素之前插入一个新元素、删除下标为 pos 的元素、对表中的元素排序、将 n 个线性表合并成一个线性表等。

2. 线性表的顺序存储结构

线性表的顺序存储结构即数据的存储顺序和逻辑顺序是一致的。在计算机内,可以用不同的方法来存储线性表,最简单、最普通的一种方式就是顺序存储方式,即使用一组地址连续的内存单元依次存储线性表中的各元素。换句话说,就是把表中的数据元素一个接一个地放进一组连续的存储单元中,通常把这种线性表称为顺序表。

假定表的每个元素所占的存储空间都是 m 个字节的存储单元,则数据元素 a_i 的存储地址是 $LOC(a_i) = LOC(a_1) + (i-1) \times m$,其中,$LOC(a_1)$ 是表中第一个元素的地址。所以,顺序表允许对表元素进行随机(直接)存取。这种存储结构和许多程序语言中的一维数组的结构非常相似,但是顺序表允许插入、删除等运算,因而长度是不断变化的。为了适应这种情况,可以将其定义为:

```
TYPE :: SqList   ! 抽象顺序表类型
  DATATYPE::list(MaxListSize)
  INTEGER::size
END TYPE SqList
```

其中的 DATATYPE 表示线性表元素的类型,MaxListSize 是估计出的线性表的最大长度,size 是实际元素的个数(1≤size≤MaxListSize)。可以根据实际问题再给出它们的具体定义。

顺序表常见的运算有求表长、判表空、查找数据元素、取数据元素、插入数据元素、删除数据元素、清除表中的数据元素等。

在顺序存储情况下,在线性表的第 $i(1 \leq i \leq n)$ 个元素之前插入一个数据元素,必须先将第 n 至第 i 个数据元素依次向后移动一个元素的位置,然后才能把新元素插入到留出来的空位置上。插入元素后表长加 1。而删除线性表中的第 $i(1 \leq i \leq n)$ 个数据元素,则是从第 $i+1$ 至第 n 个数据元素依次前移,然后将表长减 1。

显然,在顺序表中插入或删除一个数据元素时,时间主要耗费在数据元素的移动上,而移动元素的个数取决于插入或删除元素的位置。一般情况下,在多次插入或删除的顺序表运算中,i 在从 1 到 n 的范围内的任何一个位置上取值都是可能的,因此在平均情况下,要在线性表中插入或删除一个元素需要移动表中一半的元素。在表长为 n 的线性表中插入一个元素的平均移动次数为:

$$\frac{1}{n+1}\sum_{i=1}^{n+1}(n-i+1) = \frac{1}{n+1} \times \frac{n \times (n+1)}{2} = \frac{n}{2}$$

删除一个元素的平均移动次数为:

$$\frac{1}{n}\sum_{i=1}^{n}(n-i) = \frac{1}{n} \times \frac{n \times (n-1)}{2} = \frac{n-1}{2}$$

在线性表的顺序存储情况下,要插入或删除一个元素的效率很低,尤其是在线性表较大的情况下更为突出。另一方面,由于顺序表要求占用连续的存储空间,存储空间必须预先静态分配,因此当表长变化较大时,很难确定合适的存储规模,空间开辟的太大不能充分利用,空间开辟的太小又难以扩充。这说明线性表的顺序存储不便于对存储空间的动态分配,因此顺序存储的线性表适用于数据元素不经常变动的场合。

3. 线性表的链式存储结构

由于线性表的顺序存储存在缺点，所以元素变动频繁的大线性表经常采用链式存储结构。

线性表链式存储结构的特点是用一组未必连续的存储单元存放线性表的数据元素，这种存储结构中的每个元素常称为结点。由于线性链表是一种非顺序的存储结构，而在存储数据元素时要把数据元素之间的逻辑顺序表示出来，因此每个结点的存储结构要由两部分组成：一部分称为数据域，存放数据元素的值；另一部分称为指针域，存放直接后继结点的地址。每个结点的形式如下：

data	next

其中，data 表示结点的数据域，next 表示结点的指针域。通过指针域，可以把线性表中的 n 个元素按逻辑顺序链接起来。以这种链接方式存储的线性表称为链表。

(1)单链表

每个结点只有一个指针的链表称为单链表。图 11-2 是单链表的示意图。

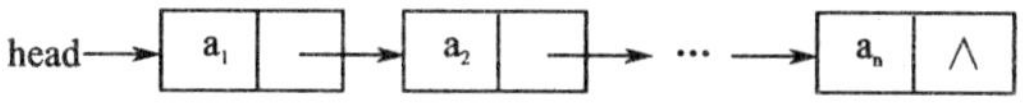

图 11-2　单链表

链表中 a_1、a_2、……、a_n表示结点的数据。因为第一个结点没有直接前驱，所以设一个表头指针 head 指向头结点；终端结点没有直接后继，故使指针域为空(用∧表示)。总之，线性链表就像一个链条，head 就像链条的链头，只要掌握了链头，就掌握了整个链条。

在此结构的单链表中，head 为 NULL 或 0 时表示链表为空。为了使线性链表操作起来更加方便，通常在链表的开始结点之前增加一个头结点。头结点的结构与其他结点相同。该结点和其他结点的区别是数据域可以不放数据，可以存放该线性表的长度等附加信息。head 指向头结点。当链表为空时，head 仍是一个指向头结点的非空指针。引入头结点的线性表如图 11-3 所示，其中图 11-3(a)为非空表，图 11-3(b)为空表。

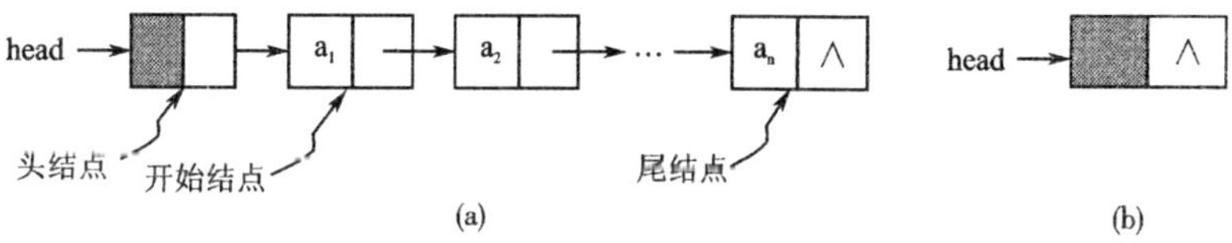

图 11-3　带头结点的单链表

(a)非空表　(b)空表

单链表常见的运算有：初始化、在链表中查找指定元素、在指定的结点之前插入一个新结点元素、删除指定位置上的结点元素等。

单链表的一个重要特点是实现插入、删除等运算时，不需要移动结点，只要改变结点指针域的值即可。

以下是在单链表的 a_{i-1} 和 a_i之间插入一个数据域为 item 结点的操作步骤：

①使指针 ptr 指向 a_i的直接前驱 a_{i-1}所在的结点；

②建立一个新结点，并让指针 qtr 指向该结点；

③将新结点的数据域置为 item；

④使新结点的指针域中的地址指向 ptr 所指结点的直接后继结点；

⑤使 ptr 结点的指针域指向新插入的结点。

以上插入过程如图 11-4 所示。

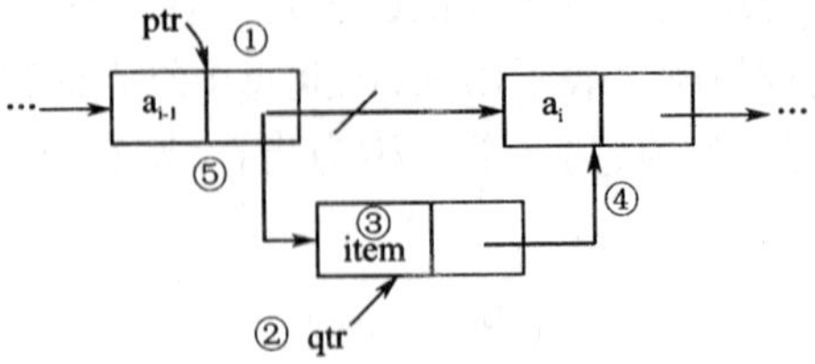

图 11-4　在单链表中插入一个结点

以下是在单链表中删除 a_i 结点的操作步骤：

①使指针 ptr 指向 a_i 的直接前驱 a_{i-1}；

②使指针 qtr 指向要被删除的 a_i；

③使指针 ptr 所指结点的指针域中的地址指向 a_i 的直接后继 a_{i+1}；

④释放 qtr 所指结点。

以上删除过程如图 11-5 所示。

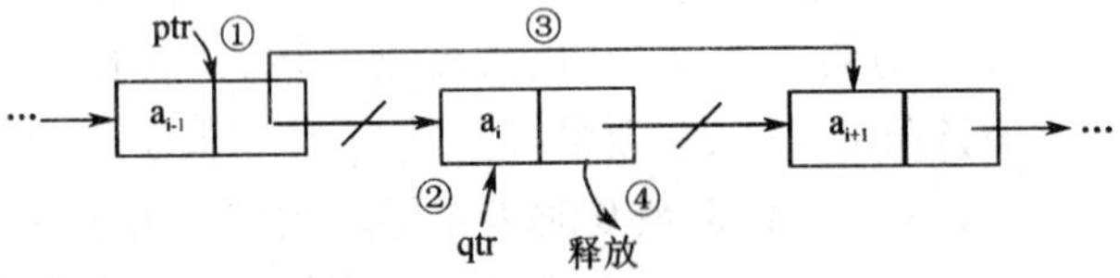

图 11-5　在单链表中删除一个结点

以下是单链表结点类型的定义，假设结点的数据域为整型。

```
type node
    integer::value
    type(node),pointer ::next
end type node
```

链式存储的优点是实现插入或删除运算灵活方便，不必移动结点，也不必担心表满的问题，只要存储器还有可供动态分配的空间，就能在表中继续插入结点。但是在单链表中只能从链表的头结点出发顺序访问，所以其时间复杂度为 $O(n)$，显然访问效率较低。由于单链表中结点空间的分配是动态进行的，因此较适用于长度频繁变化的线性表。

(2)单循环链表

上述的单链表是线性表链式存储的基本形式，单链表存在的问题是从链表的任一结点出发找其后继结点比较容易，而找其前面的结点就比较困难。循环链表是另一种形式的链式存储结构。其特点是将表中最后一个结点的指针域指向头结点，使整个链表形成一个环，如图 11-6 所示，其中(a)为非空表，(b)为空表。

在图 11-6(a)单循环链表中，为了找最后一个结点，必须从表头 head 出发，访问所有的结点。如果该链表不使用 head 头指针，而使用尾指针 rear 指向最后一个结点，形成如图 11-6(c)所示的链表，无论找最后一个结点还是开始结点都很方便。

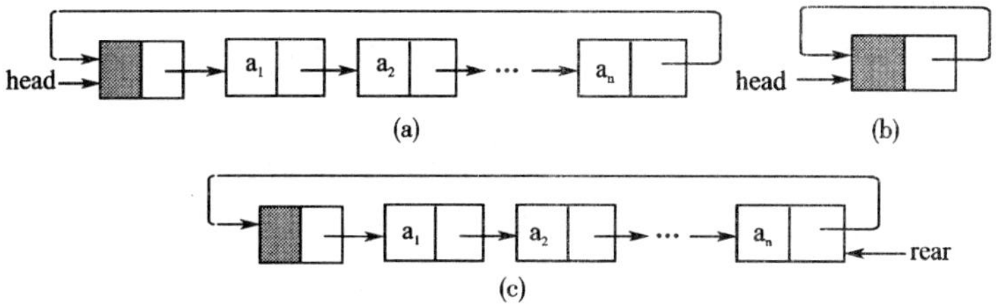

图 11-6　单循环链表

(a)非空单环循链环表　(b)空循环链表　(c)设尾指针的单循环链表

循环链表的优点是,只要确定表中任何一个结点的位置,就可以从该结点出发访问到表中的其他结点。

(3)双向链表

循环链表虽然可以从任一结点出发向后访问其他结点,但是若要访问其直接前驱结点就要兜一个圈子,耗费较多的时间。在单链表中访问下一个结点的执行时间为 $O(1)$,而访问直接前驱结点的执行时间为 $O(n)$。为了能够快速访问直接后继结点和前驱结点,可以利用双向链表。要使链表双向访问,每个结点要设两个指针域,一个指向其直接前驱,另一个指向其直接后继,如图 11-7 所示。

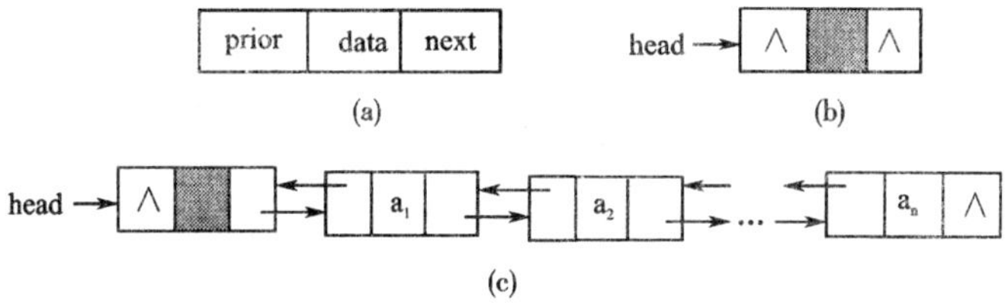

图 11-7　双向链表

(a)结点结构　(b)空双向链表　(c)非空双向链表

(4)双循环链表

类似于单循环链表,将双链表的头结点和尾结点链接起来就形成了如图 11-8 所示的双循环链表。双循环链表并不额外增加存储空间,而且使得某些操作更为方便。

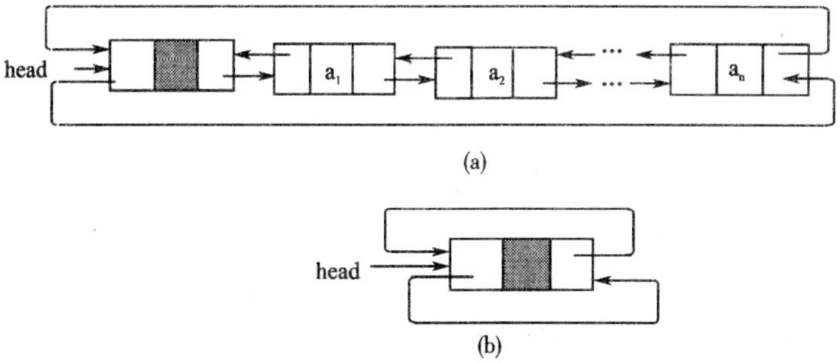

图 11-8　双循环链表

(a)带头结点的非空双循环链表　(b)带头结点的空双循环链表

4. 顺序表和链表的比较

就存储空间而言，在链表中的每个结点除了设置数据域外，还要设置指针域，而指针所占的空间可能比数据所占空间还要多，而顺序表则不存在这样的问题。因此，如果只需对表中数据进行查找运算，使用顺序表即可。就时间而言，在链表中的任何位置上进行插入和删除，都只需要修改指针。而在顺序表中进行插入和删除，平均要移动表中近一半的结点，尤其是当每个结点的信息量较大时，移动结点的时间相当可观。因此，对于频繁进行插入和删除的线性表，采用链表存储结构更加合适。

11.2.2 栈

1. 栈的定义

栈是限定只能在表的一端进行插入和删除的线性表。通常把允许插入和删除的一端称为栈顶，另一端称为栈底。没有任何元素的栈称为空栈。往栈中插入一个元素称为进栈，从栈中删除一个元素称为出栈。栈具有后进先出的特点，即栈顶元素总是最后被插入的元素，也是最先被删除的元素，而不能删除较早插入栈中的数据元素，因此又称栈是后进先出(Last In First Out，简称 LIFO)表。假设栈 $S=(a_1,a_2,\cdots,a_n)$，则 a_1 为栈底元素，a_n 为栈顶元素。栈中元素以 a_1、a_2、……、a_n 的次序进栈，以 a_n、a_{n-1}、……、a_1 的次序出栈，图 11-9(a)是栈的示意图。

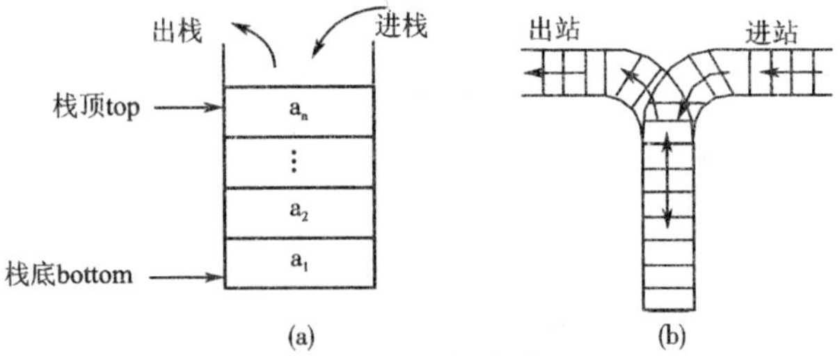

图 11-9　栈和铁路总站调度示意图

(a)栈　(b)铁路总站入出站

在日常生活中栈的例子也是常见的。例如，图 11-9(b)所示的火车总站的列车调度，最先进入总站的如果是第一列火车，后来又有多列火车进站，那么，出站时第一列火车一定是最后开出。栈在计算机中的应用十分广泛，凡是逻辑上需要“后进先出”的操作、过程等都可用栈来实现，如右缀表达式的求值、递归过程的实现、过程的调用与返回等都是栈应用的典型例子。

在栈的插入和删除运算时，并非必须使所有的元素全部进栈后才可出栈，除了栈空和栈满的两个极端条件外，一般情况下，元素的进栈和出栈可以穿插进行。因此，以相同次序进栈的元素序列，可能会由于运算的过程不同而导致不同的出栈序列。例如，有元素 A、B、C 依次进栈，可以得到的出栈序列为 ABC、ACB、BAC、BCA 和 CBA。

栈的基本运算除了在栈顶进行插入(进栈)或删除(出栈)运算外，还有栈的初始化、读栈顶元素、判栈空、置栈空等。

2. 栈的存储结构

栈的存储结构和一般线性表一样，可以采用顺序存储和链式存储两种结构。

(1)栈的顺序存储结构

栈的顺序存储结构称为顺序栈。在程序设计语言中，用一维数组 stack _ array (MaxStack-

Size)作为栈的存储空间。由于栈底的位置是固定不变的,所以可以把栈底设置在一维数组的任意一端。因为栈顶位置随着进栈和出栈不断变化,可用变量 top 指示当前栈顶的位置,通常称 top 为栈顶指示器。又因为栈在使用过程中所需的最大空间的大小很难估计,所以需要一个整型常量 MaxStackSize 表示存储空间的初始分配量,即用 MaxStackSize 指示栈的最大容量。top 的初始状态为 0,表示指向栈底,栈为空。当一个元素要进栈之前,首先要判断栈是否已满,当栈的空间已满时就不能再往栈中插入数据,否则就会产生“上溢”。栈不满可以插入元素,每当插入元素时 top 增 1。每当删除一个元素时 top 减 1,每删除一个元素前,要判断栈是否为空,栈空表示“下溢”,栈空时就不能再取元素。

在顺序栈的存储结构中,存在的问题是栈的大小必须提前定义,当栈满后,就不能再插入元素了。为了解决这个问题,在实际应用中可以用多个栈共享一个一维数组的办法。例如,可以设两个栈,把两个栈的栈底分别设在一维数组的两端,让两个栈各自向中间延伸(图 11-10),仅当两个栈的栈顶相遇时才发生栈满问题。当然这种方法并不能从根本上解决栈满问题。

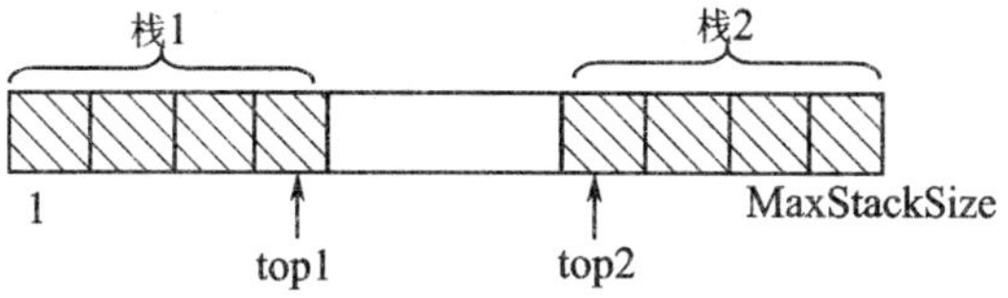

图 11-10　两个栈共享内存空间

(2)栈的链式存储结构

栈的链式存储结构称为链式栈,它是只能在首结点之前插入或删除首结点的单链表。链式栈是解决栈满问题的根本办法。链式栈存储时的逻辑状态如图 11-11(a)所示。对链式栈没有必要像单链表那样附加头结点。链表的头指针 top 作为指向栈顶元素的指针。向栈中插入结点如图 11-11(b)所示,从栈中删除一个结点如图 11-11(c)所示。

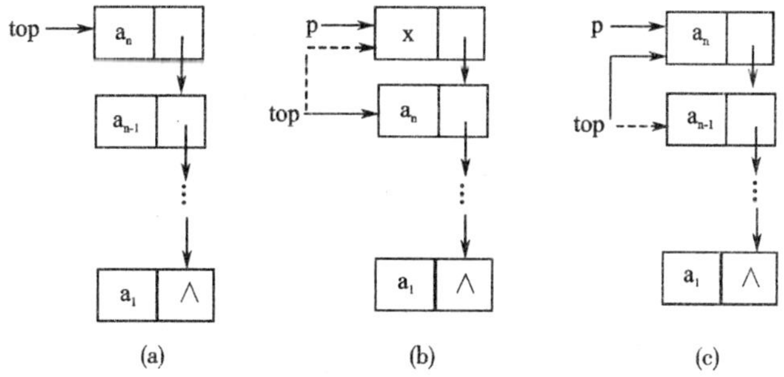

图 11-11　链式栈及其插入和删除

(a)链式栈　(b)插入一个结点　(c)删除一个结点

11.2.3 队列

1. 队列的定义

队列是一种限定所有插入运算都在表的一端进行，而所有的删除运算都在表的另一端进行的线性表。允许删除元素的一端称为队头，允许插入元素的一端称为队尾。队列满足先进先出的原则，最新入队的元素总是放在队尾，而每次出队（被删除）的元素总是当前排在最前面的元素，因此又称队列是先进先出（First In First Out，简称 FIFO）表，如图 11-12 所示。队中没有元素时的状态称为空队。由于存储空间的限制，不能向队中插入元素时的状态称为队满。

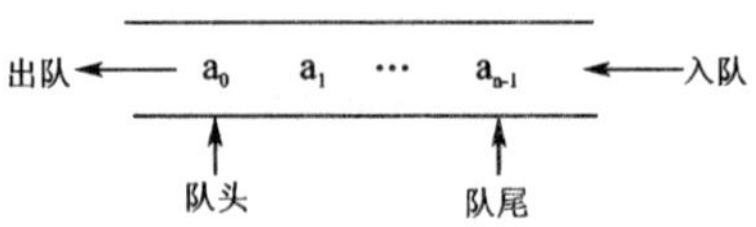

图 11-12　队列

队列在程序设计中有着广泛的应用，例如操作系统中的作业调度，输入、输出时缓冲区的使用等都遵守先来先服务的原则。

队列的基本运算有置队空、入队、出队、读队头元素和判队空等。

2. 队列的存储结构

队列也可以采用顺序存储和链式存储两种存储结构。

（1）队列的顺序存储结构

队列的顺序存储结构称为顺序队。可以用一个一维数组 seq _ squeue _ array（MaxSize）存储顺序队队列元素。因为随着队列中的元素插入和删除的操作，队头队尾的位置总在变化，所以需要设置两个整型变量 front 和 rear。front 为队头指示器，用于指示当前队头元素的位置；rear 为队尾指示器，用于指示当前队尾元素的位置。

利用顺序队这种存储结构，在进行入队和出队运算时，队列中的数据一直向后移动。例如设队列的最大长度 MaxSize =5，假设队列中存放的数据类型为整型数据，对顺序队进行插入和删除运算的情况如图 11-13 所示。

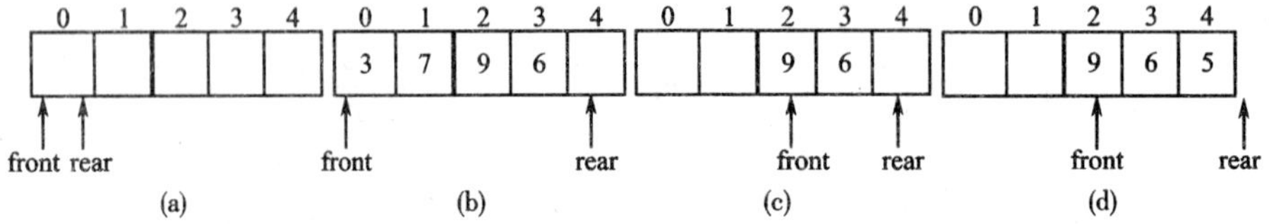

图 11-13　顺序队列

（a）空队　（b）3、7、9、6 入队　（c）3、7 出队　（d）5 入队

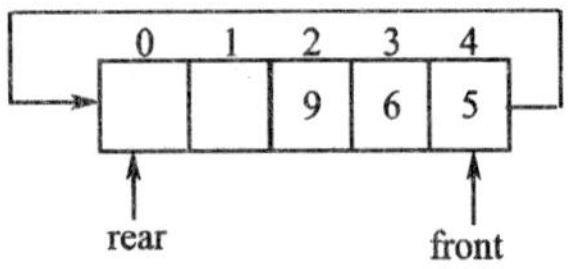

图 11-14　循环队列

当队空时，front 和 rear 均处于队的开始位置，如图 11-13（a）所示。每当向队列中插入一个元素时，队尾指示器 rear 取下一个相邻单元的下标值，如图 11-13（b）所示，每当从队列中删除一个元素时，队头指示器 front 取下一个相邻单元的下标值，如图 11-13（c）所示。随着一系列的入队和出队的执行，队列中的元素逐渐向存储队列的数组的尾端移动。当 rear 移出数组时，尽管数组的前端还空着，但也不能再向队中插入元素，这种情况称为“假溢出”，如图 11-13（d）所示。解决“假溢出”的方法有两种：一是在发生“假溢出”时将整个队列左移，使队列

的首元素位于数组的起始位置,并修改队头和队尾指示器,这种方法不断移动数据元素,显然很浪费时间;二是采用循环队列,即把存储队列的一维数组想象成一个首尾相接的环,如图 11-14 所示。

循环队列进行入队和出队操作时,队头指示器和队尾指示器都按顺时针方向前进,移动情况为可以用求余运算实现。如果队列首元素的下标从 0 开始,向前移动队尾指示器的求余运算为 rear = MOD(rear + 1, MaxSize);向前移动队头指示器的求余运算为 front = MOD(front + 1, MaxSize)。

循环队列队满时不能进行入队操作,队空时不能进行出队操作。可以用队头指示器和队尾指示器的值判断队空和队满。图 11-15(a)表示队空,图 11-15(b)表示队满。

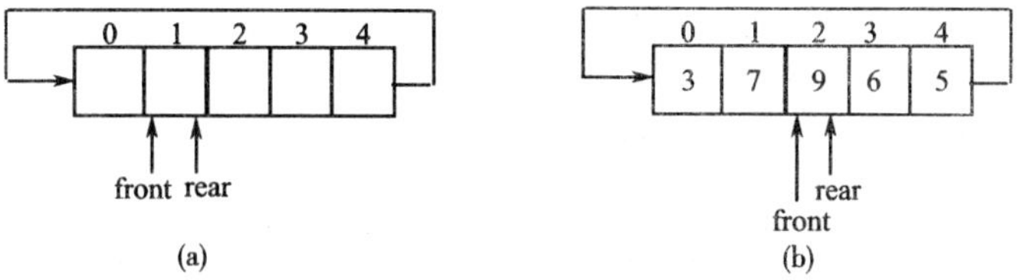

图 11-15 队空和队满

(a)队空 (b)队满

从图 11-15 中可以看出队空和队满时 front = rear。为了区分队空和队满的情况,可以少用一个存储单元,把队尾指示器要追上队头指示器视为队满的条件,规定当 MOD(rear + 1, MaxSize) = front 时表示队满条件,如图 11-16 所示。而 front = rear 仍表示队空。由于这种方法比较简单,所以经常采用此种方法。

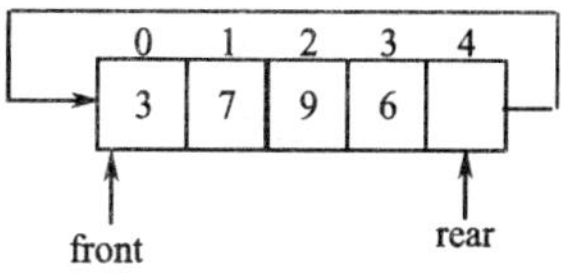

图 11-16 最后一个单元空闲时的队满情况

(2)队列的链式存储结构

队列的链式存储结构称为链式队。链式队是只能在队尾插入在队头删除元素的单链表。图 11-17(a)是链式队列逻辑示意图,其中 front 为队头指针,指向队列的开始结点。rear 为队尾指针,指向队列的尾结点。队列空时,指针 front 和 rear 的值为空。往队中插入元素时,将新结点链入 rear 所指结点的指针域,并使 rear 指向新结点,如图 11-17(b)所示。要从队中删除一个结点,就应把 front 所指结点的数据取出,使 front 指向要删除结点的直接后驱,然后释放要删除的结点,如图 11-17(c)所示。

11.2.4 数组

数组是一种常用的数据结构。各种程序设计语言中使用的一维数组是一个向量。一维数组是一种多个同一类型数据元素的线性序列,一般用线性表表示。它的每个元素是这个结构中不可分割的最小单位。$n(n>1)$维数组也是一个向量,它的每个元素是 $n-1$ 维数组,且具有相同的上限和下限。由此可知,多维数组可以看做是一维数组(向量)的推广。本节主要讨论二维数组。

二维数组可以定义为数组元素是向量的向量。数组可以直接使用高级程序设计语言中提供的数组类型描述。如用二维数组表示 m 行 n 列的矩阵 $\boldsymbol{A}_{m\times n}$,如图 11-18 所示。

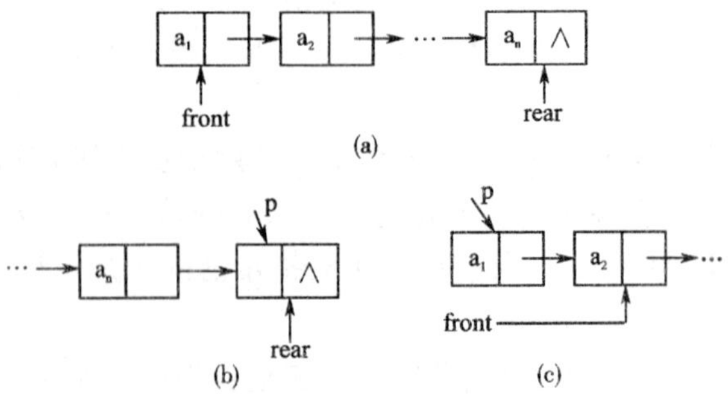

图 11-17　链式队列及其插入和删除运算

(a)链式队列　(b)在队尾插入一个结点　(c)在队头删除一个结点

$$A_{mn}=\begin{bmatrix} a_{00} & a_{01} & \cdots & a_{0n-1} \\ a_{10} & a_{11} & \cdots & a_{1n-1} \\ \vdots & \vdots & & \vdots \\ a_{m-10} & a_{m-11} & \cdots & a_{m-1n-1} \end{bmatrix}$$

图 11-18　*m* 行 *n* 列的二维数组

假设该数组的每个元素均为整型数,用 FORTRAN 语言描述该数组为:

integer A(0:M－1,0:N－1)

数组一旦被定义,它的维数和维界就不再改变,其中的元素个数及每个元素之间的关系也不再发生变化,所以一般都采用顺序存储结构存储数组元素。

因为数组属于定长线性表,所以在数组运算中没有插入、删除等操作,只有按下标存取数组元素的值等基本运算。

1. 数组的顺序存储结构

二维数组有两种顺序存储形式:行优先顺序存储形式和列优先顺序存储形式。二维数组中的元素按列排列存储也叫“列优先顺序存储”,即先按第一个下标先增长的顺序存储第 0 列的各元素,紧接着再按第一个下标先增长的顺序存储第 1 列的各元素,依此类推。按行排列存储也叫“行优先顺序存储”,即先按第二个下标先增长的顺序存储第 0 行的各元素,紧接着再按第二个下标先增长的顺序存储第 1 行的各元素,依此类推。按列优先顺序在存储器中的存储形式如图 11-19 所示。

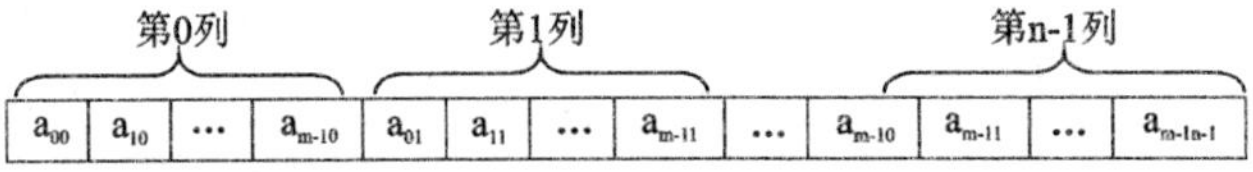

图 11-19　按列优先顺序在存储器中的存储形式

按行优先顺序在存储器中的存储形式如图 11-20 所示。

对于数组,一旦规定了它的维数和各维的长度便可以为其分配存储空间。反之只要给出某元素的下标就可以计算出该元素的存储位置。在二维数组以列为主序的存储中,任一数组元素的存储地址 $LOC(a_{ij})$ 可由以下公式求出:

$$\mathbf{LOC(a_{ij}) = LOC(a_{00}) + (i \times n + j) \times L}$$

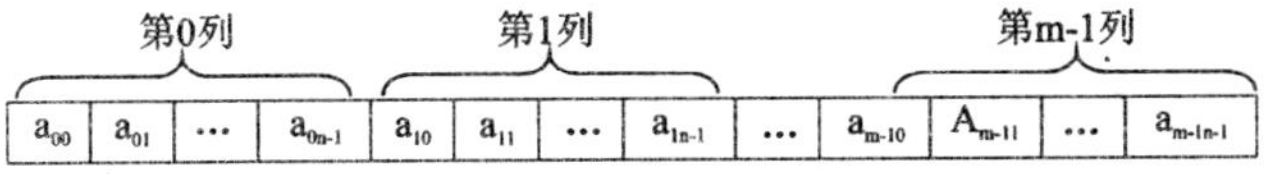

图 11-20　按行优先顺序在存储器中的存储形式

其中 L 为每个元素所占存储单元数。

在二维数组以行为主序的存储中，任一数组元素的存储地址 LOC(a_{ij}) 可由以下公式求出：

$$\mathbf{LOC}(\mathbf{a}_{ij}) = \mathbf{LOC}(\mathbf{a}_{00}) + (\mathbf{j} \times \mathbf{m} - \mathbf{i}) \times \mathbf{L}$$

在 FORTRAN 程序设计语言中，数组是按列优先的顺序存储的，而 C、C ++ 、BASIC 等程序设计语言则是按行优先的顺序存储的。

2. 稀疏矩阵及其压缩存储

当用矩阵表示某个数学模型时，如果有大量的零元素，而只有很少的非零元素，则称该矩阵为稀疏矩阵。图 11-21 就是一个 6 ×6 的稀疏矩阵。

$$\boldsymbol{M} = \begin{bmatrix} 5 & 0 & 0 & 22 & 0 & 0 \\ 0 & 11 & 0 & 0 & 0 & 0 \\ 0 & 0 & -3 & 0 & 0 & 0 \\ 0 & 0 & 0 & 0 & 0 & 0 \\ 9 & 0 & 0 & 0 & 0 & 8 \\ 0 & 0 & 7 & 0 & 0 & 0 \end{bmatrix}$$

图 11-21　稀疏矩阵

对于稀疏矩阵，如果也用前面的方法进行存储，显然会浪费很多存储空间。为此常常压缩存储稀疏矩阵。对矩阵压缩存储是为了节省存储空间。对稀疏矩阵的压缩存储有三元组顺序表、行逻辑链接顺序表、十字链表等方法。这里只介绍三元组顺序表存储法。由于在稀疏矩阵中非零元素的分布一般是没有规律的，所以如果把非零元素顺序地存放起来，就不能按原来的下标找到相应的元素，因此在存储非零元素值的同时，还必须存储相应的辅助信息，即对该元素所在的行号和列号的存储。所谓的三元组是指在压缩存储形式中，每个非零元素应该包括三个信息，非零元素值以及非零元素所在的行号和列号。每个元素用一个三元组 (i,j,v) 表示，其中 i 表示行号，j 表示列号，v 表示非零元素的值。除了每个元素用三元组表示外，在所有三元组之前再添加一个三元组表示稀疏矩阵的总行数、总列数和非零元素的总个数。例如上面的 $\boldsymbol{M}$ 矩阵构成的三元组表为：((6,6,7), (0,0,5),(0,3,22),(1,1,11),(2,2, -3),(4,0,9),(4,5,8),(5,2,7))。其中第一个三元组表示稀疏矩阵的总体信息，其后的7 个三元组表示每个非零元素的信息。三元组表常用三列二维数组表示，例如图 11-22 是图 11-21 的稀疏矩阵所表示的三列二维三元组矩阵。

虽然稀疏矩阵的三元组表表示法节约了存储空间，但与矩阵正常的存储方式相比，实现相同操作要耗费较多的时间，同时也增加了算法的难度。它是以耗费更多时间为代价来换取空间的节省。

$$
\begin{array}{c} \quad\; i \;\; j \;\;\; v \\ A = \begin{bmatrix} 6 & 6 & 7 \\ 0 & 0 & 5 \\ 0 & 3 & 22 \\ 1 & 1 & 11 \\ 2 & 2 & -3 \\ 4 & 0 & 9 \\ 4 & 5 & 8 \\ 5 & 2 & 7 \end{bmatrix} \end{array}
$$

图 11-22　矩阵 M 的三元组表

11.3　树形结构

树形结构是一种简单而又十分重要的非线性结构。在树形结构中，所有的数据元素之间具有层次特性。在计算机的文件管理、数据库系统以及许多种算法的求解中，数据的树形结构都有着广泛的应用。其中树和二叉树是最常用的两种树形结构。

11.3.1　树的概念

1. 树的定义

树是 $n(n>0)$ 个结点的有穷集合 T，且满足以下条件：

①有且仅有一个特定的称为根的结点；

②其余结点分为 $m(m\geqslant0)$ 个互不相交的有限集合 T_1、T_2、……、T_m，其中每个集合又都是一棵树并称其为根的子树。

由此可知，树结构的定义是一个递归定义。

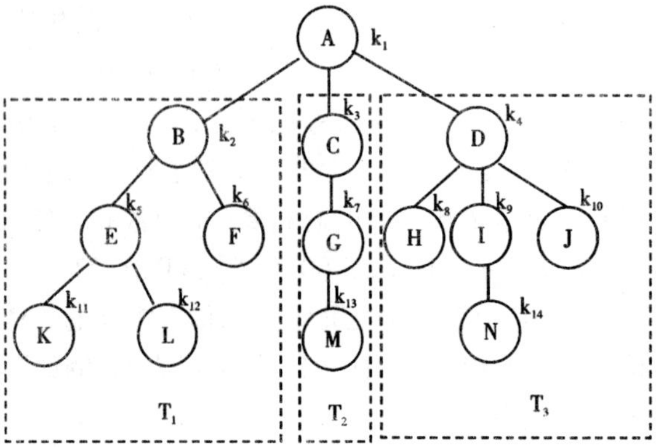

图 11-23　树

在以上的定义中规定 $n>0$。当 $n=1$ 时集合只有根结点，而没有子树。当 $n>1$ 时要确定有 n 个结点的集合是不是一棵树，必须按以上定义的两个条件来判断。当确定一个根结点之后，其余的结点可分为 $m(m\geqslant 0)$ 个子集，然后再按定义判断这 m 个子集是否都是树。如此进行下去，直到只有一个结点为止。

图 11-23 是树的一个示例。它是由 14 个结点组成的有限集合 T。其中 A 为根结点，其余结点分为三个互不相交的有限集合 $T_1=\{B,E,F,K,L\}$，$T_2=\{C,G,M\}$，$T_3=\{D,H,I,J,N\}$。T_1、T_2、T_3都是根 A 的子树，且它们本身又都是一棵树。

2. 树的常用术语

为了叙述方便，在树形结构中常使用以下术语。

1）双亲　一棵树的根结点称为其所有子树的根结点的双亲。

2）子女　称子树的根结点为它们的双亲的子女。

3）兄弟　具有同一双亲的结点彼此之间称为兄弟。在图 11-23 的树中，结点 k_1 是 k_2、k_3、k_4的双亲，k_2、k_3、k_4是 k_1 的子女，k_2、k_3、k_4是兄弟。

4）结点的度数　一个结点所具有的子树个数称为结点的度。在图 11-23 的树中，结点 k_1 和 k_4的度数均为 3，结点 k_2 和 k_5的度数均为 2，结点 k_3、k_7和 k_9的度数均为 1，其余结点的度数均为 0。

5）树的度数　树中结点度数最大的结点的度称为树的度数。图 11-23 中树的度数为 3。

6）叶结点　树中度数为 0 的结点称为叶结点，又叫终端结点。图 11-23 中 k_6、k_8、k_{10}、k_{11}、k_{12}、k_{13}、k_{14}都是叶结点。

7）分支结点　树中结点度数大于 0 的结点称为分支结点又叫非终端结点。

8）路径、路径长度　若树中存在一个结点序列 $k_1k_2\cdots\cdots k_j$，使 k_i是 $k_{i+1}(1\leqslant i<j)$ 的双亲，则称该结点序列为从 k_1 到 k_j的一条路经；路径长度是该路径所经过的边的数目，即 $j-1$。例如图 11-23 中 k_1、k_2、k_6有一条路经，路径长度为 2。从每一个结点到该结点有一条长度为 0 的路径。在一棵树中从根结点到每个结点恰好只存在一条路经。

9）结点的层数　树中结点的层次是从根结点开始定义的，根结点的层数为 0，其余结点的层数等于其双亲结点的层数加 1。若某结点在第 i 层，则其子女的层数为 $i+1$。在图 11-23 中，结点 k_1的层数为 0，k_2、k_3、k_4的层数为 1，依此类推。

10）树的深度（高度）　树中结点的最大层数称为树的深度。图 11-23 中树的深度为 3。

11）有序树、无序树　如果将树中结点的各子树看成是按从左至右次序的，则称该树是有序树，否则称该树是无序树。在树 T 中，如果子树 T_1、T_2、……、T_m是有序的，则称有序树中最左边的子树 T_1为根的第一棵子树，最右边的子树 T_m为根的最后一棵子树。以下仅讨论有序树。

12）森林　$m(m>0)$棵互不相交的树的集合称为森林。森林又称为树林，如图 11-24 所示。

3. 树和森林的遍历

树形结构的应用很多，例如操作系统的目录结构就是树形结构的应用。在树形结构的应用中，通常要按某种次序遍历树或森林中的所有结点。所谓遍历是指按照某种次序访问树中的每个结点，且对每个结点只访问一次。这里“访问”的含义很广，可以是对结点的各种处理，如取结点、输出结点等。对树或森林进行一次遍历的过程，实际上就是产生树或森林中所有结点的一个线性序列的过程。访问森林时，按从左至右的次序遍历每一棵树。遍历树或森林的方法主要有以下两种。

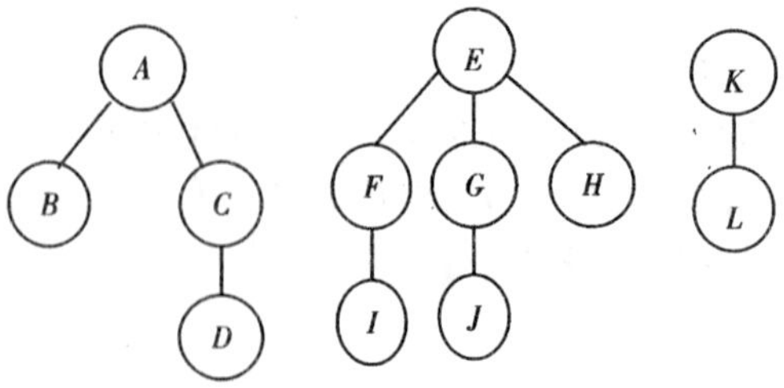

图 11-24　森林

(1)深度优先遍历

对树的深度优先遍历又分以下两种方法。

1° 先根序遍历

先根序遍历的顺序如下:

①访问第一棵树的根结点;

②按先根次序从左到右遍历第一棵树中根结点的子树;

③先根次序遍历其他子树。

例如,按先根序遍历图 11-23 树中结点得到的结点序列为:

ABEKLFCGMDHINJ

按先根次序遍历图 11-24 森林中结点得到的结点序列为:

ABCDEFIGJHKL

2° 后根序遍历

后根序遍历的顺序如下:

①按后根次序从左到右访问第一棵树中根结点的子树;

②访问第一棵树的根结点;

③后根次序遍历其他子树。

例如,按后根次序遍历图 11-23 树中结点得到的结点序列为:

KLEFBMGCHNIJDA

按后根次序遍历图 11-24 森林中结点得到的结点序列为:

BDCAIFJGHELK

(2)广度优先遍历

广度优先遍历又称为层次遍历。广度优先遍历的顺序如下:

①访问第一层上的全体结点(每棵树的根结点);

②按从左至右的次序访问第二层上的全体结点,依此类推,最后访问最底层上的全体结点。

例如,按广度优先遍历图 11-23 树中结点得到的结点序列为:

ABCDEFGHIGKLMN

按广度优先遍历图 11-24 森林中结点得到的结点序列为:

AEKBCFGHLDIJ

11.3.2 二叉树的定义和基本性质

二叉树是树形结构中最重要的一种。二叉树不同于前面介绍的树，但树形结构的所有术语都可以用到二叉树结构上。

1. 二叉树的定义

二叉树是 $n(n\geqslant 0)$ 个结点的有限集合，它或者是空集 $(n=0)$，或者由一个根结点及两棵互不相交的分别称为左子树和右子树的二叉树组成。由二叉树的定义可知，二叉树共有 5 种基本形态，如图 11-25 所示。

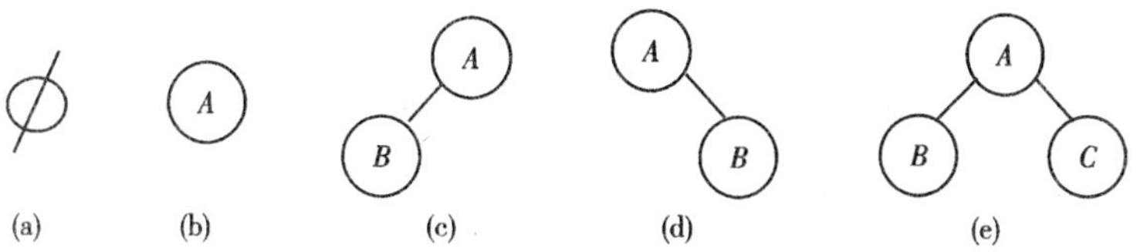

图 11-25　二叉树的 5 种基本形态

(a)空二叉树　(b)仅有根结点的二叉树　(c)右子树为空的二叉树

(d)左子树为空的二叉树　(e)左、右子树均为非空的二叉树

需要说明的是，二叉树并不是树的特殊形式。二叉树和树之间的主要差别是，树的度可以任意，而二叉树的度最大为 2；二叉树的结点子树有左右之分，即使只有一棵子树也要明确指出该子树是左子树还是右子树，且左右子树不能颠倒。此外，树至少要有一个结点，而二叉树可以为空。

2. 二叉树的基本性质

性质 1：在二叉树的第 i 层上至多有 $2^i\ (i\geqslant 0)$ 个结点。

根据性质 1，只要将第一层到第 k 层上最大结点数相加就可以得到整个二叉树中结点的最大值，即

$$\sum_{i=1}^{k}(\text{第 } i \text{ 层上的最大结点数})=\sum_{i=1}^{k}2^{1-1}+2^{2-1}+\cdots+2^{k-1}=2^{k-1}$$

性质 2：深度为 k 的二叉树至多有 $2^{k+1}-1\ (k\geqslant 0)$ 个结点。

性质 3：在任意一棵二叉树中，若叶结点个数为 n_0，度为 2 的结点的个数为 n_2，则有 $n_0=n_2+1$。

对性质 3 证明如下。

设二叉树中度为 0 的结点个数为 n_0，度为 1 的结点个数为 n_1，度为 2 的结点个数为 n_2，则二叉树中结点总数为

$$n=n_0+n_1+n_2 \tag{11.1}$$

再看二叉树的分支数。除根结点外，其余结点都只有一个分支进入，设 B 为二叉树的分支总数，得出

$$n=B+1 \tag{11.2}$$

又由于二叉树中度为 1 的结点射出的分支数为 1，度为 2 的结点射出的分支数为 2，所以二叉树中的分支总数为

$$B=n_1+2n_2 \tag{11.3}$$

将式(11.3)代入式(11.2)，得

$$n = n_1 + 2n_2 + 1 \tag{11.4}$$

即在二叉树中,度为 0 的结点总是比度为 2 的结点多一个。

以上三个性质是一般二叉树都具有的。满二叉树和完全二叉树是二叉树的两种特殊形式。

一棵深度为 $k(k \geqslant 0)$ 且有 $2^{k+1}-1$ 个结点的二叉树称为满二叉树。图 11-26(a)是一棵深度为 3 的满二叉树,它有 $2^4-1=15$ 个结点。

若一棵完全二叉树的叶结点只可能出现在最下面两层上,且最下面一层只缺少从右边开始的若干个结点,则称此二叉树是完全二叉树,如图 11-26(b)所示。更确切地说,如果从根结点开始对二叉树的结点自上而下、自左至右用自然数进行连续编号,那么由连续编号的任意多个结点组成的二叉树称为完全二叉树(或称顺序二叉树)。显然,满二叉树一定是完全二叉树,而完全二叉树不一定是满二叉树。在满二叉树最底层从最右端开始连续删除若干个结点后,得到的一定是一棵完全二叉树。

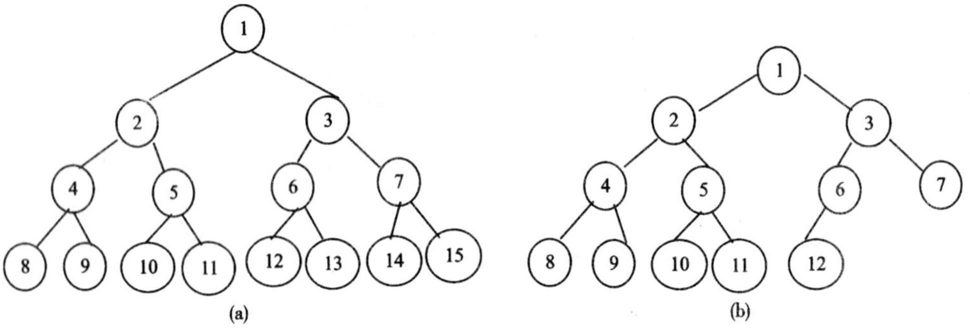

图 11-26　特殊形态的二叉树

(a)满二叉树　(b)完全二叉树

完全二叉树具有以下两个重要性质。

性质 4:具有 n 个结点的完全二叉树的深度为 $\log_2 n+1\rfloor$,"$\rfloor$"表示取 $\log_2 n$ 的整数部分。

证明:设二叉树的深度为 k,根据性质 2 和完全二叉树的定义可得:

$$2^k - 1 < n \leqslant 2^{k+1} - 1 \tag{11.5}$$

这是因为完全二叉树的前 $k-1$ 层上的结点必然是排满的,然后才能排到第 k 层(最下面一层),将式(11.5)简化后得到

$$2^{k-1} < n \leqslant 2^k \tag{11.6}$$

对式(11.6)取对数后得到

$$k - 1 \leqslant \log_2 n < k \tag{11.7}$$

最后得到

$$k = (\log_2 n) \tag{11.8}$$

性质 5:设一棵有 n 个结点的完全二叉树,其中任一个编号为 i 的结点($0 \leqslant i \leqslant n-1$)均满足以下条件:

①若 $i=0$,则结点 i 是根,无双亲结点;

②若 $i>0$,则双亲结点的编号是$((i-1)/2)$;

③若 $2i+1<n$,则结点 i 的左子女的编号是 $2i+1$,否则结点 i 无左子女;

④若 $2i+2<n$,则结点 i 的右子女的编号是 $2i+2$,否则结点 i 无右子女。

11.3.3 二叉树的存储结构

1. 顺序存储结构

要想实现二叉树的顺序存储，就必须把二叉树中的结点安排成一个线性序列，且使得结点在这个序列中的相对位置能够反映出结点之间的逻辑关系。对一棵具有 n 个结点的完全二叉树，若从根结点开始，按自上而下、自左至右的次序依次为每个结点编号，根据性质 5，可以把完全二叉树各结点上的数据元素按编号的次序存储在一个一维数组中。图 11-27 就是图 11-26(b)完全二叉树的顺序存储结构。若二叉树中结点为整型数据，图 11-27 的顺序存储方式用 FORTRAN 语言描述为 INTEGER tree(0:11)。

0	1	2	3	4	5	6	7	8	9	10	11
1	2	3	4	5	6	7	8	9	10	11	12

图 11-27　完全二叉树的顺序存储结构

由图 11-27 可以看出，这种存储方式对于完全二叉树很适用，既不浪费存储空间，又便于实现有关运算。但是对一般二叉树也用顺序存储方式就未必合适了。为了保持完全二叉树的逻辑结构，必须将其按完全二叉树的要求补足所缺结点，如图 11-28(a)中所示的一般二叉树必须用图 11-28(b)中所示的"虚结点"补足。图 11-28(c)是该二叉树的顺序存储结构。

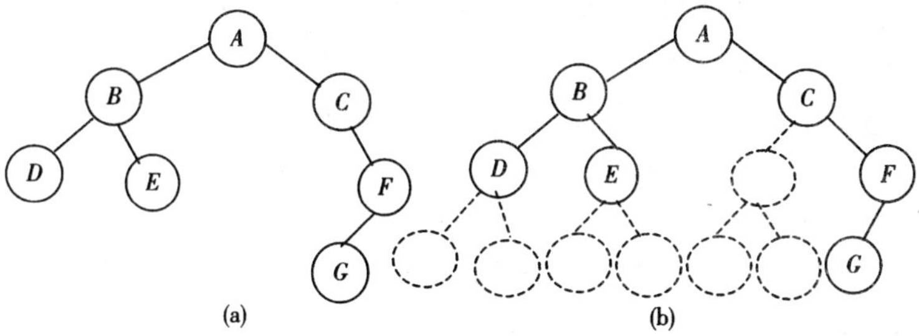

0	1	2	3	4	5	6	7	8	9	10	11	12	13
A	B	C	D	E		F							G

(c)

图 11-28　一般二叉树及其顺序存储

(a)一般二叉树　(b)补足"虚结点"后的完全二叉树　(c)一般二叉树的顺序存储结构

2. 链式存储结构

lchild	data	rchild

图 11-29　二叉树中的结点

一般使用顺序存储，二叉树需要插入比较多的"虚结点"，会造成存储空间的浪费，因此在实际应用中对于一般二叉树通常采用链式存储结构。二叉树链式存储结构也称为二叉链表。由于二叉树的结点由一个数据元素和分别指向其左子女和右子女的两个分支组成，所以表示二叉树的链表中的结点至少包含数据域和指向左子女、右子女的指针域，分别用 data、lchild 和 rchild 表示，如图 11-29 所示。其中数据域中存放结点所包含的数据，左、右指针域分别指向该结点左子女和右子女。利用这种结点结构存储所得到的二叉链表如图 11-30 所示。

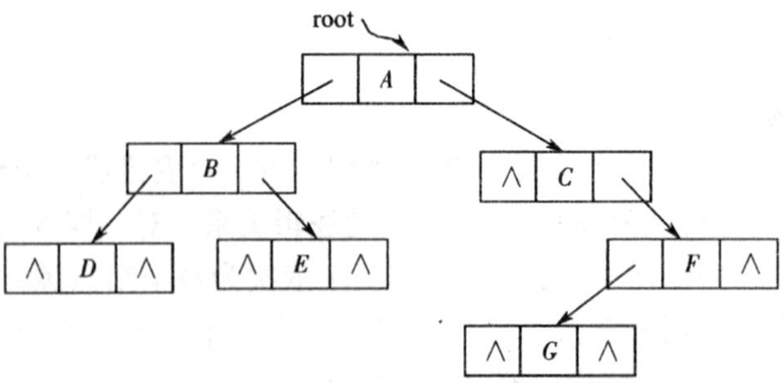

图 11-30　二叉树的链式存储结构

11.3.4　二叉树的遍历

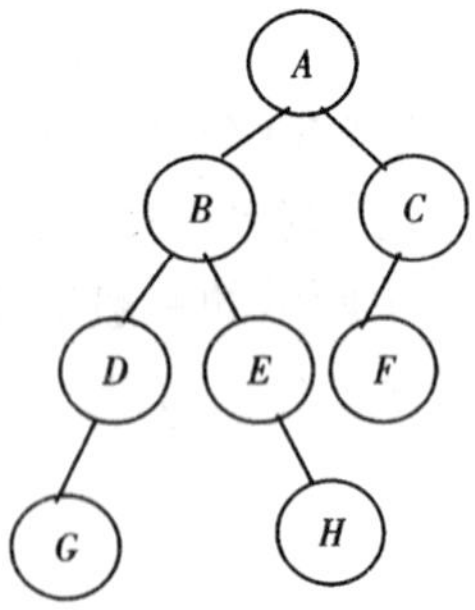

图 11-31　二叉树

二叉树的遍历是指沿着某条搜索路径访问二叉树的每个结点，且每个结点只访问一次。如前所述，遍历线性结构很容易，只要从开始结点出发顺序扫描每个结点即可。而二叉树是一种非线性结构，每个结点都可能有两棵子树，因此需要寻找一种规律，使二叉树上的结点排列成一个线性序列，从而便于遍历。如果用 *L*、*D*、*R* 分别表示遍历左子树、访问根结点和遍历右子树，则对任何一棵二叉树均有 *LDR*、*LRD*、*DLR*、*DRL*、*RDL*、*RLD* 六种方案。如果限定按先左后右的次序遍历，则只有 *DLR*、*LDR*、*LRD* 这三种方案，分别称为先(根)序遍历、中(根)序遍历和后(根)序遍历。这三种遍历二叉树的递归定义如下。

(1)先序遍历(*DLR* 次序)

若二叉树为空，则空操作；否则，访问根结点，先序遍历左子树，先序遍历右子树。

(2)中序遍历(*LDR* 次序)

若二叉树为空，则空操作；否则，中序遍历左子树，访问根结点，中序遍历右子树。

(3)后序遍历(*LRD* 次序)

若二叉树为空，则空操作；否则，后序遍历左子树，后序遍历右子树，访问根结点。

例如，对图 11-31 所示二叉树进行先序遍历的序列为 *ABDGEHCF*；中序遍历的序列为 *GDBEHAFC*；后序遍历的序列为 *GDHEBFCA*。

11.3.5　树、森林与二叉树的转换

树(或森林)和二叉树之间有一一对应关系，任何一棵树或森林都能惟一地对应一棵二叉树，而任何一棵二叉树都能还原成一棵树或森林。由于树中每个结点的子女的个数是任意的，因此存储树时必须以树的度数统一设置结点的指针数，这显然要浪费内存空间。基于这一点，通常对树或森林的处理方法是，先将树或森林转换成一棵二叉树，然后再对该二叉树进行处理，最后再将该二叉树还原成原来的树或森林。

1. 树、森林转换成二叉树

将树或森林转换成二叉树的一种方法是：①先在相邻兄弟之间加一条连线；②保留每个双亲结点原来与最左边子女的连线，去掉与其他子女的连线；③保留下来的最左边的分支结点为

双亲结点的左子树,新加的兄弟之间的连线的结点为双亲结点的右子树。图 11-32 给出了将一棵树转换成二叉树的过程。

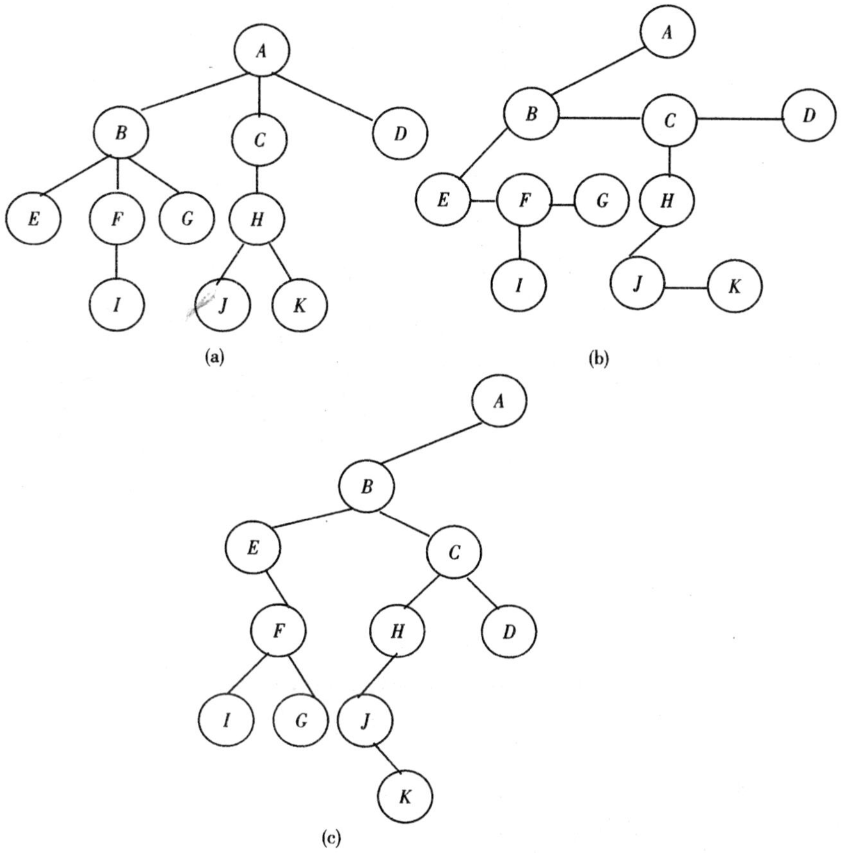

图 11-32　树转换成二叉树的过程

(a)树　(b)兄弟之间加连线,并保留双亲和最左子女之间的连线　(c)转换后的二叉树

由上面的转换过程可知,对一棵树而言,由于树根没有兄弟,所以转换后的二叉树根结点的右子树必为空。

将森林转换成二叉树的直观方法是:先将森林中的每一棵树转换成二叉树,然后再将各二叉树的根结点看成兄弟,用线把它们连在一起,经过整理后就可得到相应的二叉树。图 11-33 是将森林转换成二叉树的过程。

2. 二叉树转换成森林

二叉树转换成树和森林也可以用一种直观的方法来描述:若某结点是其双亲的左子女,则将该结点的右子女、右子女的右子女、……都与该结点的双亲结点用线连接起来,然后去掉所有双亲结点到右子女的连线,经整理后便可得到树或森林。图 11-34 给出将二叉树转换成森林的过程。

11.3.6　二叉排序树

二叉排序树又称为二叉搜索树。在二叉排序树中进行查找时,查找效率可以与二分查找

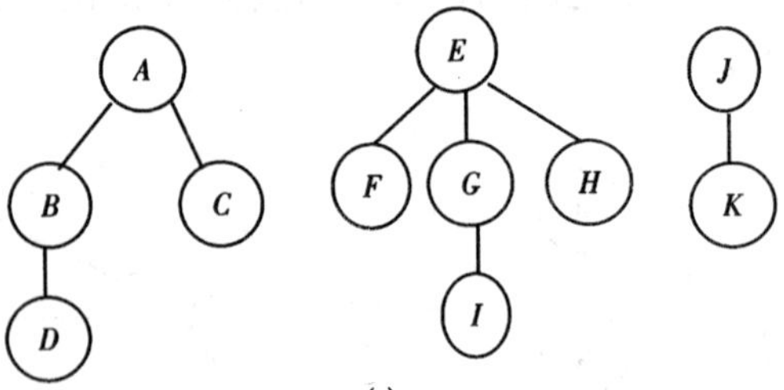

(a)

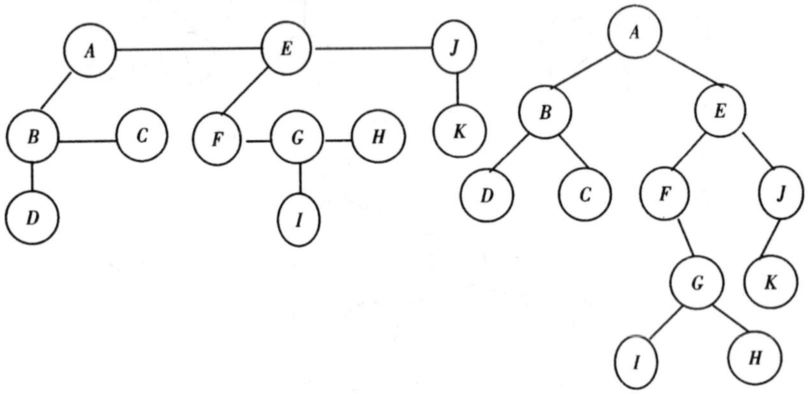

(b)

图 11-33　将森林转换成二叉树的过程

(a)森林　(b)中间过程　(c)转换后的二叉树

相媲美,实现二叉排序树中结点插入和删除运算也非常灵活,需要移动的结点很少,可避免二分查找的不足。因此,二叉排序树得到了广泛应用。

所谓二叉排序树,或者是一棵空二叉树,或者是具有以下性质的二叉树:

①若它的左子树非空,则左子树上所有结点的值均小于根结点的值;

②若它的右子树非空,则右子树上所有结点的值均大于或等于根结点的值;

③左、右子树本身又各是一棵二叉排序树。

图 11-35 为一棵二叉排序树。通常,二叉排序树由依次输入的一个数据元素序列(元素之间可以进行比较)构成。其构造过程是:每读入一个元素就建立一个新结点,然后按规定原则将新结点插入到二叉排序树中去。这个原则是:若二叉排序树为空,则新结点为二叉排序树的根结点;否则将新结点的值和根的值进行比较,若小于根结点的值,则将新结点插入到左子树中去,否则插入到右子树中去。显然,这个插入过程是一个递归过程。

例如,已知整数序列{45,27,48,13,30,69},与其对应的二叉排序树的构造过程如图 11-36 所示。

容易看出,对二叉排序树进行中序遍历可以得到一个数据元素由小到大的有序序列。由此可见,对一个无序序列可以通过构造一棵二叉排序树使其变成有序序列。构造二叉排序树的过程即为对无序序列进行排序的过程。二叉排序树的名称就是由此而来的。

既然二叉排序树可以看成是一个有序表,因此,在二叉排序树中的查找类似于二分查找。查找过程是一个递归过程。当二叉排序树不为空时,将给定值与根结点的值进行比较,若相等

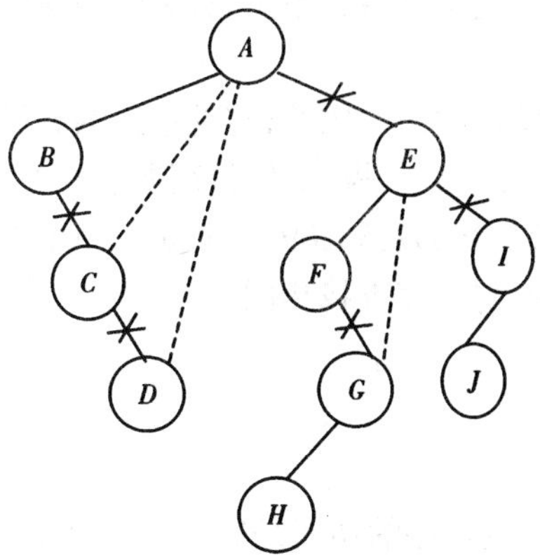

(a)

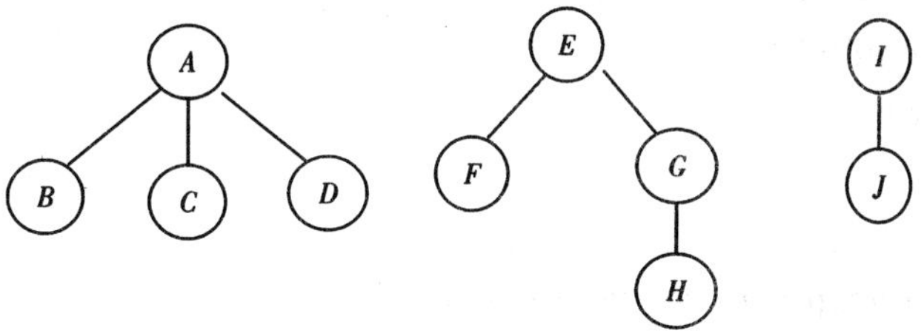

(b)

图 11-34　由二叉树转换成森林的过程

(a)将二叉树结点的右子女、右子女的右子女……都与该结点的双亲结点用线连接起来，去掉所有双亲结点到右子女的连线　(b)整理后的森林

则查找成功。如果给定值小于根结点的值，则在根结点的左子树中继续查找，否则在根结点的右子树中继续查找。当二叉排序树为空时，查找失败。例如，在图 12-36 所示的二叉排序树中，查找与给定值 30 相同的结点的查找过程是：①用 30 与根结点进行比较，因 30 < 45，所以转到左子树进行查找；②用 30 与左子树的根结点比较，因 30 > 27，转到右子树；③用 30 与 30 比较，因为相等，故查找成功。

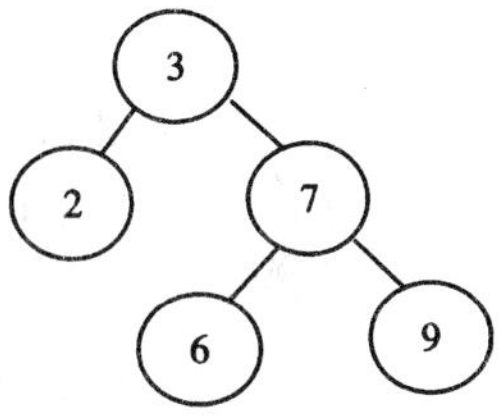

图 11-35　二叉排序树示例

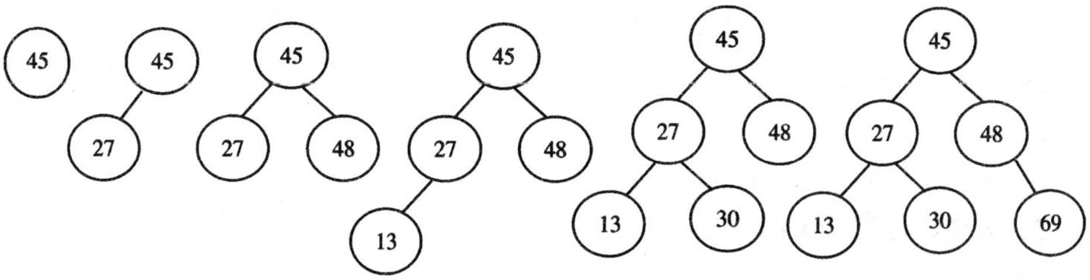

图 11-36　二叉排序树的构造过程

由以上讨论可以看出，在二叉排序树中查找成功时走过的是一条从根结点到所寻找结点的一条路径，因此，二叉排序树查找的平均查找长度取决于二叉排序树的深度。当二叉排序树的每个结点的左、右子树的高度之差不超过 1 时，二叉排序树查找的平均查找长度与二分查找

相同，即 $ASL=O(\log_2 n)$。通常把每个结点的左、右子树的深度至多相差 1 的二叉树称为平衡二叉树。

值得注意的是，二叉排序树是动态生成的，它的形态与各结点插入二叉排序树时的先后顺序有关。当把一组有序值依次插入到一棵二叉排序树时，生成的二叉排序树将蜕变成一棵单支树。例如，由整数序列{15,23,26,47,56,89}生成的二叉排序树就是一棵单支树。显然，在单支树中查找时，平均查找长度与顺序查找相同。

11.4 程序举例

例 11.1 顺序表的应用。该程序的功能是定义一个整型顺序表。每调用一次 Insert 子程序则向表中插入一个元素；每调用一次 Deleted 子程序则删除表中一个元素。

```
module sqlisttype
    implicit none

  private
    integer,parameter::maxsize = 100
    integer,save::a(maxsize)

  public insert,deleted

  contains

    subroutine insert(a,n,pos,item)
        integer n,i,pos,a(n),item

        if(pos < 1. or. pos > n) then
            print *,"插入位置超出范围!"
        else if(pos == maxsize) then
            print *,"表已满,不能再插入元素!"
        endif

        do i = n - 1,pos, - 1
            a(i + 1) = a(i)
        enddo

        i = i + 1
        a(i) = item
        n = n + 1

```

```
            print * ,"输出插入元素后的数组: "
            print * ,a

        end subroutine insert

        subroutine deleted( a,pos,n)
            integer n,i,pos,a( n)

        if( pos < 1. or. pos > n) then
            print * ,"要删除的元素不在表范围之内!"
        endif

        do i = pos + 1 ,n,1
            a( i - 1) = a( i)
        enddo
        n = n - 1

        print * ,"删除元素后的数组: "
        print * ,a

        end subroutine deleted

end module sqlisttype

program ex1101
        use sqlisttype
        integer,parameter: :n =5
        integer : :i,pos,n1 = n,eqlist( n)

        print * ,"输入数组元素: "
        read * ,( eqlist( i) ,i = 1 ,4)
        print * ,"输入要插入数组元素的位置:"
        read * ,pos
        print * ,"输入要插入的数组元素: "
        read * ,item
        call insert( eqlist,n1 ,pos,item)
        print * ,"输入要删除数组元素的位置:"
        read * ,pos
        call deleted( eqlist,pos,n1 )
```

```
      stop
endprogram   ex1101
```

程序执行结果：

输入数组元素：

1,2,3,4

输入要插入数组元素的位置：

2

输入要插入的数组元素：

9

输出插入元素后的数组：

1　　9　　2　　3　　4

输入要删除数组元素的位置：

2

删除元素后的数组：

1　　2　　3　　4

例 11.2　求两个稀疏矩阵之和，其中稀疏矩阵：

$$\boldsymbol{A}=\begin{bmatrix}0&5&0&0&0\\0&3&0&1&0\\2&0&0&0&0\\0&0&4&0&0\\0&0&0&0&2\end{bmatrix}\qquad \boldsymbol{B}=\begin{bmatrix}0&1&2&0&0\\0&0&3&0&0\\0&4&0&0&0\\0&5&0&0&0\\6&0&0&1&0\end{bmatrix}$$

要求：

(1)按一般方法求矩阵 $\boldsymbol{A}$、$\boldsymbol{B}$ 之和 C(C 的每个元素为 $\boldsymbol{A}$、$\boldsymbol{B}$ 矩阵中同行同列元素之和)。

(2)为了节省存储空间，将两个稀疏矩阵的非零元素以一个三元组(行号，列号，值)形式分别压缩存储在二维数组 A1、B1 中，即

$$\boldsymbol{A}=\begin{bmatrix}0&5&0&0&0\\0&3&0&1&0\\2&0&0&0&0\\0&0&4&0&0\\0&0&0&0&2\end{bmatrix}\qquad \text{表示为 A1}=\begin{bmatrix}1&2&5\\2&2&3\\2&4&1\\3&1&2\\4&3&4\\5&5&3\end{bmatrix}$$

$$\boldsymbol{B}=\begin{bmatrix}0&1&2&0&0\\0&0&3&0&0\\0&4&0&0&0\\0&5&0&0&0\\6&0&0&1&0\end{bmatrix}\qquad \text{表示为 B1}=\begin{bmatrix}1&2&1\\1&3&2\\2&3&3\\3&2&4\\4&2&5\\5&1&6\\5&4&1\end{bmatrix}$$

数组 A1、B1 均按行号递增(行号相同，按列号递增)排列，求两个稀疏矩阵 $\boldsymbol{A}_1$、$\boldsymbol{B}_1$ 的和矩

阵 C_1（C_1 也按行号递增排列并存储非零元素）。

源程序如下：

```
program ex1102
    implicit none

    integer i,j,k                              ! 记录行号
    integer,parameter::m=6,n=7
    real a(5,5),b(5,5),c(5,5)
    real a1(6,3),b1(7,3),c1(m+n,3)

    read *,((a(i,j),j=1,5),i=1,5)
    read *,((b(i,j),j=1,5),i=1,5)
    c=a+b                                ! 求矩阵 a、b 之和 c

    print *,"输出矩阵 a ="
    print '(1x,5f8.2)',((a(i,j),j=1,5),i=1,5)
    print *,"输出矩阵 b ="
    print '(1x,5f8.2)',((b(i,j),j=1,5),i=1,5)
    print *,"输出矩阵 a、b 之和 c ="
    print '(1x,5f8.2)',((c(i,j),j=1,5),i=1,5)
    read *,a1
    read *,b1

    ! 求稀疏矩阵 a1、b1 的和矩阵 c1
    i=1
    j=1
    k=0
    do while(i<=m.and.j<=n)
      if(a1(i,1)==b1(j,1).and.a1(i,2)==b1(j,2))then
        if(a1(i,3)+b1(j,3)/=0.0)then
          k=k+1
          c1(k,1)=a1(i,1)
          c1(k,2)=a1(i,2)
          c1(k,3)=a1(i,3)+b1(j,3)
          i=i+1
          j=j+1
        endif
      else if(a1(i,1)<b1(j,1).or.a1(i,1)==b1(j,1).and.a1(i,2)&
            <b1(j,2))then
```

```
            call move(a1,c1,m,m+n,i,k)
        else
            call move(b1,c1,n,m+n,j,k)
        endif
    end do

    do while(i<=m)                        ! 数组 a1 的剩余部分到→c1 中
        call move(a1,c1,m,m+n,i,k)        ! 调用 move 子程序传送一行到 c1
    end do
    do while(j<=n)                        ! 数组 b1 的剩余部分到→c1 中
        call move(b1,c1,n,m+n,j,k)        ! 调用 move 子程序传送一行到 c1
    end do

    print *,"输出 a 矩阵的压缩存储数组 a1:"
    print '(1x,3f8.2)',((a1(i,j),j=1,3),i=1,m)
    print *,"输出 b 矩阵的压缩存储数组 b1:"
    print '(1x,3f8.2)',((b1(i,j),j=1,3),i=1,n)
    print *,"输出压缩存储数组 a1、b1 的和矩阵 c1:"
    print '(1x,3f8.2)',((c1(i,j),j=1,3),i=1,k)
    stop
end program

    ! 传送压缩数组的一行到结果数组中的子程序
subroutine move(ab1,cc,m,n,l,k)
    implicit none

    integer m,n,l,k
    real ab1(m,3),cc(n,3)

    k=k+1
    cc(k,1)=ab1(l,1)
    cc(k,2)=ab1(l,2)
    cc(k,3)=ab1(l,3)
    l=l+1
end subroutine
```

习　题

一、单项选择题

1. 在数据结构中，从逻辑上可以把数据结构分为______。

A. 内部结构和外部结构　　B. 线性结构和非线性结构

C. 紧凑结构和非紧凑结构　　D. 动态结构和静态结构

2. 数据对象是具有相同性质的 ______的集合。

A. 数据　　B. 数据结构　　C. 数据元素　　D. 数据值

3. 顺序存储方式的优点是______。

A. 便于随机存取指定下标的元素　　B. 便于插入和删除运算

C. 可方便地用于各种逻辑结构的存储　　D. 对存储空间利用率高

4. 当线性表的元素总数基本稳定，且很少进行插入和删除操作，但要求以最快的速度存取线性表中的元素时，应采用______ 存储结构。

A. 链表　　B. 顺序表　　C. 栈　　D. 队列

5. 使用链表存储线性表的优点是______。

A. 便于完成插入和删除运算　　B. 便于随机存取指定下标的元素

C. 可方便地用于各种逻辑结构的存储　　D. 对存储空间利用率高

6. 有一个线性表很少进行插入和删除操作，但要经常访问指定的表中的下标元素，该线性表最合适的存储方式是______。

A. 链表　　B. 队列　　C. 栈　　D. 顺序表

7. 若进栈序列为 A、B、C、D，进栈和出栈可以穿插进行，以下不可能的出栈序列是______。

A. C、B、A、D　　B. D、B、C、A　　C. C、B、D、A　　D. D、C、B、A

8. 如果栈 s 的初始状态为空，有元素 A、B、C、D、E、F 顺序进栈，若出栈的顺序是 B、D、C、F、E、A，则栈 s 的容量至少应该是______。

A. 6　　B. 4　　C. 3　　D. 2

9. 某链表如图 13-37 所示，若要删除值为 C 的结点，应做的操作是______。

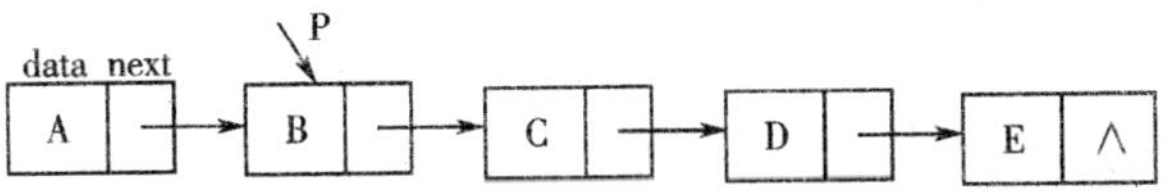

图 11-37　单链表

A. p = p% next% next　　B. p% next = p% next% next

C. p = p% next% data　　D. p% next = p% next% data

10. 在用链接方式存储的队列中进行删除运算时，______。

A. 仅修改头指针　　B. 仅修改尾指针

C. 头、尾指针都要修改　　D. 头、尾指针可能都要修改

11. 数组 q[1..n]表示一个循环队列，用 f 指示当前队头元素的位置，r 指示前队为元素的下一个位置，假定队中元素个数总小于 n，则计算队中元素个数的公式为______。

A. front - rear　　B. mod(n + (f - r), n)

C. mod(n + r - f, n)　　D. n + r - f

12. 若用一维数组 a(1..n)存储一个栈,令 a(n)表示栈底,用整型变量 top 指示当前栈顶位置,a(top)为栈顶元素。当从栈顶中弹出一个元素时,变量 top 的变化为______。

A. top = top - 1　　B. top 保持不变　　C. top = top + 1　　D. top = n

13. 下面关于线性表的叙述中,错误的是______。

A. 线性表采用顺序存储,必须占用一片连续的存储单元

B. 线性表采用顺序存储,便于进行插入和删除运算

C. 线性表采用链接存储,不必占用一片连续的存储单元

D. 线性表采用链接存储,便于进行插入和删除运算

14. 线性表 L = (a1, a2, …, an)用一维数组存储,假定删除 L 中任一元素的概率相同(都是 $1/n$),则删除一个元素平均需要移动元素的个数是______。

A. $\frac{n-1}{2}$　　B. n　　C. $\frac{n}{2}$　　D. $\frac{1}{n}$

15. 在具有 n 个单元的顺序循环队列中,假定 front 和 rear 分别指向队首指针和队尾指针,顺序表的下标下界为 1,则判断队满的条件是______。

A. MOD(rear, n) == front　　B. MOD(front, n) + 1 == rear

C. MOD(rear, n) - 1 == front　　D. MOD(rear, n) + 1 == front

16. 数组 A(1:5,1:6)的每个元素占 4 个字节,将其按列优先存储在起始地址为 1000 的连续的内存单元中,则元素 A(4,5)的地址为______。

A. 1116　　B. 11029　　C. 1096　　D. 1088

17. 在一棵二叉树中,度为零的结点个数为 n_0,度为 2 的结点个数为 n_2,则有 n_0 = ______。

A. n_2　　B. n_2　　C. $n_2 + 1$　　D. $n_2 + 1$

18. 设二叉树根结点的层次为 1,一棵高度为 h 的满二叉树中结点的个数是______。

A. $2h$　　B. $2h + 1 - 1$　　C. $2h - 1$　　D. $2h - 1$

19. 假设在一棵二叉树中,2 个分支的结点数为 15 个,单分支的结点数为 30 个,则叶结点数为______。

A. 15　　B. 16　　C. 17　　D. 47

20. 把一棵含有 70 个结点的完全二叉树以顺序方式存储在一维数组 A(0:69)中,该完全二叉树中的编号为 26 的结点的左子女存放在______数组元素中。

A. A(52)　　B. A(53)　　C. A(54)　　D. 该结点没有左子女

21. 用顺序存储的方法将一棵完全二叉树中的所有结点逐层存放在一维数组 R(1)到 R(n) 中,那么结点 R(i)若有左子女,则左子女是______。

A. R(2 * i)　　B. R(2 * i - 1)　　C. R(2 * i + 1)　　D. R(i/2)

22. 如果一棵二叉树中任何一个结点的值都小于其左子树上所有结点的值而大于其右子树上所有结点的值,要得到这棵二叉树中各结点值的递增序列,下列正确的排列结点的次序是______。

A. 层次　　B. 先序　　C. 中序　　D. 后序

23. 若已知某二叉树的先序遍历结点访问次序是 *ABCDEFG*,中序遍历结点访问次序是

CBDAFGE,则后序遍历结点访问次序是______。

A. *CDBGFEA*　　B. *CDGFEAB*　　C. *CDBAGFE*　　D. *CDBFAGE*

24. 下面关于数据结构的叙述中,正确的叙述是______。

A. 顺序存储方式的优点是存储密度大,且插入、删除运算效率高

B. 链表中的每个结点都包含恰好一个指针

C. 使用链表可以节省存储空间

D. 将一棵树转换成二叉树后,根结点没有右子树

25. 二叉树的先序遍历序列等同于该二叉树所对应的树林的______ 遍历序列。

A. 层次　　B. 后序　　C. 中序　　D. 先序

26. 下列关于二叉树的叙述中,正确的是______ 。

A. 一棵二叉树中叶子结点的个数等于度为 2 的结点个数加 1

B. 一棵二叉树中的结点个数大于 0

C. 一棵二叉树中任何一个结点要么是叶结点,要么恰有两个子女

D. 二叉树中任何一个结点的左子树和右子树上的结点个数一定相等

27. 任何一棵二叉树的叶结点在先序、中序和后序序列中的相对次序______ 。

A. 发生变化　　B. 不发生变化　　C. 不能确定　　D. 以上都不对

28. 在对二叉树按先序、中序和后序遍历的序列中,所有叶结点的先后顺序______。

A. 都不相同　　B. 先序和中序相同,而与后序不同

C. 完全相同　　D. 中序和后序相同,而与先序不同

二、简答题

1. 什么叫数据结构,数据结构对算法有什么影响?举例说明。

2. 链表中逻辑上相邻的元素物理位置是否一定相邻,为什么?

3. 按以下要求画出顺序栈中元素与栈顶指针的示意图。

(1)栈空;

(2)在栈中插入元素 *A*、*B*;

(3)删除栈顶元素;

(4)在栈中插入元素 *C*、*D*;

(5)栈初始化。

4. 有一个栈,PUSH(x)为入栈运算,POP(x)为出栈运算。设入栈序列为 *ABCDE*,若出栈序列为 *BCDEA*,写出需要执行的栈运算序列。

5. 请回答上题中栈空间至少需要多少个元素的内存单元。

6. 循环队列 sq 存放在 sq(max)数组中,请回答 sq 中最多能存放多少个元素?

7. 设某树 *T* 的度为 4,其中度为 1、2、3、4 的结点个数分别为 4、2、1、1。请回答 *T* 中有多少个叶结点?

8. 写出先序、中序和后序遍历图 11-38 的二叉树的序列。

9. 已知某二叉树的先序序列为 *DBACFEG*,中序序列为 *ABCDEFG*,请画出该二叉树,并写出该二叉树的后序序列。

10. 将图 11-39 所示森林转换成二叉树。

11. 画出图 11-40 中各二叉树对应的森林。

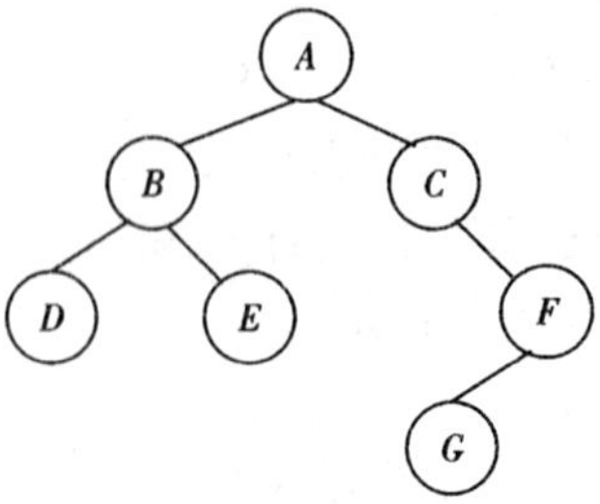

图 11-38　二叉树

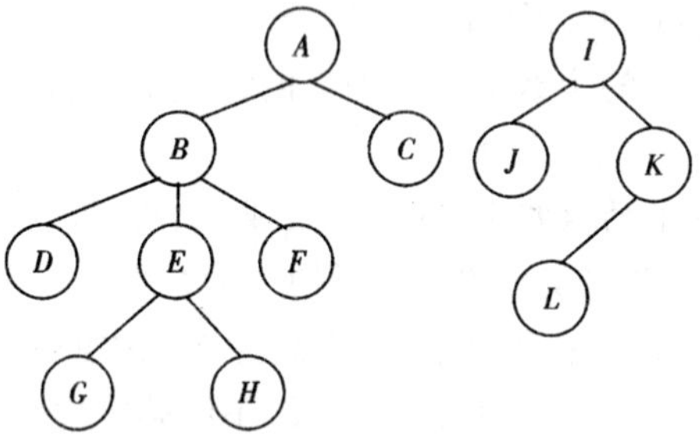

图 11-39　森林

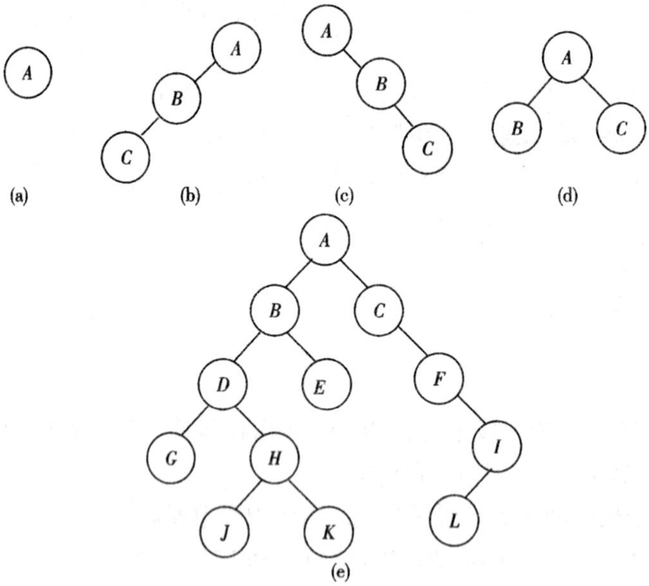

图 11-40　二叉树

三、程序填空题

1. 设一维数组 a 中共有 n 个元素，下面程序的功能是将该数组中的非零元素依次移到数组的前端，并保持相对位置不变。请填空。

程序如下：

```
integer,parameter ::n =5
```

```
integer ::a(n),i,j
print *,"输入 5 个整数:"
read *,(a(i),i=1,n)
k=n
i=1
do while(i<=k)
  if(a(i)==0)then
     do j=i+1,k
        ____[1]____ =a(j)
     enddo
     a(k)=0
     ____[2]____
   else
     ____[3]____
  endif
enddo
write(*,"(i4)")a
end
```

2. 有 n 个人排成一排,每个人的编号为 $i(1\leqslant i\leqslant n)$,现在让这 n 个人从左至右 1、2、1、2……报数,凡是报"1"的人出列,报"2"的人立即站到队的最右端,此过程反复进行,直到 n 个人都已出列。设已知 n 个人原来在队中的顺序,以下程序的功能是求出他们出列的顺序。例如,设 $n=6$,初始顺序为 1、2、3、4、5、6,则出列顺序为 1、3、5、2、6、4。

算法说明:此问题可以利用循环队列结构处理。设一维数组 person(0:10)存放循环队列,front 和 rear 分别为队头和队尾指示器,首先按 n 个人的初始序号依次入队,直到队列为空。

(1)输出队头元素,并输出之。

(2)若刚刚离队的元素值在当时的队列中最大,则记录下当前队列中最大元素值,否则将队头元素插入到队尾。

程序如下:

```
integer,parameter::n=10
integer ::person(0:n),front=0,rear=0,qm=n,t
do i=1,n
   ____[1]____ =i
   rear=mod((rear+1),n)
enddo
do
   t=person(front)
   write(*,*)t
   front= ____[2]____
   if(t==qm)then
```

```
      qm = qm - 1
    else
      ______[3]______ = person(front)
        rear = ______[4]______
        front = ______[5]______
    endif
    if(front == rear) exit
  enddo
  end
```

四、按要求编写程序

1. 编写子例行子程序。在一个向量表 A(N)中顺序查找与关键字值 KEY 相等的元素，找到该元素后，返回该元素值和该元素所在的位置。若没有该元素则返回的位置为 0。

2. 设线性表以单链表的形式存储，存储的元素为实型数，试编写程序创建单链表，并求所有元素之和。

3. 编写线性表逆转算法，将线性表($a_1,a_2,\cdots,a_n$)逆转为($a_n,a_{n-1},\cdots,a_1$)。

附录 A　习题选答

第 1 章

一、单项选择题

1. C　2. A　3. C　4. A　5. C　6. A　7. B　8. D　9. D　10. D　11. C　12. A　13. D

五、程序填空题

1. [1]read *, a , b , h　[2]h * (a+b) / 2.0　[3]print *, a , b, h , s

2. [1]real :: h, r, vc, ve , time　[2]6.37154E+6　[3]circum/vc

六、按要求编写程序

1.

```
program ex1 _ 1
    implicit none

    real a, b, c, f

    print *, '输入 a,b,c(角度值)'
    read *, a, b, c
    a = a * 3.14159 / 180.0
    b = b * 3.14159 / 180.0
    c = c * 3.14159 / 180.0
    f = cos(abs(a + b)) / sin(sqrt(abs(a) + abs(b))) + tan(c)
    write( *, * ) "f = ", f

    stop
end program
```

2. 略

3. 略

4.

```
program ex1 _ 4
    implicit none

    integer  m

    print *, '输入三位十进制数'
    read *, m

    write( *, * ) "个位:", mod(m,10)
```

```
    write( * , * ) "十位:", mod( m / 10,10)
    write( * , * ) "百位:", m / 100

    stop
end program
```

5. 略

第 2 章

一、单项选择题

1. D　2. A　3. B　4. B　5. B

二、程序填空题

1. [1]integer n　[2]if (mod (n,2) = =0) then　[3]print * , n ,"是一个奇数"
2. [1]y >0　[2]if (x >=0. 0)then　[3]endif　[4]z =3　[5]endif
3. [1]score >=90. 0　[2]elseif (socre >80. 0)then　[3]socre >=80. 0

三、写出下列逻辑表达式的值

1. FALSE　2. FALSE　3. FALSE　4. TRUE　5. TRUE　6. TRUE　7. TRUE

四、判断以下分支结构是否正确？如果正确请写出执行后的 S 值，如果有错误请指出原因

1. 如果 x <6. 5，则 s =4. 0，否则 s =1. 0
2. 如果 x >60，则 s =6. 0，否则 s =1. 0
3. 如果 x≠100. 0，则 s =5. 0，否则 s =7. 0
4. 如果 x≥5. 0，则 s =2. 0；如果 x≥4，则 s =3. 0，否则 s =2. 0
5. 程序中块 if 结构有错，块 if 与 endif 不成对

五、按要求编写程序

1.

```
program ex2_1
    implicit none

    real x, y
    real, parameter:: pi =    3. 14159
    real, parameter:: npi =  -3. 14159

    print * ,'输入 x'
    read * , x

    if (x . LT. 0. 0   . and. x . GE. npi)then
        y = -(2. 0 * pi + x) * sin(x)
        write( * , * ) "y =", y
    elseif (x . GE. 0. 0   . and. x . LE. pi)
        y = (2. 0 * pi - x) * sin(x)
```

```
        write( * , * ) "y  =", y
    else
        write( * , * ) "x 超出定义域范围"
    endif

    stop
end program
```

2.

```
program ex2 _ 2
    implicit none

    integer m

    print  * , '请输入一个整数:'
    read  * , m

    if ( mod( m,3 )  == 0   . or.  mod( m,5 )  == 0 )  then
        write( * , * ) "m  =", m
    else
        write( * , * ) "输入的整数不能被 3 或 5 整除!"
    endif

    stop
end program
```

3. 略

4. 略

5. 略

6.

```
program ex2 _ 6
    implicit none

    integer m
    complex x, y

    print  * , "请输入复数值:"
    read  * , x, y

    print  * , "请输入运算类别(1:加,2:减,3:乘,4:除):"
    read( * , * ) m
```

```
    if (m == 1) then
        write( * , * ) "x + y =", x + y
    elseif (m == 2) then
        write( * , * ) "x - y =", x - y
    elseif (m == 3) then
        write( * , * ) "x * y =", x * y
    elseif (m == 4) then
if (aimag(y) == 0.0 .and. (y + conjg(y)) == 0.0) then
! if (cabs(y) == 0.0) then
            write( * , * ) "作为除数的复数为0,不能计算!"
  else
            write( * , * ) "x / y =", x / y
  endif
    else
        write( * , * ) "超出选择范围!"
    endif

    stop
end program
```

7. 略

第3章

一、单项选择题

1. C　2. A　3. B　4. B　5. D

二、写出下列程序的运行结果

1.
```
* * * *
* * * *
* * * *
####
```

2.
```
k =1
k =2
k =3
* * k =4 * *
```

3.
```
n =3
* * * *   1
* * * *   2
* * * *   3
n = -2
####   -2
####   -1
####    0
n =0
$ $ $ $
```

4.
```
1
2
5
10
```

5.
```
          * * * * * * * * * *
        * * * * *     * * * * *
      * * * * *         * * * * *
    * * * * *             * * * * *
  * * * * *                 * * * * *
* * * * *                     * * * * *
```

三、程序填空题

1. [1]i [2]n = i 或 n = k [3]8 [4]k + i * * (l + 1) [5]m + n
2. [1]k <= n [2]n = n/k [3]k = k + 1
3. [1]f = 1.0 [2]n [3]k = sqrt (s) [4]f = -f
4. [1]m - 1 [2]n = n + k [3]n - 1 [4]j = j + k [5]n == j

四、按要求编写程序

1. 略

2.

```
program ex3_2
    implicit none

    integer  i, sign
    integer, parameter:: num = 20
    real       sum

    sum = 1.0
    sign = 1
    do i = 1, num - 1
        sign = - sign
        sum = sum + sign * (1.0 / real(2 * i + 1))
    enddo
    print *, "sum =", sum

    stop
end program
```

3. 略

4.

```
program ex3_4
    implicit none

    integer  i, sum

    i = 0
```

```
    sum = 0
    do while (sum < 1000)
       i = i + 1
       sum = sum + i * i * i
!     print *, i ,sum
    enddo
    print *, "i = ", i - 1, "  sum = ", sum - i * i *i

    stop
end program
```

5.

```
program ex3_5
    implicit none

    integer  i, j, k, n, sign, mul
    real      sum, mid, x

    print *, "输入角度值:"
    read( *, * ) x

    x = x * 3.14159 / 180.0
    sign = 1
    n = 1
    j = 1
    k = 2 * n + 1
    mul = 1
    mid = 1.0
    sum = x
    do
       print *, n, j, k
       do i = j, k
        mid = mid * x
        mul = mul * i
       enddo
       if (abs(real(mid) / real(mul)) > 1.0E-5) then
      sign = -sign
      sum = sum + sign * (real(mid) / real(mul))
  n = n + 1
  j = k + 1
```

```
      k = 2 * n + 1
    else
        exit
    endif
      enddo
      print *, "sin(x) =", sum
      stop
end program
```

6.

```
program ex3_6
    implicit none

    integer, parameter:: num = 30
    integer  i, j, k, m

    i = 0
    j = 1
    print *, i
    print *, j
    do k = 1, num - 2
        m = i + j
        print *, m
        i = j
        j = m
    enddo

    stop
end program
```

7. 略

8.

```
program ex3_8
    implicit none

    integer, parameter:: num = 1000
    integer  i, j, k

    print *, "1000 以内的素数:"
    print *, 2
    print *, 3
```

```
    do i = 4, num
        j = sqrt(real(i))
        k = 2
        do
            if (mod(i, k) == 0) exit
            k = k + 1
            if (k <= j) cycle
            print *, i
            exit
        enddo
    enddo

    stop
end program
```

第 4 章

一、单项选择题

1. B　2. B　3. A　4. B　5. C　6. C　7. D　8. C　9. D　10. D

二、写出下列程序的运行结果

1.
```
4
3
2
1
0
```

2.
```
0 5 5 5 5
0 0 5 5 5
0 0 0 5 5
0 0 0 0 5
0 0 0 0 0
```

3. 30

4. 30　10　40　40　10

5.
```
1 2 3 4  5
2 4 6 8 10
```

三、程序填空题

1. [1]mod (k(i),2) = =0　[2]n1 = n1 + 1　[3]sum2 = sum2 + k(i)

2. [1]p = p + 1　[2]n, p, -1　[3]a (p) = x

3. [1]sum1 + x (i, i)　[2]i = 1,5　[3]j = 5 - i + 1

4. [1](i - j) + 1　[2]a (i,i) = 1　[3]write (*, '(5x,5i6)') ((b(i,j),j = 1,5),i = 1,5)

六、按要求编写程序

1. 略

2. 略

3.

```
program ex4_3
```

```
    implicit none

    integer:: i
    integer:: s(10)

    s(1) = 0
    s(2) = 1
    do i = 3, 10
        s(i) = s(i-1) + s(i-2)
    enddo
    write(*,*) s

    stop
end program
```

4.

```
program ex4_4
    implicit none

    integer:: i, j, sum1, sum2
    integer:: s(5,5)

    forall(i = 1:5, j = 1:5) s(i,j) = (i - 1) * 5 + j
    sum1 =0
    do i = 1, 5
        do j = 1, 5
            if(i ==1 .or. i ==5 .or. j ==1 .or. j ==5) then
              sum1 = sum1 + s(i,j)
            endif
        enddo
    enddo
    sum2 = sum(s) - sum1
    do i = 1, 5
        do j = 1, 5
            write(*,'(i5)', advance ='NO') s(i,j)
        enddo
     write(*,*)
    enddo

    write(*,*)
```

```
    write( * , * ) "靠边元素和:    ", sum1
    write( * , * ) "非靠边元素和:", sum2

    stop
end program
```

5. 略

6.

```
program ex4_6
    implicit none

    type ymd
        integer year
      integer month
      integer day
    end type

    type(ymd) r
    integer:: sum, i, m
    integer:: s(12) = (/31,28,31,30,31,30,31,31,30,31,30,31/)
    integer:: t(12) = (/31,29,31,30,31,30,31,31,30,31,30,31/)

    print * , "输入年、月、日:"
    read( * , * ) r%year, r%month, r%day

    sum = 0
    m = r%year
    if (mod(m, 4) == 0 .and. (mod(m, 100) /= 0) &
          .or. mod(m, 400) == 0) then
        do i = 1, r%month - 1
         sum = sum + t(i)
        enddo
    else
        do i = 1, r%month - 1
         sum = sum + s(i)
        enddo
    endif
    sum = sum + r%day

    write( * , * )
```

```
        write( * , * ) sum

        stop
    end program
```

7. 略

8. 略

第5章

一、单项选择题

1. B　2. D　3. B　4. D　5. D　6. B

二、写出下列程序的执行结果

1. 45　1234　4567　AB

2. 1234512345

3. 6
 7
 8
 9
 10

4. 555 666 777
 555 666 777
 iso = 0

四、程序填空题

1. [1]'dd. dat'　[2]'new'　[3]a (6) = a (6) + a (j)　[4]rewind (10)　[5]a　[6]close (10)

2. [1]20　[2]k2　[3]k2 = k2 + 1　[4]k2

五、按要求编写程序

1.

```
program ex5 - 1
    implicit none

    integer sid, tel
    character(len = 8) name
    character(len = 2) sex
    integer i, n

    open (5, file = 'test _ write. dat' , form = 'formatted', status = 'new', &
              access = 'direct', recl = 22)
    i = 0
    print * , "请输入学号、姓名、性别、电话号码:"
    do
        read( * , * ) sid, name, sex, tel
        if(sid == 0) exit
        i = i + 1
```

```
        write(5, "(i5,a8,a2,i7)", rec = i) sid, name, sex, tel
    enddo
    n = i
    close(5)

    open (6, file ='test_write.dat' , form = 'formatted', status ='old', &
              access = 'direct', recl = 22)

    do i = 1, n
        read(6,"(i5,a8,a2,i7)", rec = i) sid, name, sex, tel
        write( * , "(i5,2x,a8,2x,a2,2x,i7)") sid, name, sex, tel
    enddo
    close(6)

    print * , "End of Program!"

    stop
end program
```

2. 略

3.

```
program ex5-3
    implicit none

    integer  n

    open (2, file ='even_write.dat' , form ='formatted', status ='new', &
              access = 'sequential')
    open (3, file ='odd_write.dat' , form = 'formatted', status ='new', &
              access = 'sequential')

    open (6, file ='test_write.dat' , form = 'formatted', status ='old', &
              access = 'sequential')

    do
        read(6, "(i5)", end = 100)  n
        if(mod(n, 2) == 0) then
            write(2,"(i5)") n
    else
        write(3,"(i5)") n
```

```
    endif
      enddo
100   print *, "End of Program!"
      close (6)
      endfile(2)
      close (2)
      endfile(3)
      close (3)
      stop
end program
```

第 6 章

一、单项选择题

1. C　2. A　3. C　4. D　5. B　6. A　7. B

二、写出程序的运行结果

1.9　　5　45

2.7　　　5

3.输入 5:7
　输入 11:13

4.1　4　7　2　5　8　3　6　9

5.1　　2　　3　　4　　0　　1
　2　　3　 -1　　0　　1　　2
　18.00

6.2　　1　　2　　3　　5　　4

7.5

8.3　47

三、程序填空题

1. [1]n　　[2]a(i,k) * b(k,j)　　[3]end do

2. [1]mod(x1,r)　　[2]x1/r　　[3] i

3. [1]m,n　　[2]a(1,j)　　[3]1　　[4]A(k,j)

4. [1]r = mod(x1,y1)　　[2]r = mod(x1,y1)　　[3]r = y1

5. [1]m/2 + 1,k, -1　　[2]1,2 * k - 1　　[3]write(* , *)

第7章

一、单项选择题

1. C　2. A　3. C　4. D　5. B　6. A　7. B　8. D

二、写出程序的执行结果

1. -7　　11

　8　　13

2. 30.00　小于或等于　31.00

3. 6　6　15　20　15　6　1　6

三、程序填空题

1. [1]x% year, x% month, d　或　y, x% month, d　[2]m < 1. or. m > 12

　[3]m == 2　或 m . eq. 2　[4]d <= days(m)

2. [1]pttoval (length)　[2]Vector　[3]. false.　[4]a% data == b% data

第8章

一、单项选择题

1. D　2. C　3. B　4. B　5. D　6. A　7. B　8. B

二、程序填空题

1. [1]n + 1 - i　[2]n + 1 - j　[3]a(j, ii) = ws

2. [1]. false.　[2]goto 30　[3]a(i, :)　[4]a(:, i)

　注:[3]、[4]可交换

第9章

一、单项选择题

1. C　2. A　3. C　4. B　5. D　6. D　7. C　8. A

二、写出程序的执行结果

1.

```
*
* *
* * *
* * * *
```

2.

当输入数据是: A 345.6↙

输出结果是: A　*　*　*

当输入数据是: B 456.7↙

输出结果是: B　*　*　*　*

当输入数据是: C 567.8↙

输出结果是: C　*　*　*　*　*

3.

从一篇文章(共 k 行)中查出其中包含多少个"china"。

4.

输出结果是:

poundfrancdi

max _ string = ran

三、程序填空题

1. [1]len(str)　　[2]ichar('0')]　　[3]str(i:i)

2. [1]k - 1　　[2]exit　　[3]m

3. [1]str2 = str1　　[2]str2(i:i) > '0'. and. str2(i:i) > '9'

[3]str1(i:i) = char(ichar(str2(i:i) + 65))

第 10 章

一、单项选择题

1. C　2. B

二、写出下列程序的执行结果或功能

1. 是对数组中前 8 个元素的数据进行降序排序,并输出各数据。结果如下:

90　74　63　58　36　18　15　4

2. 将 y0 的数据插入有序数组 y 中,插入数据后 y 中数据仍按降序排列。结果如下:

86　81　79　77　75　72　70　65　60　54　51

3. 程序的功能是,利用对分查找法在给定的一维有序数组 a 中查找给定的元素 x,并返回该元素在数组中的下标。如果数组中没有该元素则 N = 0。

4. 排序之后的数组 a 是升序且按行的顺序存放,结果如下:

1.0　2.0　3.0　4.0
5.0　6.0　7.0　8.0
9.0　10.0　11.0　12.0
13.0　14.0　15.0　16.0

第 11 章

一、单项选择题

1. B　2. C　3. C　4. B　5. A　6. D　7. B　8. C　9. B　10. D　11. C　12. C　13. B　14. A　15. D　16. A　17. C　18. D　19. B　20. D　21. A　22. C　23. A　24. D　25. B　26. A　27. B　28. C

二、简答题

1. 略

2. 略

3.

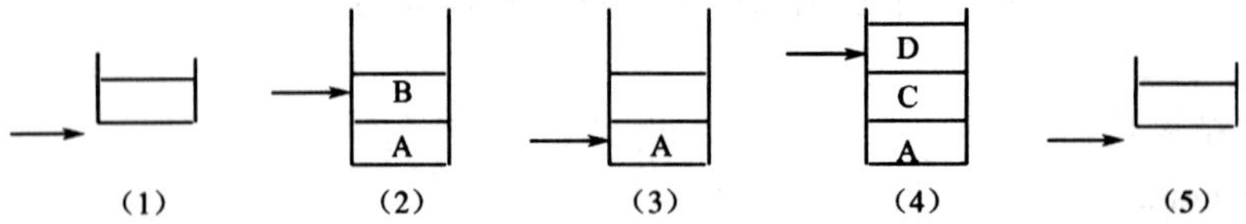

4. PUSH(A),PUSH(B),POP(B),PUSH(C),POP(C),PUSH(D),POP(D),PUSH(E),POP(E),POP(A)

5. 2 个

6. max - 1 个

7. 8 个

8. 先序序列:ABDECFG　中序序列:DBEACGF　后序序列:DEBGFCA

9.

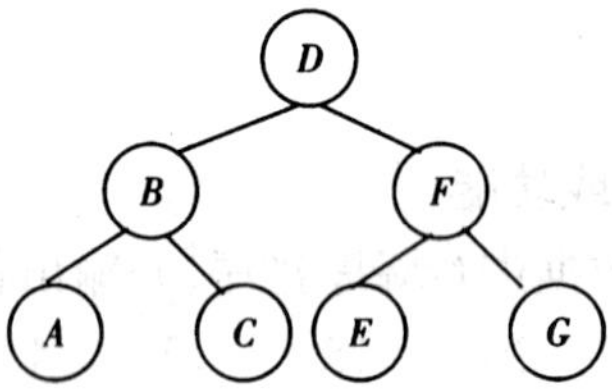

该二叉树的后序序列为:ACBEGFD

10.

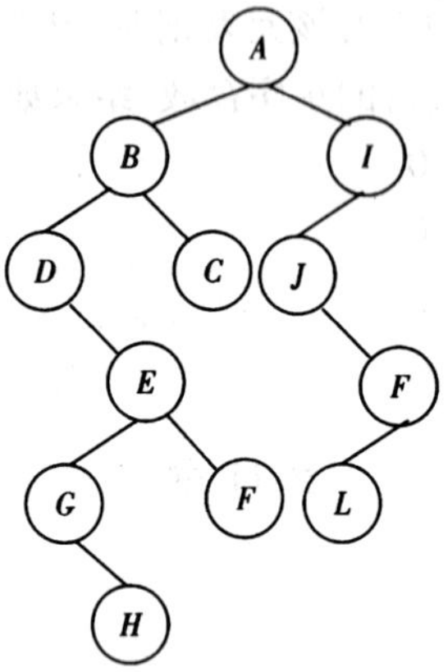

11.

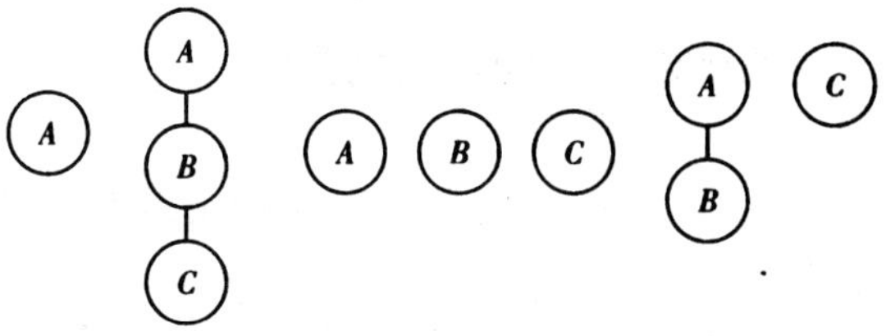

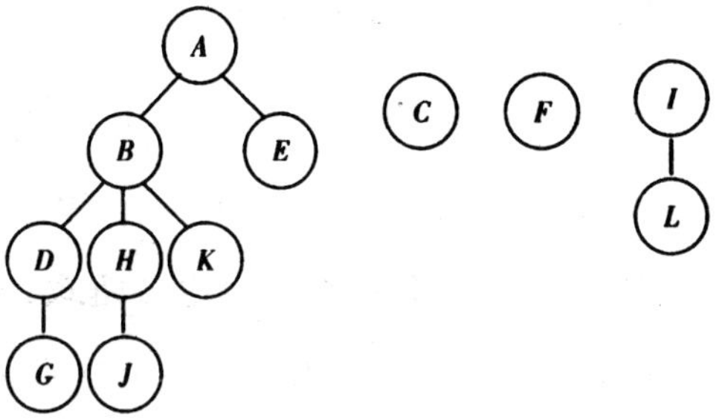

(3)

三、程序填空题

1. [1]A(J-1)　[2]K=K-1　[3]I=I+1

2. [1] PERSON (REAR)　[2] MOD ((FRONT + 1), N)　[3] PERSON (REAR)　[4]MOD((REAR+1),N)　[5]MOD((FRONT+1),N)

附录B 模拟试题及答案

为了帮助读者更好地学习本课程,检验学习效果,下面给出1套笔试模拟试题(带答案)。笔试测试时间为120分钟,满分为100分。

一、单项选择题(每题2分,共30分)

1. 已知整型变量L=5,M=13,N=4,表达式L*M/N、L/N*M和M/N*L的值分别是(A)。

A. 16、13和15　　B. 16.25、16.25和16.25

C. 16.0、13.0和15.0　　D. 16、16和16

2. 将数学式$\frac{1}{2}(\ln|x|+e^{-5})$改写为FORTRAN表达式,正确的是(D)。

A. 1/2*(LOG(ABS(X))+E**(-5))　　B. 1.0/2*(LN(ABS(X))+E**-5)

C. 1/2.0*(LN(ABS(X))+E^{-5})　　D. 1.0/2*(LOG(ABS(X))+EXP(-5))

3. 设A=.TRUE.,B=.FALSE.,C=.FALSE.,逻辑表达式(A.OR.B).AND.C与A.OR..NOT.B的值是(B)。

A. .T. 与 .F.　　B. .F. 与 .T.　　C. .T. 与 .T.　　D. .F. 与 .F.

4. 数组REAL A(0:5,-1:5)的元素个数是(D)。

A. 25　　B. 30　　C. 36　　D. 42

5. 下列数组说明符中错误的是(A)。

A. K(3:2,1:2)　　B. K(-1:1,2)　　C. K(-2:2,-1:1)　　D. K(2:2,5)

6. 关于参数语句PARAMETER及其定义参数的正确说法是(B)。

A. PARAMETER是执行语句　　B. 参数的值在执行期间不能改变

C. 只能用常量定义符号参数　　D. 可用含变量的表达式定义参数

7. 语句OPEN(9,FILE='DATA.TXT')打开的是(B)文件。

A. 无格式顺序　　B. 有格式顺序　　C. 无格式直接　　D. 有格式直接

8. 阅读下列FORTRAN程序,程序运行时执行循环体的次数是(A)。

```
real x
integer l
x =0
do l =10, 5, 1
   x =x +1.0
enddo
end
```

A. 0　　B. 1　　C. 6　　D. 无穷

9. 结构化程序设计中有三种基本结构,下列不属于三种基本设计结构的是(D)。

A. 顺序结构　　B. 选择结构　　C. 循环结构　　D. 嵌套结构

10. 对链表中的数据元素的插入和删除(B)。

A. 移动结点,不需要改变结点指针　　B. 不移动结点,需要改变结点指针

C. 移动结点,并且需要改变结点指针　　D. 不移动结点,不需要改变结点指针

11. 具有 12 个记录的序列,采用冒泡排序最多的比较次数是(D)。

A. 1　　B. 144　　C. 11　　D. 66

12. 下列形式中,不能作为形参的是(C)。

A. 函数　　B. 数组　　C. 表达式　　D. 变量

13. 一个深度为 $k(k\geqslant 0)$ 的满二叉树的结点数应满足(A)。

A. $2^{k+1}-1$　　B. 2^{k+1}　　C. $2^{k}+1$　　D. 2^{k}

14. 栈和队列都是(D)。

A. 顺序存储线性表　　B. 限制存取点的顺序存储线性表

C. 链式存储线性表　　D. 限制存取点的线性表

15. 进行二分法查找,则线性表(D)。

A. 须以顺序方式存储　　B. 须以链接方式存储

C. 须以链接方式存储并将数据元素排序　　D. 须以顺序方式存储并将数据元素排序

二、阅读程序,并写出下列各程序的运行结果。(每题 4 分,共 20 分)

1.
```
program t1
    character   line*19,dc*5
    dc = "*****"
    line = "  "
    do  k = 16,12,-1
        line(k-7:k-3) = dc
        print  *,line
         dc(k-11:k-11) ="#"
      line = "  "
    enddo
  end
```

答案:

```
        *****
       ****#
      ***##
     **###
    *####
```

2.
```
integer function fun(m)
    m = m/2
    fun = m*m
  end
  program t2
    integer::a,x=17,fun
    a = fun(x)/fun(x)
    b = fun(x) - fun(x)
    print*,a,b
  end
```

答案:4　　3

3. program t3

```
integer a(4,4),i,j,n
do i=1,4
 do j=1,4
 a(i,j)=i*j-1
 enddo
enddo
do i=1,4
 n=5-i
 write(*,30)(a(i,j),j=n,4)
 enddo
30      format(1x,4i3)
end
```

答案:

```
         3
      5  7
   5  8 11
3  7 11 15
```

4. program t4

```
integer a(3,4)
data   a/12*0/
do   m=1,3
     do   n=1,4
             call sub(a,3,4,m,n)
     end do
end do
write(*,"f6.2)")f(a,3,4)
end
subroutine sub(p,m,n,i,j)
  integer p(m,n)
  p(i,j)=j-i
end
function f(p,m,n)
  integer p(m,n)
  f=0.0
  do   i=1,m
    do   j=1,n
      f=f+p(i,j)
    end do
  end do
    end
```

答案: 6.00

5.

```
a=3.0; b=5.0; c=4.0
call subt(b-a,c)
write(*,'(1x,2f4.1)')b-a,c
```

答案:2.0 5.0

```
end
subroutine subt(x,y)
x = x + 2
y = y + 1
end
```

三、程序填空题(每空 2 分,共 30 分)

1. 下面程序功能是,从键盘输入 60 个不超过 4 位的正整数,并把它们写入一个顺序方式打开的文件 nap 中,每 10 个数为一个记录,然后将这个文件中每个记录的偶数之和进行输出。请在程序的横线处填上适当内容。

```
    dimension k(10)
    open(5,file = ___'nap'___,form = 'formatted',access = 'sequential',&
        status = ___'unknow'___)
    do 10 j = 1,6
      read( * ,'(10i4)')(k(i),i = 1,10)
10  ___write(5,'(10i4)')___ (k(i),i = 1,10)
    endfile 5
    rewind 5
    do 25 j = ___1,6___
    read(5,'(10i4)')(k(i),i = 1,10)
    is =0
    do 30 n = 1,10
    if(mod(___k(i),2___) ==0)is = is + k(i)
    30 continue
      print * ,is
    25 continue
    ___close___
    end
```

2. 下面程序的功能是:逐一判断读入的数 N 是否能被 7 和 9 整除,若满足条件则输出该数,当读入的数为 0(零)时结束。请填空。

```
    do
      read( * , * )n
     if(n . eq. 0)then
      ___exit___
     else
        if(___mod(n,7). eq.0. and. mod(n,9). eq.0___)then
          print * ,n
        endif
    ___endif___
    enddo
```

```
end
```

3. 求出 1900 ~2100 的闰年,要求把求出的闰年存入数组 Y,并统计闰年的数目。以 7 位宽度输出闰年年号,每行 10 个。

```
integer::y(50), k=0
do i=1900,2100
if(mod(i,400)==0 ___.or.___ mod(i,100)/=0 ___.and.___ mod(i,4)==0) then
  k = ______k+1______
  y(k) = i
endif
enddo
print'(1x,i2,12h leap years:)',k
print '( ______1x,10i7______ )',(y(i),i=1,k)
end
```

4. 下面的程序输出 ACSII 码对照表,请填空。

```
integer a(32:126),asc
character ch(32:126)
print *, "acsii 码对照表"
do asc=32,126
  a(asc)= ____asc____
  ch(asc)= ____char(asc)____
enddo
print 10, (ch(i),a(i),i=32,126)
10 format(7(1x,a,"=",i4))
end
```

四. 简答题(共 10 分)

1. 已知 N×M 的二维数组,首元素 A[0,0]存储地址是 R 单元,每个数组元素长 L 字节,分别写出按行和按列存储数组时数组元素 A[I,J]的存储地址。(4 分)

答案:按行: R+(I*M + J)*L　　　　列: R+(J*N + I)*L

2. 给定树如下,分别写出对该树进行中序和后序遍历的结果。(4 分)

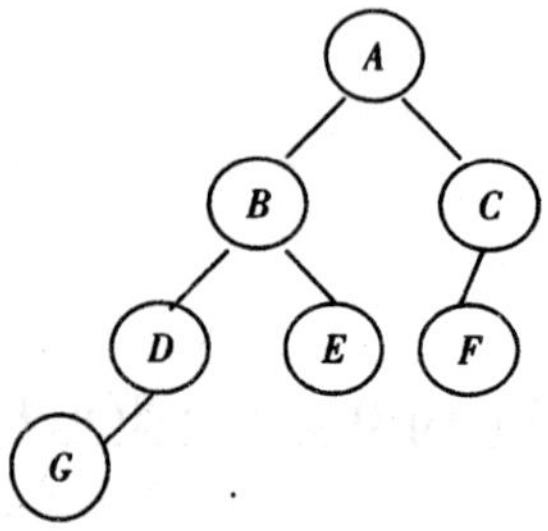

答案:中序遍历结果:*GDBEAFC*　　　　后序遍历结果:*GDEBFCA*

3. 已知有序列 A、B、C,如果按 A、B、C 的顺序入栈,请写出它们的各种不同的出栈序列。

(2 分)

答案：A,B,C　A,C,B　B,C,A　B,A,C　C, B,A

五、编程题(10 分)(在下列 2 题中任选一题，按题目要求编写 FORTRAN 程序。)

1. 编写判断一个整数是否为偶数或奇数的子例行子程序，在主程序中调用它，以便分别求出 100 个整数中奇数和偶数的个数。

答案：

```
subroutine  sub(n,ch)
  character * 1 ch
  if(mod(n,2) ==0)then
    ch ='o'
  else
    ch = 'j'
  end if
end

program  main
  dimension  k(100)
  character * 1 cha
  read  * ,k
  na =0
  nb =0
  do i =1,100
    kn = k(i)
    call sub(kn,cha)
    if(cha == 'o') na = na + 1
    if(cha == 'j') nb = nb + 1
  end do
  print  * ,'偶数的个数为：',na
  print  * ,'奇数的个数为：',nb
end
```

2. 已知一个实型数组由 6 行 5 列组成，要求：

(1)统计数组内每一行的所有元素和；

(2)将这些元素的和进行升序排列，并输出排序结果；

(3)按数组原有格式输出已知数组。

答案：

```
real a(6,5),s(6),t
read  * ,a
do i =1,6
  s(i) =0
```

```
    do j = 1,5
       s(i) = s(i) + a(i,j)
    end do
  end do
  do i = 1,5
    do j = i + 1,6
      if(s(j) < s(i))then
        t = s(j)
        s(j) = s(i)
        s(i) = t
      endif
    end do
  enddo
  print *,(s(i),i = 1,6)
  write( *,10)((a(i,j),j = 1,5),i = 1,6)
10   format(1x,6f8.1)
  end
```

附录C　FORTRAN 95 内在过程

FORTRAN 95 标准提供了 115 个内在过程,其中包括 109 个内在函数和 6 个内在子例行子程序。很多编译系统还提供额外的内在过程。

按照形式,内在过程分为通用过程和专用过程两类。

所谓通用过程是一个集合名称,通用过程与专用过程是一个集合与其元素的关系。一个通用过程由两个或多个专用过程组成。

在所有的 115 个内在过程中,除了 LGE、LGT、LLE 和 LLT 内在函数外,其他都是通用过程。

专用过程是针对具体类型与种别的变量。例如,求一个变量的绝对值的通用过程为 ABS(X),而求一个整型变量的绝对值的专用过程为 IABS(X),求一个复型变量的绝对值的专用过程为 CABS(X),等等。所以,每个通用过程属下的专用过程都必定具有相应的类型、种别,甚至维的属性。这些专用过程的名称的主要用途是作为实元来传递,这时就必须使用专用过程名称。注意,在表中注明了少数专用过程不能作为实元。

按照功能,FORTRAN 95 的内在过程主要分为如下 5 类:查询与数字操作函数,转换、置空以及传递函数,计算函数,数组函数,内在子例行子程序。

从功能的角度分类,除了上面比较具体的 5 类外,还可以从内在过程对数组的作用方式把内在过程分为两大类:逐元过程和变换过程。

从数学的观点来看,逐元过程的计算对象并不是数组,但是可以运用一种自然的方式使得该专用过程能够作用于数组对象,并且得到相同形状的数组结果。也就是使得该过程分别作用于数组的每个元素,把所有的过程结果再集合起来作为结果数组。内在过程当中的大部分都属于逐元过程,它包括转换函数、计算函数(除了 REPEAT,TRIM,DOT _ PRODUCT,MATMUL 之外)、子例行子程序 MVBITS。其他的所有内在过程都不是逐元过程。

内在过程里面逐元过程之外的所有过程都称为变换过程。从它们的定义的实质上看,就是作用于一个数组数据对象,得到一个标量或者数组结果,也就是一个变换的过程,而不是单独地作用于每个元素。因此除了函数 NULL 外,所有的变换过程或者是具有一个取数组值的哑元,或者是具有一个取数组值的实元,它们对数组的作用都是某种整体变换作用。例如对于向量的乘积,就不能逐个元素地进行。

内在过程的引用正如一般过程的引用一样,可以使用关键词变量。由于某些内在过程的变量是可选项,因此使用关键词能够省略相应的实元。

常见的关键词哑元名称含义如下。

①DIM 主要用于数组简化函数以及其他一些数组函数,表示在函数的作用对象不是整个数组的情况下,数组的哪个维被过程作用。DIM 取值为标量整型值,并且常常是可选变量。

②KIND 一般用于转换函数,说明转换结果的种别参数。KIND 实元必须是一个标量整型初始化表达式,一般是可选的。

③BACK 作为一个可选的逻辑型变量用来表示逆序过程,即所出现的内在过程的对于数据对象的反方向操作。例如,如果在内在过程 INDEX 中出现了 BACK =. TRUE. ,那么 INDEX 的搜索操作就必须与正常方向相反,即从字符串的右端开始。

注意内在函数的非指针哑元都具有 INTENT(IN)的属性,而指针哑元则不能改变其关联的实元或目标。

表 C-1 专用过程的过程名称以及相应的变量属性

通用过程名称	专用过程名称及其变量	专用过程变量类型
ABS	ABS(A) CABS(A) DABS(A) IABS(A)	默认实型 默认复型 双精度实型 默认整型
ACOS	ACOS(X) DACOS(X)	默认实型 双精度实型
AIMAG	AIMAG(Z)	默认复型
AINT	AINT(A) DINT(A)	默认实型 双精度实型
ANINT	ANINT(A) DNINT(A)	默认实型 双精度实型
ASIN	ASIN(X) DSIN(X)	默认实型 双精度实型
ATAN	ATAN(A) DTAN(A)	默认实型 双精度实型
ATAN2	ATAN2(A) DTAN2(A)	默认实型 双精度实型
CHAR	* CHAR(I)	默认整型
COS	COS(X) CCOS(X) DCOS(X)	默认实型 默认复型 双精度实型
CONJG	CONJG(X)	默认复型
COSH	COSH(X) DCOSH(X)	默认实型 双精度实型
DIM	DIM(X,Y) IDIM(X,Y)	默认实型 默认整型
DPROD	DPROD(X,Y)	默认实型
EXP	EXP(X) CEXP(X) DEXP(X)	默认实型 默认复型 双精度实型
ICHAR	* ICHAR(C)	默认字符型
INDEX	INDEX(STRING,SUBSTRING)	默认字符型
INT	* INT(A) * IFIX(A) * IDINT(A)	默认实型 默认实型 双精度实型
LEN	LEN(STRING)	默认字符型
LGE	* LGE(STRING _ A,STRING _ B)	默认字符型
LGT	* LGT(STRING _ A,STRING _ B)	默认字符型
LLE	* LLE(STRING _ A,STRING _ B)	默认字符型
LLT	* LLT(STRING _ A,STRING _ B)	默认字符型

续表

通用过程名称	专用过程名称及其变量	专用过程变量类型
LOG	ALOG(X) CLOG(X) DLOG(X)	默认实型 默认复型 双精度实型
LOG10	ALOG10(X) DLOG10(X)	默认实型 双精度实型
MAX	* MAX0(A1,A2,A3,...) * AMAX1(A1,A2,A3,...) * DMAX1(A1,A2,A3,...) * MAX1(A1,A2,A3,...)① * AMAX0(A1,A2,A3,...)②	默认整型 默认实型 双精度实型 默认实型 默认整型
MIN	* MIN0(A1,A2,A3,...) * AMIN1(A1,A2,A3,...) * DMIN1(A1,A2,A3,...) * MIN1(A1,A2,A3,...)① * AMIN0(A1,A2,A3,...)②	默认整型 默认实型 双精度实型 默认实型 默认整型
MOD	MOD(A,P) AMOD(A,P) DMOD(A,P)	默认整型 默认实型 双精度实型
NINT	NINT(A) IDNINT(A)	默认实型 双精度实型
REAL	* REAL(A) * FLOAT(A) * SNGL(A)	默认整型 默认整型 双精度实型
SIGN	SIGN(A,B) DSIGN(A,B) ISIGN(A,B)	默认实型 双精度实型 默认整型
SIN	SIN(X) CSIN(X) DSIN(X)	默认实型 默认复型 双精度实型
SINH	SINH(X) DSINH(X)	默认实型 双精度实型
SQRT	SQRT(X) CSQRT(X) SDQRT(X)	默认实型 默认复型 双精度实型
TAN	TAN(X) DTAN(X)	默认实型 双精度实型
TANH	TANH(X) DTANH(X)	默认实型 双精度实型

注：标注①的函数没有相应的通用过程名称，它的结果为默认整型；标注②的函数没有相应的通用过程名称，它的结果为默认实型；标注 * 的函数不能用作实元；某些专用过程名称与其通用过程名称一样。

表 C-2　FORTRAN 95 内在函数

函数类型	函数名	类型	说明
字符查询函数	LEN(S)	I	说明字符变量 S 长度
位查询函数	BIT _ SIZE(I)	I	整型变量 I 的二进制位数
种别查询函数 (3 个)	KIND(X)	I	任意的基本数据变量 X 的种别
	SELECTED _ INT _ KIND(I)	I	整型变量 I 表示十进制幂次范围的种别参数
	SELECTED _ REAL _ KIND(R)	I	实型变量 R 表示十进制精度与十进制幂次范围的种别参数
数组查询函数 (5 个)	ALLOCATED(A)	L	数组 A 的分配状态
	LBOUND(A[,DIM])	I	一个数组 A 或数组的一个维 DIM 的下界
	SHAPE(A)	I	数组 A 在每个维上的元素的数目
	SIZE(A[,DIM])	I	数组 A 或数组的一个维 DIM 的大小,即其元素的数目
	UBOUND(A[,DIM])	I	一个数组 A 或数组的一个维 DIM 的上界
指针关联状态查询函数	ASSOCIATED(P,T)	L	指针变量 P 关联[到一个目标 T]的状态
实元存在查询函数	PRESENT(O)	L	可选哑元 O 的相应实元是否出现
数值模式查询函数 (9 个)	DIGITS(X)	I	整数和实数的有效数字位数
	EPSILON(R)	R	实变量 R 的正的最小误差值
	HUGE(X)	X	整数和实数所能表示的最大数值
	MINEXPONENT(R)	I	实变量所能够取得的十进制最小指数值
	MAXEXPONENT(R)	I	实变量所能够取得的十进制最大的指数值
	PRECISION(X)	I	实数或复数的十进制有效数字位数
	RADIX(X)	I	整数和实数的基数值
	RANGE(X)	I	整数,实数或复数的十进制最大指数值
	TINY(R)	R	实变量所能够取得的最小的正数值
数字操作函数 (7 个)	EXPONENT(R)	I	实数 R 的二进制值的指数值
	FRACTION(R)	R	实数 R 的小数部分
	NEAREST(R,R1)	R	实数 R 在符号方向 R1 上最接近的机器表示值
	RRSPACING(R)	R	变量 R 附近的最小间距的倒数值
	SCALE(R,I)	R	结果值为 R*2**I
	SET _ EXPONENT(R,I)	R	把 R 机器表示的指数值设置为给定的 I 值
	SPACING(R)	R	变量 R 附近的最小绝对间距值
转换函数 (15 个)	ACHAR(I)	CH	在 ASCII 字符集的指定位置 I 的字符
	AIMAG(C)	R	复数 C 的虚部值
	AINT(R[,KIND])	R	把实数 R 截断为指定种别 KIND 的实型整数
	ANINT(R[,KIND])	R	把实数 R 截断为最接近的实型整数
	CHAR(I[,KIND])	CH	在指定种别 KIND 的字符集的指定位置 I 的字符
	CMPLX(X[,Y][,KIND])	C	与变量 X[和 Y]相应种别 KIND 的复数值
	CONJG(C)	C	复数变量的共轭复数
	DBLE(X)	R(8)	与变量 X 相应的双精度值

续表

函数类型	函数名	类型	说明
转换函数 (15 个)	IACHAR(CH)	I	指定字符在 ASCII 字符集里面的位置
	IBITS(I,I1,I2)	I	整型变量 I 从 I1 位起共 I2 位表示的指定子串值
	ICHAR(CH)	I	指定字符 CH 在系统字符集里面的位置
	INT(X[,KIND])	I	变量 X 被截断得到的相应种别 KIND 的整型值
	LOGICAL(L[,KIND])	L	变量 L 相应种别 KIND(1 或 2)的逻辑型值
	NINT(R[,KIND])	I	把实数 R 截断为最接近的相应种别 KIND 的整型值
	REAL(X[,KIND])	R	与变量 X 相应种别 KIND 的实型值
置空函数	NULL( )	P	空指针(对指针变量初始化)
转换函数	TRANSFER (X,MOLD[,SIZE])		变量或数组转换类型为 MOLD 的二进制表示形式
数值计算函数 (26 个)	ABS(X)	X	变量 X 的绝对值
	ACOS(R)	R	实变量 R 的反余弦值
	ASIN(R)	R	实变量 R 的反正弦值
	ATAN(R)	R	实变量 R 的反正切值
	ATAN2(R1,R2)	R	实变量 R2/R1 的反正切值
	CEILING(R)	I	大于或等于实变量值的最小整数值
	COS(X)	X	变量 X 的余弦值
	COSH(R)	R	实变量 R 的双曲余弦值
	DIM(X1,X2)	X	如果变量 X1 - X2 的差为正数,则返回差值,否则返回 0
	DOT_PRODUCT(V1,V2)	同 V1	2 个向量数组的点积值
	DPROD(R1,R2)	R(8)	2 个单精度数值 R1、R2 的双精度乘积
	EXP(X)	X	变量 X 的自然指数函数值
	FLOOR(R)	I	小于或等于变量 R 值的最大整数值
	LOG(X)	X	变量 X 的自然对数函数值
	LOG10(R)	R	实变量 R 的以 10 为底的对数函数值
	MATMUL(M1,M2)	M	矩阵乘积(M 的类型不能为字符)
	MAX(X1,X2,...,XN)	X	X1、X2、......、XN 里面的最大值
	MIN(X1,X2,...,XN)	X	X1、X2、......、XN 里面的最小值
	MOD(X1,X2)	X	求 X1 除以 X2 的余数,其符号与变量 X1 的符号一致
	MODULO(X1,X2)	X	求 X1 除以 X2 的余数,其符号与变量 X2 的符号一致
	SIGN(X1,X2)	X	赋予给定值 X1 以给定变量 X2 的符号
	SIN(X)	X	变量 X 的正弦值
	SINH(R)	R	实变量 R 的双曲正弦值
	SQRT(X)	X	变量 X 的平方根
	TAN(R)	R	实变量 R 的正切值
	TANH(R)	R	实变量 R 的双曲正切值

续表

函数类型	函数名	类型	说明
字符计算函数 (12个)	ADJUSTL(S)	S	把字符串左边的空格(前导空格)移到其右边
	ADJUSTR(S)	S	把字符串右边的空格(尾部空格)移到其左边
	INDEX(S1,S2[,BACK])	I	子串S2在给定字符串S1里面的位置,BACK=.T.时为右起位置,BACK=.F.或省略时为左起位置
	LEN_TRIM(S)	S	删除尾部空格后的字符串长度
	LGE(S1,S2)	L	基于ASCII序列的大于或等于的字符比较
	LGT(S1,S2)	L	基于ASCII序列的大于的字符比较
	LLE(S1,S2)	L	基于ASCII序列的小于或等于的字符比较
	LLT(S1,S2)	L	基于ASCII序列的小于的字符比较
	REPEAT(S,I)	S	重复连接字符串S共I次
	SCAN(S1,S2[,BACK])	I	扫描字符串S1查找字符串S2内任何字符在S1中的位置,BACK=.T.时为右起位置,BACK=.F.或省略时为左起位置
	TRIM(S)	S	删除尾部空格后得到的字符串
	VERIFY(S1,S2[,BACK])	I	给出不属于指定字符串S2内的字符在字符串S1里面出现的位置,BACK=.T.时为右起位置,BACK=.F.或省略时为左起位置
位计算函数 (9个)	BTEST(I1,I2)	L	整型变量I1在指定的I2位的值,若为1返回.T.(最右位号=0)
	IAND(I1,I2)	I	2个整型变量I1和I2按位逻辑AND运算的结果
	IBCLR(I1,I2)	I	把整型变量I1的指定的I2位上的值清0
	IBSET(I1,I2)	I	把整型变量I1的指定的I2位上的值设置为1
	IEOR(I1,I2)	I	2个整型变量I1和I2的按位逻辑“异”或运算的结果
	IOR(I1,I2)	I	2个整型变量I1和I2的按位逻辑“或”运算的结果
	ISHFT(I1,I2)	I	对变量I1逻辑移位,若I2为正则左移,为负则右移(空位补0)
	ISHFTC(I1,I2[,I3])	I	对变量I1的最右I3逻辑循环移位I2位
	NOT(I)	I	变量I的逻辑补
数组简化函数 (7个)	ALL(L[,DIM])	L	是否数组[在DIM维]的所有元素都满足条件L
	ANY(L[,DIM])	L	是否数组[在DIM维]的元素中某一个元素满足条件L
	COUNT(L[,DIM])	I	数组[在DIM维]的元素中满足条件L的元素的数目
	MAXVAL(A[,DIM][,L])	同A	数组A[在DIM维]的元素当中[满足条件L]的最大值
	MINVALL(A[,DIM][,L])	同A	数组A[在DIM维]的元素当中[满足条件L]的最小值
	PRODUCT(A[,DIM][,L])	同A	数组A[在DIM维]的元素当中[满足条件L]的元素的乘积
	SUM(A[,DIM][,L])	同A	数组A[在DIM维]的[满足条件L]的元素的和

续表

函数类型	函数名	类型	说明
数组构造函数（4个）	MERGE(A1,A2,L)	同A1	把数组A1和数组A2中满足条件L的元素合并为1个数组
	PACK(A,L[V])	同A	用数组A中满足条件L的元素构造一个向量
	SPREAD(A,DIM,I)	同A	通过复制DIM维而得到增加1个维的数组
	UNPACK(V,LA,A)	同V	把向量V中满足条件数组LA的元素填充到数组A中
数组重组函数	RESHAPE(A1,IA1[,A2][,IA2])	同A1	把数组A1的元素按照IA1的要求重组为一个形状为IA2的数组，若A1的元素个数不足，从数组A2中取
数组操作函数（3个）	CSHIFT(A,I[,DIM])	同A	数组A[沿DI维M的]元素的循环移位I个元素
	EOSHIFT(A,I1[,I2][,DIM])	同A	数组A[沿DIM维的]元素的移位I1个元素，若I1为正则左移，为负则右移[空位补I2或0]
	TRANSPOSE(M)	同M	矩阵M的转置
数组定位函数（2个）	MAXLOC(A[,DIM][,L])	同A	数组A[沿DIM维的][满足条件L]的最大元素所在位置数组
	MINLOC(A[,DIM][,L])	同A	数组A[沿DIM维的][满足条件L]的最小元素所在位置数组
内在子例行子程序（6个）	CPU_TIME(R)		返回以秒为单位的处理器时间（实数）
	DATE_AND_TIME()		返回系统的日期与时间信息（字符串）
	MVBITS(I1,I2,I3,I4,I5)		把I1中从第I2位开始的I3位序列复制到整型对象I4的从第I5位开始的位置上
	RANDOM_NUMBER(R)		返回一个伪随机数值或伪随机数组给R，每个数大于等于零而小于1
	RANDOM_SEED()		用系统的日期与时间信息对伪随机数生成器进行初始化
	SYSTEM_CLOCK(I1,I2,I3)		返回系统的时钟信息：I1为计数值，I2为每秒计数次数，I3为I2的最大值

注：哑元名表示类型：I为整型；R为实型；C为复型；S为字符型；L为逻辑型；X为多种类型；CH为单字符；A为数组；M为矩阵；P为指针；V为向量；LA为逻辑型数组；IA为整型数组。

附录 D　ASCII 编码表

ASCII 码是“美国信息交换标准代码”(American Standard Code for Information Interchange)的缩写。该表由美国国家标准化协会(ANSI)制定,已被国际标准化组织(ISO)确认为国际标准。

标准 ASCII 码表是 7 位 ASCII 码表,有 128 个字符。扩展 ASCII 码表为 8 位 ASCII 码表,有 256 个字符,其中前 128 个字符与标准 ASCII 码表字符相同,后 128 个字符一般作为各国自己本国语言字符的代码。下面仅给出标准 ASCII 码表。

字符 十六进制高位 / 十六进制低位	0	1	2	3	4	5	6	7
0	NUL	DLE	SP	0	@	P	`	p
1	SOH	DC1	!	1	A	Q	a	q
2	STX	DC2	“	2	B	R	b	r
3	ETX	DC3	#	3	C	S	c	s
4	EOT	DC4	$	4	D	T	d	t
5	ENQ	NAK	%	5	E	U	e	u
6	ACK	SYN	&	6	F	V	f	v
7	BEL	ETB	′	7	G	W	g	w
8	BS	CAN	(	8	H	X	h	x
9	HT	EM	)	9	I	Y	I	y
A	LF	SUB	*	:	J	Z	j	z
B	VT	ESC	+	;	K	[	k	{
C	FF	FS	,	<	L	\	l	|
D	CR	GS	-	=	M	]	m	}
E	SO	RS	.	>	N	^	n	~
F	SI	US	/	?	O	_	o	DEL

表中 00～1F 和 7F 为控制字符,其余为可显示字符。

33 个控制字符和 SP 的含义如下:

NUL——空(null)

SOH——标题开始(start of heading)

STX——正文开始(start of text)

ETX——正文结束(end of text)

EOT——传输结束(end of transmission)

ENQ——询问(enquiry)

ACK——确认(acknowledgment)

BEL——响铃(bell)
BS——回退(backspace)
HT——水平制表(horizontal tabulation)
LF——换行(line feed)
VT——垂直制表(vertical tabulation)
FF——换页(form feed)
CR——回车(carriage return)
SO——移出(shift out)
SI——移入(shift in)
DLE——数据链扩展(data link escape)
DC1——设备控制 1(device control 1)
DC2——设备控制 2(device control 2)
DC3——设备控制 3(device control 3)
DC4——设备控制 4(device control 4)
NAK——不确认(negative acknowledgment)
SYN——同步字符(synchronous idle)
ETB——传输块结束(end of transmission block)
CAN——作废(cancel)
EM——介质结束(end of medium)
SUB——置换(substitute)
ESC——扩展(escape)
FS——文件分隔符(file separator)
GS——组分隔符(group separator)
RS——记录分隔符(record separator)
US——单元分隔符(unit separator)
SP——空格(space)
DEL——删除(delete)

参 考 文 献

[1] 彭国伦. FORTRAN 95 程序设计[M]. 北京:中国电力出版社,2002.

[2] 谭浩强,田淑清. FORTRAN 语言[M]. 北京:清华大学出版社,1990.

[3] 谭浩强,田淑清. FORTRAN 77 结构化程序设计[M]. 北京:高等教育出版社,1985.

[4] 王行言,郑莉,等. 计算机程序设计基础[M]. 北京:清华大学出版社,1995.

[5] 张洪儒,王保旗. FORTRAN 77 程序设计[M]. 天津:天津科学技术出版社,1987.

[6] 汪大菊,葛卫民,等. 计算机软件技术基础[M]. 天津:天津大学出版社,2000.

[7] 匙彦斌,王保旗,汪大菊. FORTRAN 77 与结构化程序设计[M]. 天津:天津大学出版社,1993.

[8] 佟维,谢爽爽. 实用数据结构[M]. 北京:科学出版社,2003.

[9] M. Metcalf, J. Reid, M. Cohen. FORTRAN 95/2003 explained[M]. New York: Oxford Univ. Press, 2004.